U0147863

中國文化通史

明代卷・上冊

PREFACE 總序

中國文化源遠流長，欲理解中國文化，捨其歷史無由。而欲理解中國文化史，界定文化的概念，梳理中國文化史的發展脈絡、特質及其研究狀況，又是十分必要的。爰作是序。

一、文化概念的界定

文化問題是世界關注的熱門話題，但是，國內外學術界對於文化的概念，迄無統一的界定。聯合國教科文組織曾邀請各國學者討論什麼是「文化」，也未取得共識。據統計，有關文化的概念，多達數百種，人們見智見仁，莫衷一是。

從西方的歷史上看，人們對於文化的理解，大致經歷了四個時期。

第一個時期是古代。最具代表性也是最古老的文化概念，是由約兩千年前古羅馬哲學家西塞羅提出來的，它從拉丁文譯成英文是「culture is the philosophy-or cultivation-of the mind」。漢譯為「文化是心靈的哲學（修養）」。其中 cultivation 本義是耕種，引申意為耕種—栽培—培養—修養。這可謂哲學的文化概念。它強調文化是人類心靈的創造物，並視文化是一個趨向品德修養終極目標的動態的創造過程。

第二個時期是中世紀。有代表性的是藝術的文化概念：「文化是藝術的總稱。」它是文藝復興時代的藝術家們提出來的，強調文化是人類對美的追求和自由的創造。

第三個時期是十九世紀。其間出現了兩種有代表性的文化概念。一是英國著名學者阿諾德在一八六九年出版的《文化和無政府狀態》一書中提出的：

文化就是追求我們的整體完美，追求的手段是通過了解世人在與我們最有關的一切問題上所曾有過的最好思想和言論……引導我們把真正的人類完美看成是為一種和諧的完美，發展我們人類的所有方面；而且看成是一種普遍的完美，發展我們社會的所有部分。[1]

這是心理學的文化概念。它強調文化是人們藉助於自然科學和人文科學包括文學藝術中一切真、善、美的東西，陶冶心靈，追求社會完美與和諧的過程；二是另一個英國著名學者泰勒一八七一年在《文化的起源》中提出的人類學的文化定義。他說：

文化或文明，就其廣泛的民族學意義來說，乃是包括知識、信仰、藝術、道德、法律、習俗和任何人作為一名社會成員而獲得的能力和習慣在內的複雜整體。[2]

泰勒的定義第一次強調文化是「複雜的整體」和「文化是整個的生活方式」。

第四個時期是二十世紀。二十世紀初社會學家提出了社會學的文化概念：

文化是一個多義詞，我們這裡是在包容較廣的社會學含義上使用它，即它是指人造物品、貨物、技術過程、思想、習慣和價值觀念，它們是一個民族的社會遺產。這文化包括所有習得的行為、智力知識、社會組織和語言、經濟的、道德的或精神的價值系統。一種特定文化的基礎是它的法律、經濟結構、巫術、宗教、藝術、知識和教育。[3]

此一定義第一次強調價值觀念和價值系統，是文化內涵的核心。

---

1 轉引自〔英〕雷蒙德·威廉斯：《文化與社會》，160-161 頁，北京，北京大學出版社，1991。

2 轉引自莊錫昌等編：《多維視野中的文化理論》，99-100 頁，杭州，浙江人民出版社，1987。

3 轉引自閔家胤：《西方文化概念面面觀》，《國外社會科學》，1995 年第 2 期。上述參考了該文的內容。

二十世紀中期以後，隨著科學的進步和視野的拓展，人們進而在生物學乃至在整個宇宙的範圍之內，探討文化問題。例如，生物學的文化定義為：「文化是不同物種的組織結構和行為規範。」聯合國教科文組織「世界文化項目」主持人、加拿大學者謝弗，則進而提出了宇宙學的文化概念：「文化一般是指物種，特殊地是指人類觀察和感知世界，把自己組織起來，處理自身事務，提高和豐富生活，以及把自己安置在世界上的那種方式。」[4]

由上可知，西方文化概念的內涵是隨著時代的發展而逐漸拓展與深化的。據統計，一九二〇年前只有數種不同的文化定義；但是到一九五六年，就已多達一百五十餘種，也集中說明了這一點。其中，如果說阿諾德的定義是對古代以來文化認識的集大成的話；那麼泰勒的定義強調文化是一種「複雜的整體」和「整個的生活方式」，以及社會學家強調文化內涵的核心是價值觀念與價值系統，則更具有開創性和劃時代的意義，構成了今人理解文化的現代基礎。這說明，十九世紀末二十世紀初是西方現代文化觀念形成的重要時期。至於其後新說迭起，尤其是生物學的、生態學的、宇宙學的概念的出現，固然反映了人們視野的開拓，但是文化的概念既囊括了物種與宇宙，實漸泛化了，以至於無從把握。

從中國歷史上看，「文明」一詞的出現要早於「文化」。《易・乾》：「見龍在田，天下文明。」《易明夷》：「內文明而外柔順，以蒙大難，文王以之。」「文化」一詞雖然也是古已有之，但它被作為一個完整的辭彙和概念加以使用，有一個演化的過程。在秦漢時期，儒生編輯的《易・賁卦》的《彖》中有「觀乎天文，以察時變；觀乎人文，以化成天下」之說，但「文化」尚未構成一個完整的詞。西漢的劉向在《說苑・指武》中將「文」與「化」聯用：「聖人之治天下也，先文德而後武力。凡武之興，為不服也，文化不改，然後加誅。夫下愚不移，純德之所不能化，而後武力加焉。」不過，這裡的「文化」仍非一個完整的詞，而各有獨立的意義，「文」指文德，「化」指教化，即借文德行教化。其後，晉人的詩文中出現了完整的「文化」一詞。如束皙的《補亡詩》有「文化內輯，武功

4 同上。

外悠」句；王融在《曲水詩序》中則說：「設神理以景俗，敷文化以柔遠。」至此，「文化」顯然已作為一個完整的辭彙和概念，開始為人們所廣泛使用。其含義包括文治、教化和禮樂典章制度。這與西方古代哲人強調「文化」的內涵在於趨向品德修養終極的目標，是相通的。

語彙是隨著社會生活和時代的變動而變動的。在西方，文化的概念所以於近代以後發生了日益深刻的變動，是與西方資本主義的發生發展、科學的進步以及世界聯繫的日益密切分不開的。反觀中國，封建社會綿延兩千餘年，沉沉一線，「天不變，道亦不變」。與此相應，已有的「文化」一詞，古色古香，其內涵也無甚變化。鴉片戰爭後，中國封建社會因受西方資本主義的衝擊而解體，且日益走向世界，語彙便漸生變動。在一些新的語彙出現的同時，更多的語彙增加了新的內涵。就「文化」一詞來說，其新義的增加尤其是人們自覺重新探究其內涵，界定其概念，則要晚到二十世紀初。梁啟超諸人的觀點具有代表性。梁啟超在《什麼是文化》中說：「文化者，人類心能所開積出來之有價值的共業也。」[5]梁漱溟則謂：「文化並非別的，乃是人類生活的樣法。」[6]胡適也指出：「文化（culture）是一種文明所形成的生活的方式。」[7]他們都強調文化是人類創造的一種複雜的整體（「共業」）和「生活的方式」，這顯然是接受了泰勒關於文化的定義。

所以，儘管國際上對文化迄今未能形成統一的界定，但泰勒的定義實已構成了人們進一步探討文化問題的現代基礎。同時，在此基礎上，除主張文化泛化者外，人們也畢竟形成了相對的共識，即認為文化可分作廣義與狹義兩種概念來理解。梁啟超曾說：「文化這個名詞有廣義狹義二種，廣義的包括政治經濟；狹義的僅指語言、文字、宗教、文學、美術、科學、史學、哲學而言。」[8]就已經有了此種見解。今天我們可以作進一步表述：廣義的文化就是人化，即人類所創造的一切東西構成了文化。具體講，它包括三個層面：物質文化、制度文化、精神

5 梁啟超：《飲冰室文集》之三十九。

6 梁漱溟：《東西文化及其哲學》第 2 章，北京，商務印書館，1935。

7 胡適：《我們對於西洋近代文明的態度》，《胡適文存》三集，卷一。

8 梁啟超：《中國歷史研究法補編》，《飲冰室專集》之九十九。

文化。其中，精神文化是文化結構中最深層的部分。狹義的文化就是指精神文化，即觀念形態的文化，包括思想、觀念、意識、情感、意志、價值、信仰、知識、能力等等人的主觀世界的活動及其物化的形態或外鑠的成果，如典籍、語言、文字、科技、文學、藝術、哲學、宗教、道德、風習，等等。

對於「文化」與「文明」的關係，人們也頗存異議，但從總體上看，大致有三種理解：一是學術界一般將「文明」一詞用來指一個社會已由氏族進入國家組織的階級社會的階段，即是與「文化」並無直接瓜葛的學術上的專有名詞；二是「文化」與「文明」同義。美國學者亨廷頓說：「當談論文明的時候，我們指的是什麼呢？一種文明就是一種文化存在。」[9]他顯然是將「文化」與「文明」視作同義詞，等量齊觀。故所謂「物質文化」、「制度文化」和「精神文化」，人們通常也稱作「物質文明」、「制度文明」和「精神文明」；三是「文化」與「文明」都是人類創造的一切成果的總稱，但前者是動態的，後者則是靜態的。陳安仁說：「文明是指靜的狀態而說，文化是指動的狀態而說。」[10]張崧年也曾指出：「文化是活動，文明是結果，也不過一事的兩看法。」[11]

本書對文化的界定，取狹義文化。對「文明」一詞的使用，則據行文的需要，兼顧三義。

二、中國文化史研究的回顧

文化史是古老的史學的一個分支學科，但它真正的確立，在歐洲要晚到十八世紀的啟蒙運動時期。西方「文化史之父」、法國啟蒙思想家伏爾泰的名著《路易十四時代》，實為文化史研究的開山之作。其後，西方關於文化史的著述日多，漸漸蔚為大觀。

---

9 〔美〕亨廷頓：《文明的衝突》，《國外社會科學》，1993 年第 10 期。

10 陳安仁：《中國文化演進史觀》，據文通書局 1942 年版影印，6 頁，上海，上海書店，1992。

11 張崧年：《文明與文化》，《東方雜誌》第 24 卷第 24 號。

在中國，文化史學科的確立更要晚到二十世紀二〇至三〇年代。梁啟超於此有創榛闢莽之功，他曾擬撰多卷本《中國文化史》，遺憾的是僅成《社會組織篇》計八章，壯志未酬。但是，進入二十世紀二〇年代後，有關文化史的研究成果已是連翩出現。一九二四年《史地學報》有文報導學界消息說：「近來研究歷史者，日新月異，內容大加刷新，多趨重文化史方面。」[12]足見中國文化史的研究和編纂，是時已開始浸成風氣。其中較重要的通史性著作有：顧康伯的《中國文化史》、常乃德的《中國文化小史》、陳國強的《物觀中國文化史》、柳詒徵的《中國文化史》、楊東蓴的《本國文化史大綱》、陳登原的《中國文化史》、王德華的《中國文化史略》、繆鳳林的《中國民族之文化史》、陳安仁的《中國文化演進史觀》、王治心的《中國文化史類編》、陳竺同的《中國文化史略》、錢穆的《中國文化史導論》，等等。此外，涉及斷代的、區域的和專題性的有關文化史著作也相繼出版。其中，專題性的著作，尤以王雲五主編的大型《中國文化史叢書》為代表。叢書仿效一九二〇年法國出版的《人類演進史叢書》及一九二五年英國劍橋大學主編的《文化史叢書》的體例，共分八十個專題，每冊一專題，於一九三七年後相繼推出，產生了很大的社會影響。該叢書的出版，標誌著中國文化史的研究發展到了一個新的階段。

中國文化史的研究之所以於二十世紀二〇年代後蔚為風氣，並非偶然，至少可以指出以下的原因：

其一，是近代中西文化問題論爭深化的必然結果。經五四後，中西文化問題的論爭不僅日益激烈，且愈趨深化。歐戰慘絕人寰，創深痛巨，引發了世界範圍內的反省西方文化的思潮。與此相應，國人相信西方文化必有所短，中國文化自有所長，因而要求重新審視固有文化。為此，探討中國文化的發生發展史自然便成了當務之急。張蔭麟說：「文化是一發展的歷程。它的個性表現在它的全部『發生史』裡。所以比較兩個文化，應當就是比較兩個文化的發生史。」[13]柳詒徵的《中國文化史．緒論》則強調該書的旨趣，即在於回答：「中國文化為何？中

12 《史地界消息．歷史類（一）〈研求國史方法之倡導〉》，《史地學報》第3卷第1、第2合期，1924。

13 《論中西文化的差異》，參見張雲臺編：《張蔭麟文集》，北京，教育科學出版社，1993。

國文化何在？中國文化異於印、歐者何在？」而錢穆在《中國文化導論．弁言》中，說得更加明確：

中國文化，表現在中國已往全部歷史過程中，除卻歷史，無從談文化。……我們應在歷史進程之全時期中，求其體段，尋其態勢，看他如何配搭組織，再看他如何動進向前，庶乎對於整個文化精神有較客觀，較平允之估計與認識。[14]

很顯然，這就是明確地提出了，要正確認識中西文化，必須重視中國文化史的研究。

其二，借文化史振奮民族精神，謀國家復興。二十世紀三〇至四〇年代正是中國遭受日本帝國主義的野蠻侵略，民族危亡喚醒全民抗戰和謀國家復興的慷慨悲壯的時代。愈來愈多的國人意識到了文化復興與民族復興的內在聯繫。康敬軒在《中國文化演進史觀．跋》中說：「念一年秋，予歸自歐洲，默察大勢，知欲救國家危亡，必先求民族之復興，而求民族之復興，必先求文化復興。」陳安仁《中國文化演進史觀．自序》也說，近世治國家學說者，皆謂土地、人民、主權是國家三要素，必得三者安全獨立，才是名副其實的國家。實則，即便三者盡得，「而文化不能獨立，亦遂足以當國家之名實乎」？帝國主義侵略弱國，不僅占有其土地、人民與主權，「尤且汲汲皇皇，以消滅弱小國家民族之文化，吁！可怖哉」。[15]需要指出的是，近代最早的中國文化史著述雖是出自日人之手，它們對於國人著述不乏借鑒的作用，但如一九〇三年出版的白河次郎、國府種德的《支那文明史》和一九二六年出版的高桑駒吉的《中國文化史》，其有意歪曲歷史和貶損中國文化，也是人所共見的。因此，編纂中國文化史，給國人以正確的民族文化教育，以振奮民族精神，史家責無旁貸。王德華《中國文化史略．敘例》因之強調說：

中國文化之評價各有不同，有謂為落後者，有謂為優美者，然不論其評價如何，中國人之應當了解中國文化，則無疑問，否則，吾族艱難奮鬥、努力創造之

14 錢穆：《中國文化導論．弁言》，北京，商務印書館，1994。
15 陳安仁：《中國文化演進史觀．自序》。

歷史，無由明瞭，而吾人之民族意識，即無由發生，民族精神即無由振起，晚近中國國勢不振，即由於文化教育之失敗所至。玆者國脈益危，不言復興則已，言復興，則非著重文化教育，振起民族精神不可。本書之作，意即在此。[16]

其三，新史學思潮影響的結果。十九世紀末二〇世紀初，是西方史學新陳代謝的重要時期。傳統史學重政治史，而新史學思潮則要求擴大史學範圍，注意經濟、社會、思想、文化等領域的研究。巴勒克拉夫在《當代史學主要趨勢》一書中指出，「從蘭克時代到阿克頓時代，歷史學家們對於歷史學的主線是政治史這一點極少懷疑」，而經二十世紀二〇年代後馬克思主義唯物論和以狄爾泰為代表的相對主義史學思潮的衝擊，「歷史學的重點轉移到經濟、社會、文化、思想和心理等方面，歷史學家的工作範圍也相應地擴大了」。[17]西方史學思潮的此種變動，也強烈地影響到了中國。二十世紀二〇年代後馬克思主義唯物論在中國日益傳播，與此同時，作為歐洲相對主義史學衍生物的美國「新史學」，也傳入了中國。新史學派主要人物的代表作，如魯濱遜的《新史學》、巴恩斯的《史學史》、紹特威爾的《西洋史學史》等，於二十世紀二〇年代也相繼被譯成中文出版。新史學派同樣主張擴大史學範圍，加強對於經濟、社會及文化等領域的研究。何炳松在《新史學導言》中說：「舊日歷史家，又有偏重政治史的毛病。實則政治一端，哪能概括人類活動的全部呢？」[18]由於新史學派的理論是被當作代表了西方史學發展的最新趨勢的新理論，而加以宣傳與介紹的，故在當時的中國史學界產生了廣泛的影響。梁啟超、章太炎等人雖在二十世紀初即有研究文化史的初步主張，但僅是少數人的先知先覺；二十世紀二〇年代後，因受新史學思潮的廣泛影響，中國史學家要求擴大治史範圍，注重經濟、社會和文化史研究實已成為時尚。所以柳詒徵《中國文化史・緒論》指出：

世恒病吾國史書為皇帝家譜，不能表示民族社會變遷進步之狀況，實則民族社會之史料，觸處皆是，徒以浩穰無紀，讀者不能博觀而約取，遂疑吾國所謂史

---

16 王德華：《中國文化史略・敘例》，南京，正中書局，1942。
17 〔英〕巴勒克拉夫：《當代史學主要趨勢》，13、14 頁，上海，上海譯文出版社，1987。
18 何炳松：《何炳松論文集》，51 頁，北京，商務印書館，1990。

者，不過如坊肆《綱鑒》之類，止有帝王嬗代及武人相斫之事，舉凡教學、文藝、社會、風俗以至經濟、生活、物產、建築、圖畫、雕刻之類，舉無可稽。吾書欲去此惑，故於帝王朝代，國家戰伐，多從刪略，惟就民族全體之精神所表現者，廣搜而列舉之。[19]

顧康伯《中國文化史·自序》同樣強調說：

歷史之功用，在考究其文化耳。顧吾國所謂歷史，不外記歷朝之治亂興亡，而於文化進退之際，概不注意，致外人動譏吾為無史。二十四史者，二十四姓之家譜，斯言雖或過當，然吾國史家專為一朝一姓之奴隸，未始非缺憾也。[20]

此期的文化史研究不僅出版了一批成果，而且對文化史研究的方法論問題作了探索，提出了某些有益的見解：

（1）分類與綜合。以梁啟超為代表的一些學者主張文化史當分類研究。梁啟超的《歷史研究法補編》中有「文化專史及其做法」一章，其中說：「狹義的文化，譬如人體的精神，可依精神系發展的次第以求分類的方法。」文化是人類思想的結晶。思想的表現有宗教、哲學、史學、科學、文學、美學等等，「我們可一件一件的講下去」。[21]王雲五在《編纂中國文化史之研究》中也提出，以綜合方法編纂文化史，「其難益甚」，宜「就文化之全範圍」，區分若干科目，作系統詳盡敘述。如此，「分之為各科之專史，合之則為文化之全史」。[22]王治心的書即取名為《中國文化史類編》，內分經濟、風俗、學術思想、宗教倫理和藝術器物五類。作者在「緒論」中說：「這五個大綱，或者可以把整個的文化大約地包括起來。……合起來可以成全部的文化史，分開來也可以成為各自獨立的五種小史。」[23]但是，柳詒徵諸人不贊成分類而主綜合的研究方法。柳詒徵以為，分類的方法難以說明文化發展中複雜的歷史因果關係和表現「民族全體之精神」，「此

19 柳詒徵：《中國文化史》上冊，7 頁，北京，中國大百科全書出版社，1988。

20 顧康伯：《中國文化史·自序》，上海，泰東圖書局，1924。

21 梁啟超：《飲冰室專集》之九十九，134 頁。

22 王雲五：《編纂中國文化史之研究》，北京，商務印書館，1937。

23 王治心：《中國文化史類編·緒論》，上海，作者書店，1943。

縱斷之病也」。[24]何炳松則指出，分類縱斷的研究無法表現「某一時代中整個的文化狀況」，由此組合成的所謂文化史，「不是整個的；是死的，不是活的」。[25]應當說，柳詒徵等人主綜合的研究方法是對的，因為文化專史固然是必要的，但是中國文化史不應是各種專門史的簡單組合。

（2）文化史的分期。此期的研究者都將進化的觀點引入了文化史，強調要「注意動的研究方法，從歷史進化變遷的法則，說明社會演變，人類活動行為的影響」[26]。他們普遍注意到了中國文化史的分期問題，也反映了這一點。梁啟超不愧是文化史研究的創始者，他看到了文化史自身的發展規律，明確地提出了文化史的分期不應與政治史劃一的重要思想。[27]從宏觀上看，此期的研究者多以上古、中古、近世對中國文化史作長時段的區分；從微觀上看，則是超越王朝界限，力圖以文化發展的自身特點作中時段的區分。前者可以柳詒徵的《中國文化史》為例，它以遠古至兩漢為上古；魏晉至宋、元為中古；明至當代為近世，並依此分為三編，構建全書體例。柳詒徵寫道：

吾書凡分三編：第一編，自邃古以迄兩漢，是為吾國民族本其造之力，由部落而建設國家，構成獨立之文化之時期；第二編，自東漢以迄明季，是為印度文化輸入吾國，與吾國固有文化由牴牾而融合之時期；第三編，自明季迄今日，是為中印兩種文化已就衰，而遠西之學術、思想、宗教、政法以次輸入，相激相蕩而卒相合之時期。此三期者，初無截然劃分之界限，特就其蟬聯蛻化之際，略分畛畔，以便尋繹。[28]

後者可以常乃德的《中國文化小史》為例，它分中國文化史為八期：

自太古至西周的宗法時期；春秋戰國時代的宗法社會破裂後文化自由發展的時期；秦漢兩代統一安定的向外發展的時期；魏晉朝民族移徙印度新文化輸入的

---

24 柳詒徵：《中國文化史》上冊，「弁言」及「緒論」。
25 何炳松：《何炳松論文集》，148 頁。
26 陳安仁：《中國文化演進史觀・緒論》。
27 梁啟超：《飲冰室專集》之九十九，172 頁。
28 柳詒徵：《中國文化史》上冊，1 頁。

時期；隋唐兩代民族同化成功新文化出現的時期；晚唐五代宋朝民族能力萎縮保守思想成熟的時期；元明清三朝與西方文化接觸逐漸蛻化的時期；晚清以至今日大革新的時期。[29]

他們的上述分期是否科學，可不置論；重要在於，他們都力圖從中外文化融合和中國文化發展變化的大勢上，考量中國文化史的分期，無疑都表現出了可貴的新思維。

（3）唯物史觀的運用。儘管此期的多數研究者並未接受唯物史觀，但是畢竟有部分學者已開始嘗試和倡導運用唯物史觀研究中國文化史。例如，陳竺同的《中國文化史略》說：「社會生產，包含著生產力與生產關係。這本小冊子是著重於生產力去分析文化的進程。」[30]陳安仁的《中國文化演進史觀》也強調，一國的經濟「與一國的文化進程，有密切的關係，重大的影響」。作者進而引德國學者的話說：「無論如何，唯物史論包含一個大真理，植物賴其所生地的肥料而生長，繁殖開發，同樣道理，可知食物根源的擴張（如由農業），生產方法的進步（如因資本主義的制度），工藝上的文明（如鐵路、省勞動的機器等等），對於文化發達發生的影響，遠勝於道德教訓、宣講書籍、藝術品、哲學系統。」儘管經濟並非影響文化發展的唯一因素，「但就一切社會學的現象看起來，經濟唯是有大影響於文化發達的」。[31]固然，這些研究者對於唯物史觀的理解與把握，尚屬粗淺，故其於文化史現象的分析一時也難以避免簡單化的傾向。

二十世紀上半葉的中國文化史研究儘管取得了明顯的成就，但終究屬於發軔期，粗獷有餘而精密不足。二十世紀三〇年代初，朱謙之著《文化哲學》一書，以為已有文化史研究的不足，在於普遍缺乏理論基礎；與此同時，陳寅恪也指出，「以往研究文化史有二失」：舊派「其缺點是只有死材料而沒有解釋」，失之在「滯」；新派多留學生，喜歡照搬外國理論，其書有解釋，「看上去似很有條

---

29 常乃德：《中國文化小史》第1章，上海，中華書局，1928。
30 陳竺同：《中國文化史略》，144頁，上海，文光書店，1948。
31 陳安仁：《中國文化演進史觀》，61頁。

理，然甚危險」，失之在「誣」。[32]二者的批評有相通之處，頗能中其肯綮。

遺憾的是，新中國成立後，除了如文學、藝術、史學、哲學等具體的部門文化史的研究還在繼續外，文化史作為一個獨立的學科，在長達近三十年的時間裏，實陷於中斷。這主要是受「左」的思潮影響，視文化史為資產階級唯心論的淵藪而加以簡單否定的結果。

中國文化史研究枯木逢春，其根本轉機在二十世紀七〇年代末。一九七八年黨的十一屆三中全會確立了改革開放的路線後，國人得脫「左」的羈轡，百業發舒。與此相應，中國文化史研究與「文化熱」同時升溫，尤其是進入八〇年代後，更似春潮勃發，迅速蔚為大觀：報刊上就中國傳統文化的優劣展開長時間激烈的爭論；文化史研究的專門機構在許多高校和科研單位先後建立了起來；專門的學術團體、期刊出現了；國際國內的或地方的相關學術討論會，每年都在舉行；文化史不僅進入了高校的課堂，而且成為研究生培養的重要研究方向。這場文化和文化史「熱」，其持續時間之長，影響範圍之廣，為新中國成立以來所僅見，以至於我們迄今都可以感受到它。

自二十世紀七〇年代末以來，文化史研究取得了豐碩的成果，已出版的著作為數十分可觀。馮天瑜等的《中華文化史》、陰法魯等的《中國古代文化史》、劉蕙孫的《中國文化史稿》等，是有影響的通史性的著作；萬繩楠的《魏晉南北朝文化史》、龔書鐸主編的《中國近代文化概論》、史全生主編的《中華民國文化史》等，則是斷代史方面有代表性的著作。此外，有關區域文化史、專題文化史、少數民族文化史、中外文化交流史等方面的著作，為數最多，更不乏精品佳構。此期的中國文化史研究，無論從品質與數量上看，還是從涉及領域的廣度與深度上看，均非二十世紀上半葉的研究所能同日而語。

一定的文化是一定社會的政治和經濟的反映，又給予偉大影響和作用於一定社會的政治和經濟。二十世紀七〇年代末以來，文化及文化史的研究之所以得以

32 蔣天樞：《陳寅恪先生編年事輯》，222 頁，上海，上海古籍出版社，1997。

復蘇乃至於勃興，歸根結柢，是中國揭出了實現現代化的時代主題和社會醞釀著轉型的產物。所謂現代化，不是孤立的社會目標，對於一個國家和民族來說，它意味著自身整個文化的現代化。就中國而言，文化的現代化不應也不可能是全盤西化，它只能是傳統文化的現代化。為此，去除糟粕，繼承和弘揚中華民族優秀的文化傳統，實現傳統文化的內在超越，便成了中國現代化課題中的應有之義。「中國文化，表現在中國已往全部歷史過程中，除卻歷史，無從談文化。」也因是之故，欲解答現實中的文化問題，便不能不去請教歷史。不僅如此，中國的現代化事業任重道遠，它需要不斷增強民族的凝聚力、認同感，中國文化史研究恰恰可以高揚愛國主義，為之提供無可替代的民族精神的支柱。很顯然，二十世紀末，國人重新發現了中國文化史的價值，這是完全合乎邏輯的。當然，思想既經解放，學術研究無禁區，文化史這塊長期荒蕪卻又遼闊而肥沃的學術園地，自然會吸引來眾多拓荒者。這即是說，中國文化史學科自身發展的強勁內驅力，也是不容忽視的。要言之，此期中國文化史研究復蘇的原因與二十世紀二〇至三〇年代肇端的原因，一脈相承，只是因時代條件的差異而表現出愈加斑斕的特色罷了。

同時，也應當看到，此期的中國文化史研究雖然成就斐然，超過了前期，但它在更高的層面上並沒有完全解決前期業已提出的問題，而且面臨著新的分歧。例如，柳詒徵等人早已提出，中國文化史應是綜合的，不應是專門史的組合，這在今天雖成共識，但究竟應怎樣實現綜合，當年的柳詒徵等人在實踐上並未解決，今天我們也仍然處於摸索的過程中。文化概念的界定依然莫衷一是，此不待言；但是，如今文化史的界定本身也成了爭論的問題。此外，朱謙之曾提出文化史研究的理論基礎問題，應當說，迄今足以表現中國氣派的文化學理論，尚未見之。從西方引入的各種文化學理論為數雖多，但有經久生命力的學說也不多見。陳寅恪所說的失之於「滯」的舊派學者固然不存在了，但他對於失之於「誣」的新派學風的批評，卻不能說已無現實的意義。

學術的本質在於發現問題，追求真理。從這個意義上說，上述的現象是正常的，它反映了學術研究無止境和學術研究的艱辛。但是，重要的一點是，不應沉湎於概念的爭論而停止了實踐的探索。蘇聯的學者說得對：「如果只集中注意力去制定一個什麼是文化，什麼是它的研究對象的準確的、完善無缺的定義，再開始研究俄國文化史未必是合適的。」[33]唯其如此，我們以為在學術界已有的研究基礎上，編纂一部多卷本的《中國文化通史》，不僅已具備了必要的條件，而且其本身即是一種有益的探索。

三、中國文化史發展脈絡

任何事物的發展過程，都因受其根本矛盾在不同發展階段上的具體展開形式的制約，從而顯現出階段性來。「如果人們不去注意事物發展過程中的階段性，人們就不能適當地處理事物的矛盾。」[34]因之，注意事物發展過程中的階段性，對於正確認識事物具有十分重要的意義。實則，馬克思主義唯物史觀從來便重視人類社會歷史的階段性發展，馬克思曾指出，生產關係是隨著生產力的發展變化而變化和改變的。生產關係的總和構成了「一定歷史發展階段上」和「具有獨特的特徵的」所謂社會。「古代社會、封建社會和資產階級社會都是這樣的生產關係的總和，而其中每一個生產關係的總和同時又標誌著人類歷史發展中的一個特殊階段。」[35]

緣是可知，欲理解中國文化史，注意其發展過程中的階段性，同樣是十分重要的。

中國文化史是中國通史的一部分，但其分期應有其自身的根據，而不能強求與政治史或經濟史相一致。固然，一定的文化是一定社會的政治與經濟在觀念形態上的反映，但是，此種反映絕非徑情直遂的，而是通過複雜的中介層面實現的。因之，二者的關係不能等同於物質與精神的關係，以為政治經濟是第一性的，文化是第二性，是政治經濟的派生物。事實上，文化自身有很強的傳承性和

33 轉引自莊錫昌等編：《多維視野中的文化理論》，383 頁。

34 《毛澤東選集》第 1 卷，314 頁，北京，人民出版社，1991。

35 《馬克思恩格斯選集》第 1 卷，345 頁，北京，人民出版社，1995。

相對的獨立性。從人類歷史上看，精神文明並不總是與物質文明同步。如古希臘的生產力並不發達，但卻創造了燦爛的古希臘文明；在歐洲歷史上，德國曾長期是經濟上落後的國家，但這並不影響她時常占據歐洲文化交響樂團中第一提琴手的位置。同樣，春秋戰國時代是中國歷史的童年，物質文明水準不高，但它卻是中國文化發展史上的一個巨人輩出的黃金時代；宋代國勢孱弱，但人多公認宋代是中國古代文化發展史上的又一個高峰期。陳寅恪甚至這樣說：「華夏民族之文化，歷數千載之演進，造極於趙宋之世。」[36]

中國文化史的分期，當考慮到以下幾種因素：

其一，中外文化的關係。中國文化的發展不是孤立的，在歷史上中國文化曾廣泛吸納了域外文化，其中尤其是東漢後傳入的印度佛教，深刻地影響了中國文化的發展。而鴉片戰爭以後，西學東漸更是有力地衝擊了中國文化，促使其解紐、轉型和近代化。中國文化的發展包含著外來文化的基因，後者提供了重要的內驅力，這是不容忽視的歷史現象。

其二，民族與文化的關係。中國文化的起源是多元的。漢唐之際中國文化進入了發舒的重要時期，其間以漢族為主體的多民族的大融合，同樣深刻地影響了中國文化的發展。故陳寅恪曾反覆強調指出：必須明白民族與文化的關係，「始可與言吾國中古文化史」[37]。實則，與言中國中古以後的文化史，也依然不容忽視民族與文化的關係。這只須指出蒙古族與滿族曾先後入主中原，分別建立了元朝與清朝，有力地影響了中國文化的發展，就足以說明這一點。正是從這個意義上說，中華民族的形成與發展和中國文化的源起與發展是互為表裡、相輔相成的。

其三，社會形態與文化形態的關係。馬克思主義指出，一定生產關係的總和構成了人類社會發展一定階段上具有獨特特徵的所謂社會，即形成了一定的社會形態，如古代社會、封建社會和資本主義社會等。文化的發展雖然並不總是與政

---

36 陳寅恪：《鄧廣銘宋史職官志考證序》，《金明館叢稿二編》，上海，上海古籍出版社，1980。

37 陳寅恪：《寒柳堂集》，33 頁，上海，上海古籍出版社，1980。

治經濟的發展亦步亦趨，但是，歸根結柢，文化的發展又總是與一定的生產方式所構成的社會經濟基礎相適應的，即一定的文化形態適應於所由產生的一定的社會形態。所以，有所謂古代社會文化、封建社會文化和資本主義社會文化等的分際。這是具有普遍意義的唯物論的觀點。

緣此，從文化的性質和中外文化關係的發展態勢上，學術界對中國文化史曾有以下兩種長時段的分期：

（1）自遠古迄西周[38]，屬古代社會的文化；自西周迄明清，屬封建社會的文化；自鴉片戰爭以降迄新中國建立，屬半殖民地半封建社會時期的近代文化。

（2）自遠古迄漢代，是為中國文化獨立形成與發展的時期；自漢代迄明末，是為中國文化積極吸納域外文化，尤其是印度佛教，從而使自身得到不斷豐富與發展的時期；自明末迄新中國建立前，是為西方文化漸次傳入，中西文化相激相盪終相融合和中國傳統文化向近代文化轉型的時期。[39]

上述兩種分期，視角不同，實質是一致的，即都注意到了中國文化的階段性發展，但略顯疏闊。依上述理路，中國文化史的發展大勢，還可以進一步大致分成六個時期：先秦；秦漢；魏晉南北朝至隋唐五代；遼宋西夏金元；明清（前期）；近代。茲分述如下：

第一個時期，先秦。

這是中國文化的孕育、化成時期，也是中國文化的奠基期和第一個高潮期。先秦文化的集成奠定了中國文化博大精深的基礎，給中國文化的發展開拓了廣闊的道路。所謂的中國文化傳統，就是從這個時期發軔、源起。

先秦文化的積澱經歷了漫長的歷史時期。從一百七十萬年前元謀猿人開始，中華民族的祖先經歷了直立人、早期智人（古人）、晚期智人（新人）到現代人

---

38 中國古代史分期問題，學術界存在爭論。這裡以西周封建說舉例。

39 參見柳詒徵：《中國文化史》上冊，1 頁。

的演進，度過了舊石器時代、中石器時代、新石器時代，通過原始人群、母系氏族社會、父系氏族社會，進入了階級社會的門檻。這標誌著他們已經艱難地越過了蒙昧、野蠻而迎來了文明的曙光。中國大地的文明曙光，最早是以滿天星斗式的多元發生為特點的。遠在新石器時代的後期，我國廣大的區域內，即已經形成了若干初級文明的文化區域：陝晉豫文化區、山東文化區、湖北文化區、長江下游文化區、鄱陽湖—珠江流域文化區、遼西河套文化區。這些不同區域的文化不斷地積累、發展、碰撞，最後通過在中原地區的交匯、融合，完成了中國古代從野蠻到文明、從量變到質變的轉變，建立起中國歷史上第一個文明國家王朝—夏。

我國古代是在基本上沒有改變氏族結構的情況下進入階級社會的，因而它在政治制度的架構上還保留著氏族社會的許多特點。夏王朝基本上還是氏族方國聯盟的王朝，王權通過巫術神權去體現，其思想文化還帶有強烈的氏族觀念和宗教神權的巫術特徵，人們的思想意志，歸根結柢，要以神的意志為轉移。

商代是神權政治的極盛時期。商王國政治地理相對狹窄與它統治區域廣大的矛盾和以子姓為主的家族統治集團與外服異姓方國的矛盾，促使商的國家宗教愈來愈向強化神權、王權的方向發展。商代的巫術神權無所不包，其思想、文化、藝術無不帶有典型的溝通人神的神話或巫術的意義。

殷商以一味迷信天命走向殘暴導致了國家的滅亡。周初「封建親戚」，在「因於殷禮」的基礎上，吸收殷亡國的教訓，制定了以敬天保民、明德慎罰為主導思想的禮樂文化，完善周王朝的上層建築。這是我國古代神權思想解放、理性文化思想形成的第一步。

禮樂文化的思想基礎是「德」。周人強調「敬德」，強調用人力、人的道德保有「天命」即掌握政權，主張用體現國家制度、人倫行為準則和道德規範的「禮」來穩定社會的等級秩序；用「樂」來引導人們在遵守等級秩序的前提下的親和。這是商周之際統治思想也是文化思想的重大變化。它孕育和涵蓋的「人治」理性精神和一統「和合」精神，對中華民族和大一統國家的形成都有不可磨滅的指導意義。

春秋時期，王室衰微，諸侯爭霸。新型的君主專制國家和郡縣制的發展，使處於幾個不同文化區域的爭霸大國逐漸形成幾個不同的政治文化中心。宗法制度的崩潰，「學在官府」的局面被打破，私學的發展，推動了學術文化的普及和文化思潮的發展。急劇動盪的社會變革，戎狄蠻夷和華夏融合，農業、工商業、科學技術的發展，激發了思想家們對面臨的各種現實問題如天人關係、君臣關係、君民關係、華夷關係以及忠孝、仁義等思想倫理學說的探討。由此，隨著爭霸各國為了富國強兵而進行的政治、經濟、文化變革，不同的政治主張競相揭出，不同流派的私家講學和各成一家之言的私人著述逐漸發展。儒墨顯學之爭已揭開了文化爭鳴的序幕。

戰國以後，新成長起來居於統治地位的地主階級處在統一中國的激戰之中，他們希望從思想家那裡吸取新的學說和營養，禮賢下士成風，學術政策寬容，為士人衝破舊思想的束縛，探求創作新的思想創造了極為有利的政治環境和生活環境，促使不同觀點的各種著作如雨後春筍般湧現，儒、道、陰陽、法、名、墨、縱橫、雜、農、小說諸家紛然並存，相互駁難，形成了錯綜複雜、生動活潑的百家爭鳴局面。

百家爭鳴是華夏各民族文化積澱的結果，也是春秋戰國時期諸多思想家智慧的結晶。百家爭鳴的出現，標誌著華夏文化的成熟和發展，標誌著我國古代理性文化已經達到了博大的、難以攀登的高峰。它的出現，不僅為統一的多民族的國家的出現奠定了思想和文化的基礎，也為中國幾千年的政治文化的發展奠定了基礎。兩千多年來，歷史上的許多思想都可以從戰國諸子的學說中找到源頭，甚至今天社會科學的許多問題，我們也可以或多或少地從諸子那裡發現頭緒。

第二個時期，秦漢。

這是中國文化的成長時期。此期以封建經濟政治制度為基礎，以漢民族形成和各民族交往的加強為背景，確立了以儒家思想為核心的多民族統一的文化格局。這樣的格局一直延續到了有清一代。

秦皇朝建立起空前統一的大一統政權，為思想文化的統一提供了必要的條件。秦始皇堅持法家路線，力圖構建起服務於大一統政治的以文化專制主義為特色的文化體系。他的努力沒有成功，強制性的文化統一沒有產生與封建政治共同發展的結果。

經過多年的探索，儒家思想最適應封建政治的需要，漸成政治家們的共識。漢武帝順應歷史發展的客觀需要，確立「罷黜百家，獨尊儒術」的國策，將儒家經學正式確定為官學，以政權力量樹立起儒家的權威。在解決漢代遇到的一系列重大歷史與現實問題方面，儒家思想充分顯示出它的理論力量。在儒家思想指導下，漢武帝在政權建設和鞏固多民族統一國家方面努力開拓進取，擴大了封建大一統政權的政治影響。通西域和開發西南，使西北、西南各少數民族加強了與內地的聯繫，以儒家思想為核心，封建多民族統一的文化格局逐步形成。其後，漢宣帝親自主持召開石渠閣會議，以皇帝兼宗師、教主身分裁決五經異同，這是以皇權專制的儒學形式進一步控制思想的標誌。宣帝開始注意用符瑞粉飾政治，在白虎觀召開經學會議，形成封建社會的法典性文獻—《白虎通義》，儒家政治倫理原則在社會得到全面落實。

儒家統領文化的格局確立後，哲學、史學、文學、教育、科學技術以至社會風俗等各文化領域，日益浸潤著儒家思想的影響。封建大一統文化表現出了巨大的創造力量，但是，與此同時，其高度一統的負面效應也開始顯露出來，對當時和以後的中國文化發展產生了消極的影響。

第三個時期，魏晉南北朝至隋唐五代。

這是中國文化發展的第二個高峰期。從魏晉南北朝開始，中國文化結構經歷了一次更新和充實的過程，到隋唐五代時期終於發展到了光輝燦爛的階段。

兩漢時期神學化的儒學長期處於獨尊的地位。然而，從漢末起，社會環境的巨變以及自身方面的原因使得儒學式微。以玄學為先導的多種文化因素競生並長，不但一變百草蕭疏而為萬木爭榮，而且也為道教從原始幼稚走向完備成熟、佛教在中國站穩腳跟並得到迅速發展，掃清了道路。經過不斷的調整組合，到南北朝後期，儒釋道三家並立主導文化的格局初步形成。魏晉南北朝時期，各族人口的頻繁流動與接觸，使得異質性十分鮮明的胡漢兩種文化間的衝突與融合，不可避免。入主中原的胡人在被漢文化涵化融合的同時，也為漢人注入了胡文化的新鮮活力。在南北交往過程中，文化的進步逐漸泯沒了民族隔閡，中華文明在登上一層新的臺階後，終於進一步實現了在根基方面的趨同。然而，由於長期分裂隔絕，又使得南北文化的地域特徵明顯存在。南人善創新，北人重傳統；南人重文，北人尚武；南人學問清通簡要，北人學問淵綜博廣，凡此種種，都是這一時期南北文化趨異性的表現形式。

隋唐五代的文化總結和繼承了前代的成果，同時，又以博大的胸懷、恢弘的氣勢，吸收了當時域內外各民族文化的精華，造就了此期各部門文化的大發展，從而形成中國文化發展史上的一座新高峰。隋唐統治者確立了以儒學為正宗、三教並存主導文化的格局，同時注意對南北文化差異進行溝通，並對胡漢文化採取了兼容並包的政策。到開元、天寶年間，終成盛唐氣象，哲學、宗教、文學、藝術、科技等的文化天空，群星燦爛，湧現出了一大批包括李白、杜甫等在內的文化巨匠。唐中後期的文化則在多元的、深層次的發展過程中，又開始了結構上的局部調整，經五代的發展，為宋代文化的再度高漲奠定了基礎。

第四個時期，遼宋西夏金元。

這是中國文化發展的第三個高峰期。此期漢族政權與周邊少數民族政權多元並存，及其由紛爭歸趨統一的歷史走向，深刻地影響了中國文化的發展。

北宋建立後，採取措施加強了皇權專制主義統治。但是，北宋統一的範圍有限，與漢唐規模不能相比；右文政策帶來了文化的興盛，另一方面，文化鬥爭與政壇上黨爭交織，政局動盪不定。北宋兩次重大的改革慶曆新政與王安石變法，沒有收到應有的成效。南宋高孝光寧四朝是所謂的「中興四朝」，南宋孝宗等一度起用抗金人士，但一遇挫折，便失信心。加之奸相把持大權，朝政腐敗已極，「中興」難再。動盪不定的政局給文化帶來新的特點。

兩宋的經濟有了較大的發展，客戶與主戶關係表明封建生產關係的新發展，地主階級各個階層中，占支配地位的是品官地主，這與身分性很強的門閥地主不同。商品經濟發達，超過前代，汴京、臨安、大都等一些大都市出現了。中國經濟重心南移在南宋完成，地區特徵的經濟形成，使得文化分布呈現了新的格局。

遼、西夏、金與元不斷進行改革，推動中國周邊地區封建化。在中原地區的漢文化深刻影響下，雅好儒學文化成為一種風尚；同時，更值得注意的是，此期塞外遊牧民族的草原文化與中原農業文化相互匯合，相互補充，相互吸收，浸成了以漢文化為核心的多樣性文化。程朱理學地位在南宋後期不斷上升，到了元朝才成為占統治地位的學術，影響封建社會後期的政治、社會生活的各個層面。

宋代文化在中國文化史上占有特殊重要的地位。元朝文化是宋代文化的延長，只是帶上恢弘與粗獷的特點。

宋元文化上的一個十分突出的方面，是人文精神的出現。兩宋文化體現出的是一種開闊的視野與清醒意識。學者疑古惑經，突破疏不破注治經的藩籬，表現了「變古」的精神和文化批判的勇氣。都市文化的崛起，則是反映了新興的市井百民對精神文化的需求，表現了他們的情感與思想。

宋元文化核心是理學。它強調萬物一理，理一分殊，天理支配宇宙變動、歷史興衰和人事得失。原有的儒學得到一次更新、改造，經歷了一次抽象、昇華。隨著理學成為占統治地位的學說，成為教條，原先學術上活潑、富有創造的活力消失了。在這樣的土壤裡，人文精神不可能得到進一步發育。

宋元文化中民族觀念的內涵，有了新的因子，體現出民族起源的認同感，反映民族凝聚力不斷增強。遼、金史書中認定自己是黃帝、炎帝的子孫，遼、金人主如遼聖宗、金世宗，即使是金海王，都努力學習漢文化，力圖從《貞觀政要》、《新唐書》等典籍中，吸取經驗。元人修宋、遼、金三史，在正統問題上，長期爭論不下，最後決定各與正統，寫成三部史書。這件事本身體現出民族觀念的新發展。

包括科技在內的宋元文化極其燦爛輝煌，對十至十四世紀的亞洲，乃至對世界，都有重大的影響。程朱理學為亞洲儒學圈的形成奠定了基礎。宋代人的指南針等科技的發明和傳播，影響到世界史的進程。同樣，此期外域文化的傳入，為華夏文化注入了新的因子。

第五個時期，明清。

這是中國文化盛極而衰的遲暮期。中國封建社會由明代步入了晚期，專制制度發展到了極致，加劇了政治的衰朽與社會的矛盾；社會經濟的發展雖然達到了封建社會所能容納的高度，並醞釀著新舊的衝突和支撐了社會文化的幾度繁榮，但終屬夕陽殘照，中國封建社會的文化無法避免明日黃花的命運。

明代初期，統治者在政治上強化君主專制，在思想文化上，尊崇程朱理學，剿滅異端，大興文字獄，推行文化專制主義。這不僅造成了思想文化的沉寂，而且助長了以文學復古、擬古為代表的社會復古思潮。明代中期，社會經濟有了重要的發展，資本主義萌芽的顯露，預示著封建生產方式內在矛盾的深刻化，商品經濟因此出現了前所未有的活躍勢頭。緣是，封建統治稍稍鬆弛，思想文化領域呈現出一派生機。以「心」為本體，強調人的主體意識的陽明心學的崛起，打破了程朱理學的一統天下，促進了思想的解凍。從王艮到李贄的泰州學派發展了陽明學的積極因素，更具「異端」色彩。與此相應，主體意識覺醒和講求實學的思潮的湧動，為僵滯的社會生活、文學藝術創作與思想文化界，帶來了一股新鮮活潑的時代氣息，顯露出新舊衝突變動的徵兆。以李時珍的《本草綱目》、吳承恩的《西遊記》、徐光啟的《農政全書》等等為代表，文學、藝術、科技等領域都取得了重大成就。

明末耶穌會士東來，帶來了天文曆算等西洋的科學技術，傳達了西方文藝復興的資訊，中西文化發生了交匯與衝突。徐光啟、李之藻諸人積極迎受西學，並依稀感悟到了世界科技發展的主潮，提出了「先行會通，進而超勝」處理中西文化的正確思路。但遺憾的是，隨著朝代更迭，政局劇變，這一正確的思路被打斷了，中國歷史文化的發展，後來因此付出了沉重的代價。

清朝代明而興，開拓疆土，基本奠定了今天中國的疆域，有力地促進了中國多民族國家的鞏固和發展，同時也促進了各民族間文化的多元融合。清前期，經濟繁榮，國力強盛，出現了中國封建社會歷史上新的治世和高峰。以此為依託，

「康乾盛世」也成了中國文化集大成的重要時期。《古今圖書集成》、《四庫全書》，卷帙浩繁，氣勢宏大，是中國文化遺產的總匯；乾嘉學派研究儒家經典，考其真偽，正其訛誤，辨其音義，校勘異同，在治經、考史、文字、聲韻、曆算、地理、金石等諸多方面都取得了很高的成就；在文學藝術方面，《紅樓夢》是古典小說的極品，《長生殿》、《桃花扇》等，則成為戲曲發展新的里程碑。

但是，封建社會畢竟日薄西山，故清代文化實為一種爛熟的文化，輝煌與衰朽並存，集大成與僵滯共生。統治者不僅推尊理學，加強君主專制，而且較明代更加殘酷地推行文字獄。「避席畏聞文字獄，著書只為稻粱謀。」這嚴重束縛了思想文化的發展。理學空疏，漢學破碎，終於導致了士習敗壞，實學消沉，「萬馬齊喑究可哀」的局面。同時，自雍正後，統治者實行閉關鎖國的政策，中西文化交匯之道阻，中國脫離世界文化發展的主潮，陷入了孤陋寡聞的境地。

清代中期，漸入「衰世」。內有民眾起義，外有西方侵略勢力頻頻叩關，社會險象環生，「山雨欲來風滿樓」。封建專制的控制力也因之削弱。嘉道間，經世思潮浸浸而起。以常州學派為代表，有識之士因經學飾政論，「更法」、「求變」之聲漸起。但清朝統治者顢頇昏聵，不到鴉片戰爭的大炮轟鳴，不肯睜眼看世界。

第六個時期，近代。

這是中國文化轉型和謀求復興的時期。一八四〇年的鴉片戰爭不僅是中國社會歷史發展的轉捩點，而且也是中國文化發展的轉捩點。鴉片戰爭後，由於西方列強的入侵和中國社會內部資本主義因素的增長，中國傳統社會開始瓦解，走上了半殖民地半封建的道路，中國文化也發生了從古代向近代的轉變。

鴉片戰爭時期林則徐、魏源提出了「師夷長技以制夷」的主張，在舊思想的防堤上打開了一個缺口。第二次鴉片戰爭以後，隨著洋務運動的開展，中國社會出現了新的文化因素，西方自然科學的引進，新式學堂的創立，早期改良思想的出現，為中國近代資本主義文化的形成準備了條件。為了適應新形勢的需要，儒學思想體系作了新的調整，洋務派因之提出了「中體西用」的思想主張，即要求在不改變封建綱常名教的前提下，吸收西方的「富強之術」。這比封建守舊派的「天不變，道亦不變」的觀點進了一步。總之，十九世紀四〇至九〇年代，中國文化領域的基本特徵是：器唯求新，道唯求舊。

甲午戰後，中國文化領域發生了重大的變化：近代文化事業有了較大的發展，新型知識分子開始形成與壯大。在空前嚴重的民族危機的刺激下，新興資產階級登上了政治舞臺，推動了近代新文化的形成和發展。「詩界革命」、「小說界革命」、「戲劇改良」、「史界革命」、「軍國民教育」、「科學救國」、「教育救國」、「文學救國」、「實業救國」等等口號的接連提出，是資產階級新文化崛起的重要表徵，構成了晚清文化領域發生重大變革的壯麗畫卷。文化的變遷不僅表現為部門文化的拓展，更主要的還表現為中國文化結構的變動，孔孟儒學及封建綱常名教受到了新思潮新文化的衝擊而動搖，西方的進化論、民權學說漸為國人所接受，成為進步階級反對舊文化的思想武器和資產階級新文化的思想指導。尤其是晚清最後十年，隨著社會變革的加劇，以及資產階級維新派、革命派的推動，近代新文化的影響不斷擴大，終至成為文化的主潮。

中華民國的建立，尤其是十二世紀初年中國民族資本主義的進一步發展和新生的無產階級開始登上政治舞臺，為中國文化的演進創造了新的條件。此期中西文化的衝撞與融合，愈趨深化。國人通過自身能動的選擇和積極的創新，使中國的新文化在各個領域都獲得了巨大的發展，從而奠定了從傳統向現代轉型的基礎。

五四新文化運動是此期文化演進的一大關鍵。經過它的洗禮，科學和民主作為一種有機聯繫的觀念，成為中國文化追求的價值目標，滲透到所有重要的文化領域，對中國文化的發展產生了深遠的影響。可以說，正是在這一時期，中國文化最終形成了自己真正現代意義上的科學和民主的傳統。

五四以前，近代資產階級的新文化代表著文化發展的方向，主導著文化的潮流。五四以後，馬克思主義在中國得到廣泛傳播，以之為指導的新民主主義文化開始形成，並通過與封建主義文化和帝國主義文化的鬥爭，逐漸成為中國文化發展的主流。新民主主義文化繼承和發展了科學和民主精神，使中國文化實現了內在的超越，中國人從此在思想文化上一改晚清以來的被動局面，轉為主動，中國文化也由此邁向了衰而復興的新歷程。

現代自然科學和社會科學在中國初步形成了自己獨立的體系；白話文取代文言文成為通行的語言文字等，堪稱此期具有劃時代意義的重大變革。它為中國文化的發展開闢了新的領域和道路，在內容與形式上都深刻地體現了文化的現代性追求。

民族主義激情和愛國主義精神，是促進此期文化由傳統向現代變革的巨大動力。而中西文化的會通融合，即西方文化中國化、中國文化現代化，則是實現此種轉換唯一正確的途徑。揭櫫建設「民族的科學的大眾的文化」大旗的新民主主義文化，正是當時人們會通中西文化的最佳方案。不過，因歷史的原因，這一文化形態當時還不可能發展成熟。

四、中國文化的特質

《易・賁卦・彖》:「文明以止，人文也。」文明或文化作為人類一定社會歷史條件下的產物，不能不受特定的地理、人種及歷史傳統諸多因素的影響，而具有一定的民族特質。中國文化的特質，至少可以指出以下幾點：

（一）中國文化源於中華民族獨立的創造，具有獨創性

二十世紀初，一些西方學者無視中國文化自身的傳統，曾認定中國文化最早是由西方傳來的。一時不少中國學者也隨聲附和，有人甚至專門寫了《中國人種考》一書，表示認同。中國人種既是來自西方，中華文化當然也是源自西方了。這是當時一些人崇信西洋文化和民族自卑心理的一種反映。新中國成立後，中國的考古研究完全證實了「中國人種西來」說，原屬無稽之談。一九九八年考古工作者在巫山縣龍骨坡發現的距今二百萬年前的古人類遺址表明，中國很可能是地

球上早期人類的發源地之一，更說明了這一點。[40]實則，中國人種的起源與中國文化的起源，是兩個概念。儘管科學界對於前者尚存歧見，但是，中國文化源於中華民族獨立的創造，卻是無可非議的。研究表明，中國史前文化譜系的分布及其趨同發展和最終導入古代文明的過程，層次分明，脈絡清晰。在這漫長的歷史演進中，中國境內各文化譜系有過相互間的關係與影響，但並沒有發現與遙遠的境外文化有過經常的密切聯繫。中國與外來文化的交流，始於漢代，但當時的中國古代文化早已完全形成了。[41]這與中國文化賴以形成的地理環境有關。從宏觀上看，中國本身是一個巨大的地理單元。這裡東臨浩瀚的太平洋，西部、北部、南部分別被茫茫戈壁和險惡的高原峻嶺所阻隔，形成了與外部世界相對隔絕的狀態。而內部又極廣闊，氣候濕潤，物產豐饒。這種狀況決定了中國文化起源的獨創性，決定了它在很長的時期裡只能走著獨立發展的道路，而與鄰近地區史前文化的聯繫只能維持在較低的水準上。這與羅馬文化主要靠吸收希臘文化成長起來，印度古文化主要仰仗外來民族的創造，是大不相同的。

中國文化的起源是多元的。如前所述，遠在新石器時代的晚期，我國廣大的區域內，即已形成了若干初級文明的文化區域，猶如滿天星斗。不同區域文化的積累、孕育、碰撞和在中原地區的交匯、融合，促進中國古代首先在中原地區完成了由野蠻到文明，從量變到質變的轉變，建立起中國歷史上第一個文明國家的王朝一夏，也奠定了華夏民族形成的基礎。雖然此後黃河流域在歷史發展的進程中，常常居於主導地位，但其他地區的古代文化也以各自的特點和途徑在發展、創造，並進一步接受和給予黃河流域以重大的影響。春秋戰國時期齊魯、三晉、楚、吳越、巴蜀、胡文化的交融、爭鳴而成為大一統文化的前奏是如此，秦漢、兩晉南北朝、唐宋時期，也是如此。平常我們所說的中國文化的包容性、涵化性，在其起源的多元性中業已體現了出來。

我國古代是在基本上沒有改變氏族結構的情況下進入階級社會的，因而我國

---

40 《200 萬年前華夏大地有人類活動》，《光明日報》，1998-01-24。

41 參見嚴文明：《中國史前文化的統一性與多樣性》，《北京大學哲學社會科學優秀論文選》第 2 輯，北京，北京大學出版社，1988。

早期的國家在政治制度的架構上，這種人與人關係的變化決定社會關係變化，還保留著氏族社會的許多特點：家（族）國同構；經濟基礎是以木、石、骨、蚌生產工具為主的耜農業；統治思想更多的表現氏族觀念和宗教神權思想。這種家（族）國同構的政治組織形式和意識形態對我國古代社會的發展影響極大。商周時代的氏族封建、宗法封建社會，基本上還是家族、宗族和國家一體的宗法社會。秦漢以後的地主封建社會，雖然家族、國家已經不是一體的了，但仍然是一個人的「家天下」，而且整個社會族權、父權、夫權一直占統治地位，一直到現在還有影響。這是中國文化乃至中國社會的一個重要特點。

我國古代由野蠻進入文明的主要變化，是人與人之間關係的變化，即表現為氏族對氏族、人對人的壓迫、剝削，而人與自然的關係即生產工具、生產力的變化，並不明顯。因而我國文明很早就注重文化的「化成」即文化的整合和引導作用。以青銅冶鑄技術的發展為例，我國夏代已經有了比較發達的青銅冶鑄技術，然而此時發達的青銅冶鑄技術主要並不是用於製造生產工具，而是用於鑄造祭祀天地祖先以溝通人神的禮器和兵器。「國之大事，唯祀與戎。」這說明青銅器在中國的發展從一開始就是政治性的、宗教性的。它的功用，主要不是表現為人與自然的關係，而是主要體現人和人的關係，體現「禮」對人們等級關係的約束。「禮」（包括「禮樂」、「禮法」、「禮俗」）是我國古代國家典章制度、社會生活習慣、個人行為規範的綜合。我國歷朝歷代除秦以外都把「禮」看成是「國之幹」、「國之柄」，而主張以「禮」治國。這都是基於禮的「化成」即整合、規範、引導作用出發的。「道德仁義，非禮不成；教訓正俗，非禮不備；分爭辯訟，非禮不決；君臣上下，父子兄弟，非禮不定；宦學事師，非禮不親；班朝治軍，蒞官行法，非禮威嚴不行；禱祠祭祀，供給鬼神，非禮不誠不莊；是以君子恭敬撙節退讓以明禮。」[42]唯其如此，我國自古稱「禮儀之邦」。這也是中國文化有別於西方文化的重要特質之一。

42 《禮記・曲禮》。

（二）中國文化的精神尚「和」

中國文化在自己漫長的發展歷程中，形成了諸多精神，但是最能從整體上表現中國文化神韻的核心精神，是尚「和」，即追求和諧的中和主義。中國人獨特的宇宙觀、人生觀和審美觀，都是圍繞著尚「和」精神的軸心來展開的。

在先秦奠定中國人宇宙觀基礎的《周易》中，就孕育了「天人合一」的思想，即認為人類社會和自然界所組成的宇宙，是一個生生不已、有機聯繫的和諧的生命統一體，事物內部互相對立的雙方（它用高度抽象的概念「陰陽」來代表），必須貫通、連接、和合、平衡，才能順利發展。所謂「陰陽合德」、「剛柔相濟」，強調的都是對立面的和諧統一。一旦陰陽失調，剛柔不諧，統一破壞，禍亂就要發生。這種對立面的和諧不是在靜態中實現的，而是表現為不斷的運動、變化和更新的過程。所謂「日月相推而明生焉」，「寒暑相推而歲成焉」，均表明和諧就是矛盾雙方互相轉換的結果。此種思想體系，視「和」為宇宙的本然和內在的精神，對中國文化的發展產生了極其深遠的影響，特別是形成了中國人重視整體，講求調和，崇尚中庸的思維方式。

宇宙觀決定人生觀。既然宇宙是一個和諧的生命統一體，實現個體生命與宇宙生命的融合，以體驗宇宙間最高的真善美，也就自然成為古往今來中國人所追求的人生最高境界。孔子自稱五十歲「知天命」，六十歲「耳順」，七十歲「從心所欲不逾矩」，其所自道的便是一種自以為實現了的與自然界高度和諧統一的崇高精神境界。孟子也表示過「萬物皆備於我」，「樂莫大焉」。至於道家的莊子，認為與人和得「人樂」，與天和得「天樂」，主張清靜無為，物我兩忘，就更將此種對精神自由的追求推到了極致。因此，對於中國人特別是文化人來說，人生的終極理想絕非是肉體的滿足，而是在求與自然合一中實現那種「與日月同輝」、「和天地並存」的精神不朽。尚「和」的人生觀，還具體地表現在以中庸為準則的處世哲學上。中庸的本意，是要求人們在處理問題的過程中，注意避免「過」和「不及」兩個偏向，以便保持各種矛盾和關係的和諧統一，但它卻不是要人們作無原則的調和，滿足於消極的苟同，故孔子說：「君子和而不同。」同時，尚「和」的人生觀還促使中華民族注重個人品格修養，養成了謙和善良、溫柔敦厚的民族性格，所謂「文質彬彬然後君子」。中華民族愛好和平的精神，也由此形成。

中國人的審美觀，同樣體現於此種尚和精神。把「和」定為美的一個原則，是一種古老的見解。早在孔子之前，史伯、單穆公等人就曾有過關於「五色」和「五美」問題的討論。他們認為，「聲一無聽，物一無文」，即單調的一種聲音無法悅耳，孤立的一種物象不可能構成絢麗多彩的景觀；相同的事物加到一起不可能產生美，只有不同的事物綜合統一起來才能形成美。這就提出了「和為美」的思想。後來孔子強調「禮之用，和為貴，先王之道斯為美」，又將「和為美」的思想進一步擴大到政治倫理一切領域，並將美和善統一起來，從而使傳統的審美觀帶上了倫理的色彩。

尚和精神還滲透到中國人的政治觀念和社會心理等許多方面，由於此種精神承認世界多樣性統一，因而形成了國人崇尚統一的「大一統」的政治理想，成為中華民族大家庭保持團結，具有強大的凝聚力和向心力的文化根源。歷史上漢族政權與少數民族政權之間常通過「和親」，緩和或解決矛盾衝突；近代孫中山革命黨人甫推翻清廷，即提出「五族共和」的主張，以取代原有激烈的排滿宣傳，都反映了這一點。同樣，中國人注重「人和」的力量，諸如「和氣生財」、「和睦興家」等等眾多的訓條，無疑又都彰顯了尚「和」的社會普遍心理。

（三）中國文化以倫理為本位

如上所述，我國古代由野蠻進入文明，帶著氏族社會的臍帶，形成了以宗法關係為紐帶、家國同構的社會範式。故重人與人的關係甚於人與自然的關係，突出以「禮」規範社會，「化成」天下。這與小農經濟相適應，復使中國文化形成了以倫理為本位的特質。

早在西周，先人就提出了「以德配天」、「敬德保民」、「明德慎刑」的思想，即強調宗法道德規範。到春秋時期，儒家更將之提升到了思辨的層面，形成了系統的倫理道德思想。孔子說：「仁者愛人」，「克己復禮以為仁」。遵守宗法道德規範，以實現社會的和諧，是儒家所追求的最高倫理境界——「仁」。所以，在儒家看來，注重道德修養，希賢希聖，是人生的價值所在。《易》曰：「君子厚德載物。」封建士大夫追求所謂的「三不朽」，即「立德、立功、立言」，其中「立德」是第一位的。不僅如此，道德修養還被視為治國安邦、實現儒家理想社會的起點。儒家經典《大學》指出：「欲治其國者，先齊其家。欲齊其家者，先修其身。欲修其身者，先正其心。欲正其心者，先誠其意。欲誠其意者，先致其知。致知在格物，格物而後知至，知至而後意誠。意誠而後心正，心正而後身修。身修而後家齊，家齊而後國治，國治而後天下平。」這裡明確地把個人道德修養與國家社會的治理結合起來，體現了儒家治國以道德為本的主旨。這種將政治道德化的價值取向，是中國傳統文化的顯著特色。

可以說，中國文化的各個領域都染上了濃重的道德色彩：史學強調「寓褒貶，別善惡」；文學強調「文以載道」；戲曲強調「勸善懲惡」；美術則有《古畫品錄序》說「明勸戒，著升沉，千載寂寥，披圖可見」；《三字經》則謂「首孝弟，次見聞」，明確將道德教化置於智育之上；如此等等。黑格爾說：「中國純粹是建築在道德的結合上，國家的特性便是客觀的『家庭孝敬』」[43]。這種觀察並沒有錯。論者稱中國文化是以倫理為本位的文化，或倫理道德型的文化，也不無道理。

注重倫理道德的文化精神，對中華民族的歷史發展起過積極的作用。在道德面前人人平等是儒家的一個重要理念，孟子說「人皆可為堯舜」，王陽明也說「滿街皆是聖人」。意思是說，無論是達官貴人，還是平民百姓，都可以在道德修養方面達到最高境界。這包含了對最高統治者的道德約束。在缺乏約束機制的中國傳統社會中，此種道德意義上的平等理念，可以發揮社會政治的調節作用。同時，強調道德境界復使中國文化形成了追求人格力量和憂國憂民的博大情懷。所謂「貧賤不能移，富貴不能淫，威武不能屈」；「三軍可奪帥也，匹夫不可奪志」；「先天下之憂而憂，後天下之樂而樂」；「為天地立心，為生民立命，為往聖繼絕學，為萬世開太平」，都是反映了此種情懷。也因是之故，在中國漫長的

43 柳卸林主編：《世界名人論中國文化》，193 頁，武漢，湖北人民出版社，1991。

歷史發展過程中，先人形成了許多優秀的道德品質，諸如不畏強暴，勤勞勇敢，自強不息，捨生取義，殺身成仁，等等。尤其在國家民族和社會遇到危難之際，許多志士仁人便會挺身而出，維護正義，抵抗外侮，反抗黑暗勢力，拯救國家與民族，弘揚正氣與真理。千百年來，無數英雄人物都從傳統倫理道德精神中汲取力量，努力奮鬥，建功立業，光照千秋。

（四）中國文化生生不已，具有強大的生命力

中國古代文化與古埃及、古巴比倫和古印度文化並稱為人類四大古文明，與後起的希臘、羅馬一道，代表著人類古代文明的高峰。但是後來其他的古文明，陸續凋謝，沉光絕響，唯中國文化一枝獨秀。數千年間，它歷風雨而不衰，遭浩劫而彌堅，源遠流長，迄今仍保持著旺盛的生命力，成為人類文化發展史上的一大奇蹟。生生不已，具有強大的生命力，是中國文化的重要特徵。其箇中的奧秘固然不易說清，但是指出中國文化的幾個因果互為表裡的特點，顯然有助於人們理解這一點：

其一，中國文化具有追求大一統的內驅力。

自西周起，追求大一統便漸成中國政治文化的核心內容。孔子著《春秋》，開宗明義即稱：「王正月。」《公羊傳》釋之曰：「曷為先言王而後言正月？王正月也。何言乎王正月？大一統也。」先秦諸子辯論難詰駁，勢若水火，但於政治理想，卻都歸宗於「大一統」。墨家「尚同」與儒家「大同」，目標完全一致。孟子更明示天下要「定於一」；荀子不但要「一天下」，而且還要「一制度」，「風俗以一」，「隆禮而一」。秦漢以後，大一統思想復被推崇到了「天地之常經，古今之通誼」[44]的高度，並浸成了中華各民族共同的理念和政治價值取向。在中國歷史上，人們追求和珍惜統一，將統一的時代稱作「治世」，而將分裂的時代稱作「亂世」。在任何時候，製造分裂的言論和行動都要受人唾棄。而任何一個割據勢力也都不肯長期偏安一隅，無不殫精竭慮，把統一天下視作英雄偉業。在紛

44 《漢書・董仲舒傳》。

爭不已的十六國時期，前秦國王氐族人苻堅統一北方後，聲稱揮師南下的理由說：「吾統承大業垂二十載，芟夷逋穢，四方略定，惟東南一隅未賓王化。吾每思天下未一，未嘗不臨食輟。」[45]至於南宋陸游有《示兒》曰：「死去元知萬事空，但悲不見九州同；王師北定中原日，家祭無忘告乃翁」，則表達了一切愛國者共同的大一統情結。正因中國文化具有追求大一統的內驅力，故從總體上看，中國的歷史，分裂的時間短，統一的時期長，統一終究是無可抗拒的歷史大趨勢。

其二，中國文化具有包容性。

中國文化的起源是多元的區域文化融合的結果，其本身就體現了包容性。迄秦漢時期，「天下同歸而殊途，一致而百慮」[46]，此特性愈彰顯。從先秦時起中國文化固強調「華夷之辨」，但華夷界限，從來是重文化而輕血統。《春秋》曰：「中國而夷狄，則夷狄之；夷狄而進於中國，則中國之。」此種重文化輕種族和以文化高低判華夷的民族觀和文化價值觀，對後世影響甚大，因為它為各民族間的融合和吸收外來文化提供了良好的社會心理素質。漢代開通的絲綢之路和魏晉南北朝隋唐時期胡漢文化融合，以及佛教的中國化，都是中國文化包容性的生動體現。同樣，鴉片戰爭以降，近代志士仁人無不歷盡艱辛，向西方尋求救國真理。林則徐、魏源主張「師夷長技」；馮桂芬等人主張「中體西用」；康有為提出：「泯中西之界限，化新舊之門戶」[47]；嚴復指出：「必將闊視遠想，統新故而視其通，苞中外而計其全，而後得之」[48]；孫中山強調：「發揚吾固有之文化，且吸收世界之文化而光大之，以期與諸民族並驅於世界」[49]；毛澤東更進而指出：「中國應該大量吸收外國的進步文化，作為自己文化食糧的原料」，「凡屬我們今天用得著的東西，都應該吸收」[50]，這些也無不是中國文化包容性的生動體

45 《晉書．苻堅載記》。

46 《易傳．繫辭下》。

47 湯志鈞編：《康有為政論集》上冊，295 頁，北京，中華書局，1981。

48 王栻主編：《嚴復集》第 3 冊，560 頁，北京，中華書局，1986。

49 《孫中山全集》第 7 卷，60 頁，北京，中華書局，1985。

50 《毛澤東選集》第 2 卷，706-707 頁，北京，人民出版社，1991。

現。此外，近年來，中國生物學家對南北二十八個地區、三十二萬多人口的 GM 血清血型和 HLA 白細胞抗原資料進行研究，發現今天的漢族人口是由南北兩大起源不同的集群構成的。這一科學研究成果進一步表明，漢民族不是建立在血緣基礎之上的，而是以文化認同為基幹的民族。重文化輕血統，同樣是中華民族具有旺盛生命力的源泉。[51]

其三，中國文化具有慎終追遠的情懷。

中國文化是伴隨著農耕經濟的長期延續而形成的。與工業文明相較，農業文明少變化重經驗，易於形成恆久的觀念，培養起慎終追遠的情懷。孔子曰：「殷因於夏禮，所損益可知也；周因於殷禮，所損益可知也；其或繼周者，是百世，可知也。」[52]他主張「慎終追遠」。同時《易傳》所謂「可久可大」，《中庸》所謂「悠久成物」，《老子》所謂「天長地久」和董仲舒所謂「天不變，道亦不變」等等認識，無不是追求永恆和持久觀念的反映。而中國具有重史傳統，史籍完備，史學發達，最能集中反映中國文化慎終追遠的情懷。《尚書．多士》載：「惟殷先人，有冊有典。」說明商代已重視歷史典籍。孔子整理古代典籍，著《春秋》，本身即是良史。孔子已提出了「疏通知遠」的思想。漢代司馬遷著《史記》，進而提出「述往事，思來者」，「究天人之際，通古今之變，成一家之言」，更將對史學功能的認識提高到了一個全新的境界。此後兩千多年，中國不僅史家輩出，追求「一家之言」，促進了史學持續繁榮的發展，同時歷代封建統治者也十分重視官修史書和大規模整理文化典籍。一部卷帙浩繁的「二十四史」，完整地記錄了中華民族的歷史足跡，這是世界公認的歷史奇觀。

慎終追遠的情懷既包含著自強不息的進取精神，更包含著尊重傳統、鑒往察來的歷史智慧。這對於保證中國文化一脈相承和源遠流長的發展所起的巨大作用，是不言而喻的。江澤民曾指出：「中華民族歷來重視治史。世界幾大古代文明，只有中華文明沒有中斷地延續下來，這同我們這個民族始終注重治史有著直

---

51 趙桐茂：《中國人免疫球蛋白同種異型的研究：中華民族起源的假說》，《遺傳學報》，1991 年第 2 期；《免疫球蛋白同種異型 GM 因子在 40 個中國人群中的分布》，《人類學學報》，1987 年第 1 期。

52 《論語．為政》。

接的關係。幾千年來，中華文明得以不斷傳承和光大，一個重要原因就是我們的先人懂得從總結歷史中不斷開拓前進。」[53]這是十分深刻的論斷。同時，需要指出的是，中國文化得以一脈相承，傳之久遠，還得益於作為文化重要載體的漢字。大汶口陶文的發現，證明漢字至少可以溯源到五千五百年前。漢字是世界上唯一從古到今不斷發展、一直使用並富有強大生命力的文字。古巴比倫的楔形文字、古埃及和古印度的象形文字，都先後銷聲匿跡了，唯有方塊漢字歷盡滄桑，長盛不衰。正是由於漢字的特殊性質與功能，才使得我們祖先創造的燦爛文化能夠記述和傳承，古代和現代的漢族書面語言能夠統一。奇特的漢字在保持文化傳統、溝通全國人民的情感和維繫中華民族的統一諸方面所起到的巨大作用，實在是怎樣估計也不會過分的。

上述中國文化的特質，不僅往往彼此互為因果，難以截然分開；而且也無須諱言，內中純駁互見，精華與糟粕雜陳。例如，家國同構和注重倫理的文化範型，固然有益於社會穩定和提升人們的精神境界，但濃重的宗法等級觀念和道德的泛化，又易於造成對獨立人格的束縛和形成重德輕藝、重義輕利價值觀上的偏差；尚「和」的精神固然助益了社會和諧與民族的融合，但又易於導致鄉願式的苟安心理；追求大一統和慎終追遠的情懷，固然促進了中華民族的統一和傳之久遠，但也易於造成封建專制的傳統和形成因襲循環的思維定式，如此等等。然而，儘管如此，中國文化的特質畢竟顯示了中華民族的特殊智慧，並從根本上成就了中國文化的獨立體系和燦爛輝煌的風貌。毫無疑問，它是我們今天應當加以批判繼承的珍貴文化遺產。

五、弘揚優秀的中國文化傳統，助益社會主義的文化建設

法國著名的「年鑒學派」的史學家們指出：「歷史知識取得進步不是依靠總

53 《中共中央總書記江澤民給白壽彝同志的賀信》，《史學史研究》，1999 年第 3 期。

體化，而是依靠（借用攝影的比喻來說）鏡頭移動和變焦。……對視角作不同調整，既會顯出新的面貌，又會突出所學握的概念範疇的局部不適應即縮減性，提出新的解釋原則；在每個認識層次上，現實的網狀結構圖以不同方式顯示出來。這就要求除了方法以外，必須對觀察者及其進行分析的手段所起的作用給予特別注意。」[54]這即是說，對於特定歷史文化現象的認識與判斷，歸根結柢，是取決於觀察者的立場、觀點與方法。在近代，志士仁人對於中西文化問題長期爭論不休：激進者多主隆西抑中，以為欲救國，只有學習西方，更有甚者，則倡全盤西化；保守者多隆中抑西，以為文化是民族的根，「學亡則國亡」，故欲救國，必先保國粹，更有甚者，則倡世界「中國化」。二者各有所是，亦各有所蔽。究其致蔽的原因，除了缺乏科學史觀的指導外，端在受民族危亡的時局制約，不免心理緊張，缺乏從容探討文化問題的心態。時柳詒徵曾大聲疾呼：「學者必先大其心量以治吾史，進而求聖哲立人極、參天地者何在，是為認識中國文化之正軌。」[55]所謂「大其心量」，實含大度從容之意。但是，問題在於柳詒徵自己也不能免俗。

時移勢異。我們現在的情況完全不同了。社會主義的新中國久已屹立在世界的東方，尤其經過三十多年的改革開放和中國特色社會主義現代化的建設，不僅綜合國力大為增強，而且國人的文化心態也愈趨成熟。江澤民同志在黨的十五大報告中，提出了建設「有中國特色社會主義的文化」的任務。胡錦濤同志在黨的十七大報告中，進一步提出了「推動社會主義文化大發展大繁榮」的要求。他說：「當今時代，文化越來越成為民族凝聚力和創造力的重要源泉、越來越成為綜合國力競爭的重要因素，豐富精神文化生活越來越成為我國人民的熱切願望。要堅持社會主義先進文化前進方向，興起社會主義文化建設新高潮，激發全民族文化創造活力，提高國家文化軟實力，使人民基本文化權益得到更好保障，使社會文化生活更加豐富多彩，使人民精神風貌更加昂揚向上。」又說：「中華文化是中華民族生生不息、團結奮進的不竭動力。要全面認識祖國傳統文化，取其精

---

54 《年鑒》編輯部：《我們在進行實驗：再論歷史學與社會科學》，《國外社會科學》，1990 年第 9 期。

55 柳詒徵：《中國文化史．弁言》。

華，去其糟粕，使之與當代社會相適應、與現代文明相協調，保持民族性，體現時代性。加強中華優秀文化傳統教育，運用現代科技手段開發利用民族文化豐厚資源。加強對各民族文化的挖掘和保護，重視文物和非物質文化遺產保護，做好文化典籍整理工作。加強對外文化交流，吸收各國優秀文明成果，增強中華文化國際影響力。」黨的十七大突出強調了加強文化建設、提高國家文化軟實力的極端重要性，對興起社會主義文化建設新高潮、推動社會主義文化大發展大繁榮作出全面部署。這是我們黨總結歷史、立足現實、著眼未來作出的重大戰略決策，充分反映了對當今時代發展趨勢和我國文化發展方位的科學把握，體現了我們黨在新的歷史條件下的高度文化自覺。

要加快發展國家軟實力，關鍵就在於要更加自覺、更加主動地推動文化大發展大繁榮。要努力繼承和發揚我國悠久歷史文化中源遠流長、博大精深的寶貴遺產，借鑒當今世界一切有價值的思想理論成果，深刻認識國家硬實力與軟實力的辯證關係，高度重視和加快發展國家軟實力。有了新時代文化建設的目標和十七大精神的指引，我們今天對中國文化史的研究，也便有了最佳的焦距，可以更從容、更全面、更客觀即更科學地看待中華五千年的文明史，從而獲致歷史的教益。

編纂這部多卷本《中國文化通史》，目的正在於助益推動社會主義文化大發展大繁榮。

本書研究中國文化的發展歷程，揭示其發展規律，彰顯中國文化的民族精神。

本書堅持以馬克思主義歷史唯物論為指導，同時積極吸收和借鑒當代社會科學的各種相關的理論與方法。

中國是一個多民族的國家。中華民族源遠流長的歷史和文化是各族人民共同創造的。因之，本書不僅寫漢民族的文化，同時也重視各少數民族的文化創造及其特色，尤其注意突出不同的歷史階段中，各民族間的文化互相滲透、交流與融合。

中國文化是世界文化的一個有機組成部分。本書將中國文化置於世界文化發展的總體格局中去考察，既注意中外文化的交流、衝突與融合，也注意中國文化在世界文化發展過程中的地位與作用。堅持實事求是的精神，避免民族虛無主義與民族虛驕情緒。

從目前已出版的有關文化史的著作看，編纂體例不一，其中大致可分為兩類：一是重宏觀把握，突出問題，以論說為主；一是重微觀透視，突出部門文化，以描述為主。前者的優點是脈絡清楚，簡潔明快，論說有深度，但歷史信息量小，失之抽象；後者的優點是具體翔實，便於查閱，但頭緒紛繁，失之散漫。文化史究竟應當怎樣編寫，是一個不易解決的大問題。當年常乃德曾說：「有時具體記錄所表現不出的內在精神，非有抽象的理論加以解釋不可。故理想的文化史必多少帶有史論的性質，不過不可空論太多，影響事實的真相罷了。」[56]足見他已深感到了困惑。今天學術界的意見仍不統一。我們以為，編纂一部大型的文化通史著作，當有理論框架一以貫之。該書既要具有能幫助廣大讀者從中學得豐富的中國文化史知識的功能，又應是視野開闊，脈絡清晰，有助於人們理解和把握中國文化發展的自身規律與特點。為此，須將宏觀與微觀、抽象與具體、問題論說與部門描述很好地結合起來。

總之，本書力圖突出一個「通」字：從縱向上說，要求全書各卷之間脈絡貫通，要於沿革流變之中體現中國文化自身的發展規律和一以貫之的民族精神；從橫向上說，當避免寫成部門文化的簡單拼盤，要注重時代精神對文化現象的整合，注重諸文化部門的內在聯繫及其不平衡的發展。同時注意文化的層間、空間差異，以及二者間的互動關係。

本書共分十卷，即：先秦卷、秦漢卷、魏晉南北朝卷、隋唐五代卷、兩宋卷、遼西、夏、金元卷、明代卷、清前期卷、晚清卷、民國卷。各卷附有參考書目。

本書實行各卷主編負責制。編委會同仁通力合作，歷時四年，備嘗艱辛。但

56 常乃德：《中國文化小史》第 1 章。

因中國文化通史的編纂工作本身難度甚大，加之主編來自京城內外不同的單位，作者為數較多，聯繫不便和學養有限等原因，著者雖然盡了很大的努力，各卷水準仍難一致，全書與既定的目標，也存在著差距。我們敬祈讀者批評指正。

本書借鑒和吸收了學術界已有的研究成果，不敢掠美，這裡謹表謝意。

本總序是在集體討論的基礎上完成的。

鄭師渠

一九九九年八月初稿

二〇〇九年六月修改於北京師範大學

目錄

CONTENTS

第三章　聚訟紛紜的文化論爭

第四章　絢麗多姿的少數民族文化與各族文化的交流

第五章　形式多樣的中外文化交流

第六章　哲學思想的演變

第九章　人才培育與科舉取士

第十章　樸實無華的史學

第十一章　以小說為代表的文學

第十二章　異彩紛呈的藝苑

第十三章　科學技術的成就

第十四章　豐富多彩的社會風俗

緒言 INTRODUCTION

代元而興的明王朝，從明太祖洪武到明思宗崇禎，共歷十六帝，十七朝，長達二百七十七年。它既是漢族地主階級建立的最後一個封建王朝，也是中國歷史上統治年代僅次於唐朝的第二個國祚綿長的封建王朝。綜合社會歷史發展狀況及其總的趨勢，明朝的歷史大致可以劃分為三個時期：（一）前期——開創時期，從洪武元年（1368 年）明太祖建國到正統七年（1442 年）王振專權；（二）中期——積弱與改革時期，從正統七年（1442 年）王振專權到萬曆十年（1582 年）張居正去世；（三）後期——衰敗時期，從萬曆十年（1582 年）張居正去世、明神宗親政，到崇禎十七年（1644 年）李自成農民軍攻占北京、明思宗自縊、明朝滅亡。

中國的封建社會發展到明代，已開始步入其晚期階段。此時，封建生產關係與社會生產力的矛盾已日益明顯地暴露出來。為了阻止和延緩封建制度的衰落和瓦解，明初的統治者通過大刀闊斧的改革，把君主專制中央集權的官僚政治推進到一個新的高度，同時採取一系列有力措施，對封建生產關係進行局部的調整，使受到元末戰爭嚴重破壞的社會經濟得到全面的恢復和發展。隨著封建統治的穩定，社會生產力迅速發展起來，到永樂年間，明朝的綜合國力，已雄踞亞洲乃至世界前列的地位。此後，社會生產力繼續蓬勃發展，達到封建社會前所未有的水準。在此基礎上，商品經濟在明中後期呈現空前活躍的勢頭，資本主義生產關係的萌芽在江南一些工商業城鎮破土而出，封建經濟結構內部開始出現緩慢而又重大的變化。在日趨繁盛的商品經濟的刺激下，地主階級的胃口更加膨脹，對土地和金錢的追逐更加貪婪，生活更加荒淫奢侈，從而導致土地兼併的猖獗，租稅賦役征斂的苛重，使社會矛盾更趨複雜而尖銳。封建政治也日益腐敗黑暗，統治階級內部派系鬥爭不斷，封建專制主義統治已難以維持高度的集權統一，封建制度對社會的控制日漸鬆弛。與此同時，在商品、貨幣的誘惑之下，社會各階層「錙銖共競」，形成一股追逐金錢的社會風氣，「厭常喜新，去樸從豔」成為一種時髦的風尚，「下陵上」，「少侮長」的現象層出不窮，傳統的倫理綱常受到猛烈的衝擊，封建社會秩序陷入了紊亂的狀態。面對嚴重的統治危機，地主階級中以張居正為代表的有識之士厲行改革，企圖力挽狂瀾。改革雖然取得一定效果，使封建統治暫時得到穩定，但它畢竟無法從根本上解決封建社會固有的矛盾。待到張居正一死，改革的成果隨即付諸東流，各種社會矛盾又迅速尖銳激化，使明朝的統治面臨更加嚴重的危機，終於為階級鬥爭和民族鬥爭的浪濤所埋葬。

隨著經濟和政治的變化，明代的思想文化出現了一系列深刻的變化。在思想領域，王守仁構築的心學體系對陳腐僵化的程朱理學發起挑戰，以其反傳統的精神起著衝破思想禁錮的作用。繼起的泰州學派更具「異端」色彩，特別是李贄的理論主張更具有反封建的啟蒙意義。伴隨著異端思想的崛起，主體意識漸趨覺醒，講求實學的思潮也在湧動，給思想界帶來一股活潑、新鮮的時代氣息。在文學藝術領域，古典詩詞散文等雅文化日趨衰落而失去文學主流的地位，適應市民階層和下層民眾需要的小說、戲曲、民間歌舞等俗文化迅速勃興，逐漸占據文學的主流地位。在科技領域，一批講求實學的科學家，積極投身於生產實踐和科學實驗，對傳統的科學技術進行總結性的研究，並吸收西方近代的自然科學知識，寫出一批飲譽世界的科學巨著。少數民族的文化，也有不同程度的發展和進步。中外文化的交流日趨頻繁，形式多樣。這些思想文化成果的湧現，對明代的政治和經濟產生了積極的反作用。科學技術的進步，有力地推動著農業、手工業和商業的發展。各種新思潮的湧現，促使人們的價值觀念逐漸發生變化，進一步加速社會風尚的演變。實學思潮的興起，又推進著各個領域的革新和改革。而主體意識的覺醒，更鼓舞了下層民眾突破封建禮教和傳統倫理道德束縛的勇氣，奮起衝擊明朝的封建專制統治。

伴隨商品經濟的繁榮與資本主義的萌芽而出現的新的文化因素，從誕生之日起，就與舊的傳統封建文化形成尖銳的對立。傳統文化借助明朝統治者的君主專制及其文化專制政策，力圖阻止、扼殺新的文化因素，維護其一統天下的局面。新的文化因素憑藉其頑強的生命力，力圖衝破統治者的重重壓制和束縛，求得自身的發展。這樣，新舊雜陳，舊的式微，新的萌動，方生與方死展開殊死的搏鬥，就構成了明代文化一個鮮明的時代特點。

由於明代的資本主義萌芽十分稀疏而又脆弱，加上封建專制統治的百般摧殘和破壞，難以得到順利的發展，尚不具備瓦解封建經濟和政治結構的力度。伴隨著商品經濟和資本主義萌芽的出現而產生的新的文化因素，也就很難順利地茁壯成長，並戰勝舊的文化，雙方的鬥爭呈現長期對峙的狀態。及至明末，當腐朽的明朝封建專制統治為李自成農民軍所推翻之後，接踵而來的是清朝的滿洲貴族借助其強勁的鐵騎，入關蕩平全國的反抗勢力，建立起更加專制的封建統治，推行更加殘暴的文化專制政策，這場新舊交替的衝突也就因此暫告中斷，而給後人留下了許多深刻的歷史教訓。

本卷由陳梧桐主編。全書的寫作提綱由仇正偉草擬，陳梧桐作了調整修改。第一、第二、第十二章第四節第三目由陳梧桐與陳紅宇合寫；第三章由向燕南撰寫；第四章由陳名傑撰寫；第五、第十二章第一至第四節第二目由胡志華撰寫；第六、第九、第十、第十一章由張英聘撰寫；第七、第十三章由侯明撰寫；第八章由仇正偉與趙朝合寫；第十四章由佟輝撰寫；書中插圖由仇正偉選定。全部書稿最後由陳梧桐統纂改定，並撰寫緒言，編制主要參考書目。

本卷的寫作，參考、吸收了許多專家、學者的研究成果，這在書中多數均已加注說明，有些可能因一時疏忽而未注明，尚祈諒宥。這裏，謹向諸位專家、學者表示深切的謝意，因為沒有他們用辛勤勞動奉獻的諸多成果，本卷的寫作是難以完成的。

第一章

封建經濟結構發生重大變化的明代社會與文化

代元而興的明王朝，統治中國達二七七年之久。這個時期，中國的封建社會已開始步入晚期階段，封建生產關係與生產力的矛盾日益明顯地暴露出來。為了阻止和延緩封建制度的衰落和解體，明初統治者通過大刀闊斧的改革，把君主專制中央集權的官僚政治推進到一個新的高度，並大力推行誅滅異端的文化一統政策，把社會生活完全封閉在封建正統觀念和理學道德禮儀的規範之中，使思想文化呈現出一派保守沉寂的肅殺氣象。但是，隨著社會經濟的恢復與發展，封建生產方式內在矛盾的深化，商品經濟在明中後期出現空前活躍的勢頭，資本主義萌芽在江南的一些工商業市鎮破土而出，使政治生活、社會生活發生了前所未有的變化。加上各種社會矛盾日趨尖銳，統治危機不斷加劇，思想文化領域也逐漸興起一股反傳統的浪潮，異端學說紛起雜陳，市民文藝爭妍鬥豔，科學技術碩果累累，與前期灰暗沉寂的局面形成了鮮明的對比。

第一節·

封建專制

中央集權的加強

中國封建社會發展到明代，已開始步入衰落的暮年時期，封建生產關係與生產力的矛盾已日益明顯地暴露出來。明朝開國之初，儘管大規模農民戰爭的風暴剛剛平息，各種社會矛盾仍然十分尖銳，社會秩序動盪不安，封建統治很不穩固。為了朱家王朝的長治久安和整個地主階級的利益，明太祖朱元璋及其後繼者採取了一系列重大措施，強化封建專制統治。

朱元璋像

首先，加強君主專制的中央集權制度。明初的統治機構基本仿自元朝，中央設中書省，置左、右丞相，分割了君主的一大部分權力；在地方設行中書省，作為中書省的分出機構，統攬一省的民政、軍政和財政，削弱了中央對地方的控制。明太祖按照「權不專於一司」[1]、「事皆朝廷總之」[2]的原則，進行了大刀闊斧的

1 《明太祖實錄》卷一二九。

2 朱元璋：《皇明祖訓·首章》。

改革。洪武九年（1376 年）廢行中書省，設立承宣布政使司，作為朝廷的派出機構，主管一省的民政和財政。另設提刑按察使司和都指揮使司，分管一省的監察司法和軍事。三司互不統轄，分屬中央有關部門管轄。布政使司之下的行政機構，由原先的路、府、州、縣四級歸併為府（直隸州）、縣（府屬州）二級。稍後又改革中央機構。洪武十三年（1380 年）以「謀危社稷」罪名誅殺左丞相胡惟庸，罷黜丞相，廢中書省，以吏、戶、禮、兵、刑、工六部為最高一級行政機構，分理全國政務。六部長官尚書，均直接對皇帝負責。秦漢以來實行一千七百多年的丞相制度自此廢除，相權與君權合而為一，皇權大為膨脹。同年，又將御史臺改為都察院，負責糾劾百官，下設十三道監察御史，糾察內外官員。都察院與大理寺、刑部共同理刑，合稱三法司。此外，還按六部的建制，設立六科給事中，負責稽查各部，駁正章疏違誤。為了加強對臣民的監視，明太祖還設立特務機構錦衣衛，後來明成祖朱棣又設立東廠，明孝宗朱祐樘再設西廠，合稱為「廠衛」。大都督府也在洪武十三年分為中、左、右、前、後五軍都督府，分管京師內外衛所和各地的都司，與兵部互相配合，又彼此牽制。經過改革，行政、監察司法、軍事三大系統的機構，互相獨立，彼此鉗制，最後均聽命於皇帝，形成了空前發展的高度集權的專制系統。

丞相廢除後，因百務叢集，明太祖曾仿照宋制，挑選幾名文人充當殿閣大學士，以備顧問。明成祖時，使閣臣並預機務，逐漸形成內閣制度。明宣宗朱瞻基更授予閣臣「票擬」（代皇帝草擬對各種奏章的處理意見）之權，同時又授予司禮監「批朱」（代皇帝審批閣臣的票擬）之權，使之互相制約。皇帝通過內閣與司禮監兩套機構來行使專制權力，指揮整個統治機構的運轉，明朝君主專制的中央集權制度進一步趨於完備。

其次，釐定禮制，維護壁壘森嚴的封建等級制度。貴賤有別的封建等級制度，是維護專制統治的一種重要手段。明太祖強調：「昔帝王之治天下，必定禮制，以辨貴賤，明等威。」[3]立國之初，他務未遑，即命開局制禮，廣徵耆儒，

3 《明太祖實訓．議禮》。

分類考訂。經過三十餘年，先後制定《大明集禮》、《洪武禮制》等十餘種禮制。永樂時，又頒布《文公家禮》。至嘉靖朝，又頒布《明倫大典》、《祀儀成典》及《郊禮考議》。弘治、正德朝纂修《大明會典》，記載禮制尤詳，經嘉靖、萬曆朝的修訂，而成一代定憲。

明代的禮制，針對當時的社會現實，對君臣士庶的各種行為包括朝會、輿服、儀衛、朝覲與相見、祭祀、喪葬等儀式，皆依等級的尊卑高下作出嚴格的規定，不許逾越紊亂，否則就將受到嚴厲的懲處。例如對服色、器皿、房舍，「國初著令，凡官民服色、冠帶、房舍、鞍馬，貴賤各有等第，上可以兼下，下不可以僭上。官員任滿致仕與見任同，其父、祖有官身歿，非犯除名不敘子孫，許居父、祖房舍。及衣服車馬，有官者依品級，其御賜者及軍官軍人服色，不在禁例。又禁凡服色、器皿、房屋等項，並不許雕刻刺繡古帝王、后妃、聖賢人物故事及日月、龍鳳、獅子、麒麟、犀牛等形，所以辨上下，定民志。」[4]冠服制度規定：一品至九品，「以冠上梁數為差」[5]，公冠八梁，侯、伯七梁，一品也冠七梁，二品六梁，三品五梁，四品四梁，五品三梁，六品、七品二梁，八品、九品一梁。一品、二品穿雜色文綺、綾羅、彩繡，帽頂、帽珠用玉；三品至五品穿雜色文綺、綾羅，帽頂用金，帽珠除不得用玉外，隨其所用；六品至九品穿雜色文綺、綾羅，帽頂用銀，帽珠用瑪瑙、水晶、香木。官吏的衣服、帳幔，俱不許用玄、黃、紫三色，不許織繡龍鳳紋。庶人初戴四方巾，洪武三年（1370 年）改戴四方平定巾，穿雜色盤領衣，不許用黃色。又令民間男女衣服，不許僭用金繡、錦綺、紵絲、綾羅，只許服綢、絹、素紗，其靴不許裁製花樣，不許用金線裝飾。首飾、釵、鐲不許用金玉、珠翠，只能用銀。洪武六年（1373 年）令：庶人巾環，不許用金玉、瑪瑙、珊瑚、琥珀。庶人帽，不得有頂，帽珠只許用水晶、香木。洪武十四年（1381 年）令：農民穿綢、紗、絹、布，商賈只准穿絹、布；農家有一人為商賈者，亦不得穿綢、紗。洪武二十二年（1389 年）令：農夫戴斗笠、蒲笠，可以隨便出入市井；不親自耕種的，不許。洪武二十五年

4 萬曆《大明會典》卷六十二。
5 《明史・輿服志三》。

（1392 年）嚴禁庶人穿靴，只許穿皮札翰，而北地苦寒，許用牛皮直縫靴。正德元年（1506 年）禁止商販、僕役、娼優、下賤穿用貂裘。正德十六年（1521 年）禁止軍民穿紫花罩甲，若被發現，立即擒拿治罪。就連一個小小的飲酒器，也是貴賤有等。洪武二十六年（1393 年）定：公侯、一品、二品，酒注、酒盞用金器，其餘用銀器；三品至五品，酒注用銀器，酒盞用金器；六品至九品，酒注、酒盞用銀器，餘皆用瓷、漆器。庶民，酒注用錫器，酒盞用銀器，其餘用瓷、漆器。建文四年（1402 年）又申飭官民，不許僭用金酒爵。正德十六年（1521 年）定：一品、二品，器皿不許用玉，只用金。商賈、技藝家器皿不許用銀。

再次，堅持傳統的重本抑末政策，明朝初年，明太祖就說：「先王之世，野無不耕之民，室無不蠶之女，水旱無虞，饑寒不至。自什一之塗開，奇巧之技作，欲人無詐，得乎？朕思足食在於禁末，足衣在於革靡。」[6]他指示戶部大臣：理財之本，是「使農不廢耕，女不廢織，厚本抑末」[7]。從此，重本抑末便成為明王朝保護小農經濟、鞏固專制統治的一項基本國策。

為了保護小農經濟，明王朝主要採取了如下措施：第一，鼓勵墾荒。洪武年間宣布：「各處荒閑土地，許令諸人開墾，永為已業，與免雜泛差役三年」[8]，並廣泛組織屯田。永樂初年，又繼續移民到北平等地墾荒。耕地面積因而明顯擴大，自耕農和中小地主數量大增。第二，興修水利。洪武年間，曾掀起興修水利的高潮，除修建大量中小型灌溉工程外，還修築一批灌田萬頃至數萬頃的大型水利工程。永樂年間，又大規模治理、疏浚了大運河。第三，蠲免租稅。《明史》載：「太祖之訓，凡四方水旱輒免稅，豐歲無災傷，亦擇地瘠民貧者優免之。」仁、宣時期繼續堅持這種做法，明宣宗對戶部說：「民饑無食，濟之當如拯溺救焚。」[9]第四，恤患救災。明初令「每縣於四境設立四倉，用官鈔糴穀，儲貯其中」[10]，以備荒年賑貸。直到正統初年，還詔「中外擇賢臣，發府庫之財，以益

6 《明太祖實錄》卷一七五。
7 《明太祖實錄》卷一七七。
8 《皇明詔令·大赦天下詔》。
9 《明史·食貨志二》。
10 楊溥：《預備倉奏》，《明經世文編》卷二十七。

倉廩之粟」[11]，備歲凶救災。第五，招撫流亡。對於破產流亡的逃戶，明初官府總是通過各種手段將他們遣回原籍或附籍從事農耕，免除一至三年不等的賦役。明中期成化年間，還「招撫流民二十萬戶，給閒田，置鄖陽府，立上津等縣統治之」[12]。

為了阻止農民棄本逐末，從事工商業活動，明王朝還建立嚴格的戶籍與路引制度。建國之初，即普查人口，登記戶籍，編造黃冊，將居民編入里甲（城中叫坊，近城稱廂），規定里甲之內，士農工商均需互相知保，不許隨意流徙，從而使居民在政治上成為地域的簡單附屬物。軍民走出百里之外，必須持有路引，方可通過關津。告討和使用路引，要遭到官吏的各種敲詐勒索。即便費盡周折，離開鄉土來到城裡，還需到官府登記，允許占「市籍」後，方可從事工商業活動。

對於工商「末業」，明王朝則採取各種手段加以抑制。除了維護等級尊卑的禮制對商人的歧視性規定外，明王朝對占籍的民間工商業者徵派各種賦稅徭役。商稅明初較輕，仁、宣以後名目漸多，稅率漸重，至明後期形成稅繁商困的局面。萬曆中葉以後的礦監稅使，更是處處開礦，處處抽稅，使不少工商業者陷於破產。明王朝還常借「鋪戶當官」即鋪戶為官府買辦之機，通過低價收購、借用、任意索派等辦法，對工商業者任意剝削和掠奪。明廷還實行礦禁，不許開採某些礦洞，並禁止鹽、茶的自由貿易。此外，明王朝還厲行海禁，「禁瀕海民不得私出海」[13]，不准片板下海，禁止出海經商。隆慶年間雖弛海禁，但也「止通東西二洋，不得往日本倭國」[14]。

明王朝的這些重大舉措，特別是中央集權的強化，對於維護和加強國家的統一和主權獨立，對於明初社會矛盾的緩和與社會經濟的恢復發展，具有重要的意義。同時，由於加強中央集權的結果，明王朝比歷代王朝集中了更多的人力、物力和財力，因而得以組織一些大規模的政治、經濟、文化活動，如修纂《永樂大

11 王直：《寧夏預備倉儲記》，《明經世文編》卷二十六。
12 《明史・食貨志一》。
13 《明太祖實錄》卷七十。
14 許孚遠：《疏通海禁疏》，《明經世文編》卷四〇〇。

典》、修築長城、營建北京城、治理運河以及派遣鄭和下西洋，等等。所有這一切，都對明代文化的發展產生了積極的作用。但是，皇權的高度擴張，君主的絕對專制，勢必導致政治的腐敗，社會矛盾的加劇，壁壘森嚴的等級制度又必然造成社會結構的刻板、僵化，扼殺人們的個性和創造力，而傳統的重本抑末政策，更嚴重地阻滯工商業的發展，妨礙資本主義萌芽的滋長，這對明代文化的發展不能不產生極大的消極影響。中國在明中期以前，經濟文化的發展一直處於世界先進的地位，但是到了明末，當英國取得資產階級革命的勝利，西方世界進入近代史的時候，中國歷史的前進步伐卻與西方拉開了距離。從這個意義上說，強大的皇權與極端專制的封建統治，乃是中國在世界上由先進轉為落後的一個重要因素。

第二節·思想文化的一統

明王朝在政治上加強君主專制中央集權統治的同時，在文化上則大力推行專制主義的一統政策，力圖把全國的思想文化強行納入孔孟思想、程朱理學的軌道。

開國伊始，明太祖就宣布要「明教化以行先聖之道」[15]，用孔孟之道、程朱理學來統一思想，控制輿論。為此，明太祖重用了一批元末朱學在金華（婺州）

15 宋濂：《洪武聖政記·定民志第六》。

的承傳人物和學者，如朱學的正宗傳人宋濂，以及劉基、王禕、許存仁等，讓他們參與國家大政的決策，或參加禮樂制度、文化教育事業的建設。為了抬高儒學的地位，明太祖下令在全國通祀孔子，衍聖公的秩位由三品進為二品，規定孔門子孫及顏、孟大宗子孫均免除徭役，「聖賢後裔」犯罪者一概屈法宥之，因罪輸作者統統釋放。他還通過各種途徑，大力提倡讀經，規定所有學校「一以孔子所定經書誨諸生」[16]，並命國子學祭酒許存仁「一宗朱子之學」，「令學者非五經、孔孟之書不讀，非濂洛關閩之學不講」[17]。科舉考試一概從《四書》、《五經》中出題，以程朱注疏為准。在國子監與各府、州、縣儒學均立有一塊鐫刻臥碑，赫然書曰：「國家明經取士，說經者以宋儒傳注為宗，行文者以典實純正為主」，「不遵者以違制論」[18]。明成祖更敕令胡廣等匯輯宋元各家理學之說，纂修《五經四書大全》、《性理大全》，賜名為《五經四書性理大全》，計二百二十九卷，並為之撰序，命頒行全國，以「使天下之人獲睹經書之全」，「修之於身，行之於家，用之於國，而達之天下，使家不異政，國不殊俗」[19]。這樣，繼元代被「定為國是」之後，這種從理論上論證封建君主的專制統治和三綱五常的倫理道德為永恆的、絕對的宇宙法則即「天理」的程朱理學，便被推上了至尊的統治地位。

除提倡程朱理學，明王朝還大搞神道設教，「諭眾以神仙為征應」[20]，以增強皇權的神聖性，並借神鬼來震懾臣民，「使人知畏」，「不敢妄為」[21]，絕對服從君主的專制統治。小行童出身的明太祖，即位後即多次召集名僧，舉辦大規模的佛事活動，自已頭戴皮弁，腰插玉圭，親率群臣頂禮膜拜。他特地設立善世院（後改為僧錄司），命名僧慧曇總領全國佛教事務。並大量賜給寺院田土、蘆蕩，免其稅糧、差役，出榜「禁治諸色人等，毋得輕慢佛教，罵詈僧人，非禮攪擾」[22]。為擴大佛教的影響，明太祖命四方名僧點校了《藏經》（即《洪武南

---

16 黃佐：《南廱志・事紀一》。
17 陳鼎：《東林列傳・高攀龍傳》。
18 《松下雜抄》卷下。
19 《明太宗實錄》卷一六八。
20 解縉：《大庖西封事》，《明經世文編》卷十一。
21 《明太祖實錄》卷八十。
22 葛寅亮：《金陵梵剎志・欽錄集》。

藏》），重新箋注《般若心經》、《金剛經》和《楞伽經》，並親為《心經》作序，以廣流傳。明太祖還提倡道教、伊斯蘭教，設玄教院（後改為道錄司），先以道士經善悅、後以第四十二代天師張正常總領全國道教事務。他親撰《御注道德經》二卷和《周顛仙人傳》、《至聖百字贊》廣行刊布。明成祖也崇信佛、道。永樂十年（1412 年）下令動工修建大報恩寺，至宣德六年（1431 年）方告竣工，歷時達十九年之久，費銀約二百五十萬兩之巨。永樂十一年又命營建武當山道教宮觀，耗時近六年，費銀百餘萬兩，賜名為「太嶽太和山」，撥賜田土二百七十七頃。後來，明孝宗崇信佛、道，明武宗佞佛，明世宗佞道，他們對宗教的提倡更是不遺餘力。如明世宗，除在宮廷大搞齋醮外，還大規模修繕、擴建武當山宮觀，將其殿宇擴充至二萬餘間，道士、道童的人數一度超過萬人。

在提倡程朱理學、大搞神道設教的同時，明王朝則嚴禁「異端邪說」。明太祖說：「夫邪說不去，則正道不興。正道不興，天下烏得而治？」[23]根據他的旨意，國子監與各地府、州、縣學所立鐫刻臥碑，皆書禁令曰：「其有剽竊異端邪說、炫奇立異者，弗錄。」[24]儒家「亞聖」孟子，因有民貴君輕之類言論，明太祖一度撤去他在孔廟中的配享牌位，後經儒臣的諫諍，雖重新加以恢復，但仍命劉三吾編輯《孟子節文》，刪去其帶有民主色彩的言論八十五條，規定刪除部分「課士不以命題，科舉不以取士」[25]。明律還用嚴酷的條文，禁止彌勒教、白蓮教、明尊教、白雲宗等秘密宗教的傳播，如有違禁，「為首者絞，為從者各杖一百，流三千里」[26]。

為了有效地控制思想，明王朝動用了各種手段。首先是誘之以利，用功名利祿誘使人們自己走進程朱理學的牢籠。規定生員入學，可享受免役特權，除本人外，還免其家差徭二丁。死讀《四書》、《五經》，遵循孔孟禮教的，出了國子監，可以做官。科舉出身的，更有一番功名利祿，榮華富貴。臣民恪守理學教條有突出表現的，也優加獎賞。力行「孝道」、「婦道」的，官府即行旌表。孝悌

23 《明太祖實錄》卷二十九。

24 《松下雜抄》卷下。

25 劉三吾：《孟子節文題辭》。

26 《明律集解附例．禮律．祭祀》。

力田、敦睦親族者，可以做官。其次，便是脅之以威，用屠刀刑獄強迫人們就範。永樂年間，江西饒州儒士朱季友詣闕上書，非議周、程、張、朱之說，明成祖「命有司聲罪杖遣，悉焚其所著書」[27]。嘉靖、萬曆年間，泰州學派公開倡導背離正宗儒學的異端思想，更是屢遭迫害，顏鈞被充軍，何心隱被殺，李贄也被捕入獄自刎而死。[28]明中後期書院勃興，明廷唯恐士大夫借講學之機「搖撼朝廷，爽亂名實」[29]，多次下令禁毀書院。至於膽敢拒絕與朝廷合作者，明王朝則格殺勿論，《御制大誥三編》明文規定：「寰中士大夫不為君用，是自外其教者，誅其身而沒其家。」[30]

學校既是封建官僚的養成所，又是傳播思想文化的重要陣地，明王朝對它的控制特別嚴格。除規定《四書》、《五經》、《大明律令》和明太祖親撰的《御制大誥三編》為必修之功課，且需「一宗朱子之學」外，還明文規定國子監的生員不得與其他班級互相交往，不得議論他人長短，更不得議論軍國大事，「天下利弊，諸人皆許直言，惟生員不許」[31]。尤有甚者，明廷還規定，科舉考試以八股文取士。八股文濫觴於北宋的經義，至明初成為一種獨立的文體，成化以後逐漸形成比較嚴格的程式。它要求一篇文章除破題、承題外，要有提比、中比、後比、束比四個部分作為全文的核心，其中每一部分都須有兩股對偶排比的文字，合為八股，故有八股文之稱。按照這種固定刻板的程式來寫文章，自然是不能自由揮灑，充分表達思想感情的。加上題目出自《四書》、《五經》，內容詮釋必須以程朱學派的注解為准，行文必須以古人語氣為之，即所謂「代聖賢立言」，並規定「但許言前代，不及本朝」[32]，寫出來的文章必然是空洞無物，廢話連篇。

---

27 陳鼎：《東林列傳・高攀龍傳》。

28 一些論著根據明中後期野史稗乘所傳故事，稱明太祖曾大搞文字獄，誅殺許多因表箋文字失誤的儒臣。本書未採用此說。因為這些野史稗乘所傳故事未見諸明初的官書，且其間抵牾百出，甚至荒誕可笑，不可視為史實（參見陳學霖：《明太祖文字獄案考疑》，《明史研究論叢》第五輯，南京，江蘇古籍出版社，1991）。即使野史稗乘所傳故事屬實，儒臣因所進表箋文字觸犯明太祖的禁忌而遭誅殺，也不屬於文字獄的範疇；所謂文字獄，應指因其文字著述有觸犯統治者利益的政治思想內容而遭迫害的冤獄。

29 張居正：《張文忠公全集・答南司成屠平石論為學書》。

30 朱元璋：《禦制大誥三編・蘇州人才第十三》。

31 《松下雜抄》卷下。

32 顧炎武：《日知錄・試文格式》。

在這根科舉指揮棒的指揮下，讀書人把一生的精力都消耗在鑽研八股、死讀經書上面，「以摘經擬題為志，其所最切者唯四子一經之箋，是鑽是窺，餘則漫不加省」[33]。他們祖祖輩輩讀框定的書，遵守框定的注釋，寫框定的文章，發框定的議論，到頭來只能變成酸腐迂拙、不學無術的蠢材。明末清初的思想家顧炎武，曾一針見血地指出：「八股之害等於焚書，而敗壞人才，有甚於咸陽之郊（坑儒）。」[34]秦始皇焚書坑儒還只坑殺了四百名儒生，而八股取士坑害的讀書人又何止千萬！

明王朝專制主義的文化一統政策，以行政暴力干預意識形態，製造刻板、冷酷的思想統治秩序，對明代歷史的發展產生了嚴重的後果。在功名利祿的引誘與嚴刑酷法的威逼之下，士大夫的唯一出路是死讀經書，奮進於科舉仕途。他們只好閉眼不看現實，閉口不議朝政，兩耳不聞窗外事，一心唯讀聖賢書，「見人斫輪只袖手，聽人談天只鉗口」[35]。所讀之書，又僅限於指定的《四書》、《五經》及程朱理學，「自四書一經外，咸束高閣，雖圖史滿前，皆不暇目」[36]。這樣人們的思想也就變得極端僵化，墨守成規，抱殘守缺，知識也非常貧乏，於國計民生概然不知，「與之交談，兩目瞪然視，舌木強不能對」[37]。「一旦逢年，名利嬰情，入則求田問舍，出則養交持祿，其於經濟一途蔑如也。」[38]長此以往，貪鄙之徒日多，賢明之士日少，必然助長封建政治的腐敗。此其一。其二，明王朝用功名利祿誘使人們皓首窮經，科舉應試，用嚴刑酷法桎梏思想，控制言論，完全剝奪文人的思想自由，扼殺士子的聰明才智，這必然要窒息思想文化的創造活力，從而導致明前期文化的保守沉寂。文學藝術方面，元末明初在宋元市民文藝發展的基礎上，曾湧現《三國演義》與《水滸傳》兩部偉大的長篇小說，但卻得不到廣泛的刊刻和流行，統治文壇的是那些充斥歌功頌德詞句、追求雍容典雅風格、散發著「富貴福澤之氣」的「臺閣體」詩文，戲劇則湧現充斥封建道德說教

---

33 宋濂：《宋文憲公全集．故禮部侍郎曾公神道碑》。
34 顧炎武：《日知錄．擬題》。
35 張昱：《可閑老人集．寄河南衛鎮撫趙克家敘舊》。
36 廖燕：《二十七松堂文集．明太祖論》。
37 宋濂：《宋文憲公全集．故禮部侍郎曾公神道碑》。
38 許譽卿：《明經世文編》序。

的《五倫記》與《香囊記》，在畫壇占統治地位的院體畫大多摹臨前代，墨守成規，除浙派外，技法上鮮有創新之處。在思想學術方面，程朱理學一家獨霸，學者一味「尊朱」、「述朱」，謹守其矩矱而未敢逾越半步，完全喪失了朱熹時代的創新精神，只能承風希旨地為現實政治作理論圖解，淪為皇權馴服的侍婢。整個思想文化領域，呈現著一片灰暗沉悶的現象。

當然，明代文化的發展同其他朝代一樣，也存在不平衡的現象。明前期的學者雖然在文化專制的高壓之下鮮有學術創新，但在典籍的編纂上卻頗有貢獻。其中最突出的一項成就，是《永樂大典》的編纂。

《永樂大典》是明成祖下令編纂的。明成祖使用武力奪取帝位，被一些堅持正統觀念的儒臣視為大逆不道的「篡逆」行為。即位後，他在誅滅拒不合作的建文舊臣的同時，便極力尊崇儒學，開科取士，設館修書，籠絡儒士，以改變自己的形象。永樂元年（1403 年）七月，即命翰林侍講解縉等人編纂一部大型類書。次年書成，賜名為《文獻大成》。不久，明成祖粗略翻閱後，嫌書簡陋，復命太子少師姚廣孝、劉季篪與解縉等重修。姚廣孝等組織了約三千人，在文淵閣日夜趕修，至永樂五年冬修成進呈，明成祖賜名《永樂大典》。全書共二二九三七卷（含目錄 60 卷），分裝成一一〇九五冊，約三點七億字。書中輯錄了包括經、史、子、集、釋藏、道藏、北劇、南戲、平話、工技、農藝、醫學等圖書約七八千種，是中國歷史上空前未有的一部最大的類書。它以字繫事，或以一字一句分韻，或析取一篇，以篇名分韻，或全錄一書，以書名分韻。宋元以前的佚文秘典，多賴其全篇收錄而得以保存下來。清代編輯《四庫全書》時，即曾從中輯出古代佚書三八五種，四九二六卷。《永樂大典》的修纂與文藝創作中《三國演義》、《水滸傳》等長篇小說的出現，多少為明前期思想文化灰暗的天幕增添了一點亮色。

第三節．

商品經濟的繁榮

明初統治者在政治上大力強化君主專制中央集權統治的同時，在經濟上則從地主階級的根本利益出發，暫時放鬆剝削，輕徭薄賦，休養生息。隨著社會秩序的漸趨穩定，歷經戰亂破壞的社會經濟逐步得到恢復和發展，小自耕農戶和中小地主的數量迅速增加，耕地面積和官府的稅糧收入都大大超過元朝全盛時期的水準，到永樂時已是「宇內富庶，賦入盈羨，米粟自輸京師數百萬石外，府縣倉廩蓄積甚豐，至紅腐不可食」[39]。在這個基礎上，明中期的工農業生產繼續得到發展，至嘉靖、萬曆年間達到了很高的水準。山區和邊遠地區的土地得到大規模的開發，湖廣地區繼江浙地區之後，成為中國的又一個糧食高產區，有「湖廣熟，天下足」之稱。水稻的種植已由江南擴大到北直隸，閩浙有了雙季稻，嶺南還出現了三季稻。玉米和甘薯等高產糧食作物，已由國外引進。桑、麻、茶、甘蔗、藍靛等經濟作物的種植更加廣泛，棉花的種植則遍及於長江南北、黃河流域和遼東南部，花生、向日葵、菸草等也由國外引進。手工業生產技術有了明顯的進步。棉紡織業由於足踏纜車、紡車和織機的改進，工效大為提高。至明末，北直隸一帶發明挖窖蓋屋的辦法，「簷高於平地僅二尺許，作窗櫺以通日光，人居其

---

39 《明史．食貨志一》。

中，就濕氣紡織」[40]，解決了北方因天氣乾燥而出現的斷紗問題。絲織技術不斷改進，使得「機杼之巧殆天工」，生產的絲綢擅絕海內外。冶鐵技術有了長足的發展，廣東佛山的煉鐵爐「日得鐵二十版」[41]，每版重可十鈞（300 斤），日產鐵達六七千斤。造紙業使用石灰蒸煮紙漿，紙張的品質大為提高。印刷業除使用雕刻木版外，還有木、銅、鉛、錫等活字版，明末還出現了「餖版」套色彩印。隨著生產技術的提高，手工業生產得到迅速發展，尤其是民間手工業發展更為顯著。紡織、陶瓷等行業，民營手工業的規模均已大大超過官營。礦冶、採珠、伐木等以往官府控制較嚴的行業，也都出現了不同程度的民營化傾向。

農業和手工業生產力的提高，推動了商業的發展。嘉靖、萬曆年間，國內貿易非常繁榮，商人的足跡，北至真定、永平、順平，南至兩粵雲貴，東至齊魯平越，西至巴蜀漢中關外，「往來貿易，莫不得其所欲」[42]。生產資料在商品交換中的地位日漸突出，生產的區域分工日益明顯。私人海外貿易也在衝破封建官府的重重障礙而迅速興起，特別是在隆慶開放漳州月港之後更見繁榮。商業資本日顯活躍，並湧現出徽商、晉商、江右商、閩商、粵商、吳越商、關陝商等著名的地域性商幫。其中有的商人擁資達數萬、數十萬甚至百萬。他們除經營商業外，有的還進入生產領域，投資於手工業生產。隨著商品經濟的發展，「朝野率皆用銀」[43]，白銀逐漸成為中國市場的主要貨幣。工商業城鎮如雨後春筍般地湧現，它們主要分布在江南、東南沿海和運河沿岸等地。經濟最發達的江南，除了擁有棉紡織中心松江，絲織業中心蘇、杭，漿染業中心蕪湖，造紙業中心鉛山，製瓷業中心景德鎮五大手工業區域，蘇、松、杭、嘉、湖五府還擁有大批新興的絲棉紡織業城鎮。東南沿海的廣州、漳州、泉州、福州、寧波等城市，是對外貿易的重要港口。南、北兩京則是全國最大的都市，它們既是全國的政治中心，又有發達的工商業，「四方財貨駢集」，「南北商賈爭赴」[44]。

---

40 徐光啟：《農政全書．蠶桑廣類》。
41 屈大均：《廣東新語．貨語》。
42 張瀚：《松窗夢語．商賈紀》。
43 《明史．食貨志五》。
44 張瀚：《松窗夢語．商賈紀》。

在商品經濟的衝擊下，社會結構在明中期以後開始出現某些新的變化。封建地主階級雖然仍以地租剝削為主要收入，但有些已經插足工商業，將經商、從工和放高利貸作為增值財富的重要途徑，經營地主開始孕育而生。農民因其經濟中的商品經濟成分不斷加強而產生兩極分化，有的從自耕農下降為佃農、奴僕或雇工，有的上升為富農或地主。佃農地位雖仍十分低賤，但他們與地主的租佃關係已較普遍地採用契約形式，盛行定額地租，並出現貨幣地租的萌芽，有的還爭得了「永佃權」，使地主干預其生產的狀況大為削弱或趨於消失。雇工中的短工，在萬曆年間已取得「凡人」的地位[45]，解除了對雇主的人身依附關係。長工雖未解除人身依附關係，但其工價已由實物轉變為貨幣。隸屬官府的輪班匠戶，在嘉靖四十一年（1562 年）普遍實行以銀代役之後，其人身依附關係也大為削弱，獲得了更大的工作自由。

隨著商品經濟的繁盛，嘉靖、萬曆年間江南地區的某些民營手工業，逐漸改變經營方式，採取雇傭勞動，組織手工工廠的生產。如著名的絲織業中心蘇州，「大戶張機為生，小戶趁織為活」，小戶「聽大戶呼織，日取分金為饔飧計」[46]，雙方形成「機戶出資，機工出力」[47]的雇傭與被雇傭關係，出現了資本主義生產關係的最初形態，這就是人們通常所說的資本主義萌芽。這種資本主義萌芽，在江南的棉紡織、榨油、礦冶、造紙、陶瓷等行業，也依稀可見。資本主義萌芽的出現，是中國歷史上的劃時代事件。儘管它是稀疏而又脆弱的，卻代表了新的曙光。從此，中國古老的封建社會開始逐步走上緩慢解體的道路。

明中後期社會經濟的深刻變化，使明代的政治與社會風尚也隨之發生了變化。在日趨繁盛的商品經濟刺激下，地主階級的胃口更加膨脹，對土地和金錢的追逐更加貪婪，生活更加荒淫奢侈，從而導致土地兼併的猖獗，租稅賦役徵斂的苛重，使階級矛盾日趨尖銳，地主階級內部的派系鬥爭日漸激化。封建統治益加敗壞腐朽，「好逸樂」的明武宗朱厚照「嗜酒而荒其志，好勇而輕其身」[48]，不

45 《明神宗實錄》卷三六一。
46 蔣以化：《西臺漫記》卷四。
47 《明神宗實錄》卷三六一。
48 夏燮：《明通鑒》卷四十五。

是沉湎於豹房的歌舞角觝，就是四處巡遊；妄想成仙的明世宗朱厚熜，中年以後不見朝臣，不理政務，整日只知設齋醮，服丹藥；「酒」、「色」、「財」、「氣」俱全的明神宗朱翊鈞，親政後長期不理政事，不見朝臣，就連國家機構缺員也不理會，而只顧聚斂財貨，歡飲長夜。封建專制主義統治已經難以維持高度的集權統一，封建制度對社會的控制也日漸鬆弛。

在商品、貨幣的誘惑之下，社會各階層「錙銖共競」，形成一股追逐金錢的社會風氣。商品經濟發達的地區，出現了「土田不重，操貲交接，起落不常」，「末富居多、本富益少」[49]的情景。傳統的倫理綱常受到猛烈的衝擊，「下陵上、少侮長」的現象層出不窮。「厭常喜新，去樸從豔」成為一種時髦的風尚。縉紳士大夫紛紛突破封建禮制對於衣食住行的等級規範，追求高大寬敞的住宅、富麗堂皇的擺設、鮮豔明麗的服飾。流風所及，一般市民也以奢靡為榮，群起仿效，「人皆志於尊崇富侈，不復知有明禁，群相蹈之」[50]。逐利與奢侈之風的盛行，使封建秩序陷入了紊亂的狀態。

就在中國內部封建經濟結構開始出現緩慢而重大的變化之際，西方的傳教士踏進了中國的國門。繼嘉靖三十一年（1552 年）耶穌會創辦人之一方濟各．沙勿略到達廣東上川島之後，萬曆十一年（1583 年）耶穌會士利瑪竇和羅明堅又進入廣東肇慶，在那裡設立傳教據點。後來，利瑪竇還輾轉來到北京，受到明神宗的召見。此後，西方傳教士接踵而來。為了排除傳教的障礙，他們在設法爭取官府支援的同時，還廣泛接觸中國的士大夫，向他們傳播西方的近代文化。西方的近代文化興起於資產階級文藝復興之時，與中國的傳統文化面貌迥異，特別是其自然科學技術比中國傳統科技先進，給人以耳目一新之感，吸引了不少中國士大夫。他們紛紛同這些傳教士交往，積極學習西方近代文化。如禮部尚書徐光啟即「從西洋人利瑪竇學天文、曆算、火器，盡通其術」，並同利瑪竇、熊三拔等傳教士合作，翻譯了《幾何原本》等一批西方學術著作。西方近代的哲學、邏輯學、藝術，特別是天文曆法、數學、物理學、地理學、機械工程學及火炮製造術

49 顧炎武：《天下郡國利病書．江南二十》引萬曆《歙志》。
50 張瀚：《松窗夢語．百工紀》。

等自然科學技術，開始傳入了中國。而中國的文化包括儒家經典著作等，也以這些傳教士為仲介，陸續向西方傳播，在西歐一些國家掀起一股崇尚中國的風氣。

商品經濟的繁榮，資本主義萌芽的出現，封建統治的鬆弛，社會風氣的變化，對明代中後期思想文化的發展產生了深刻的影響。在思想領域，支離煩瑣、陳舊僵化的程朱理學已經無力解決日趨尖銳的社會矛盾，從而導致統治階級內部的思想危機。相當一部分士大夫逐漸失去對朱學的信仰，轉而尋求新的理論。王守仁的心學於是應運而生，「以絕世之資，唱其新說，鼓動海內」[51]。王守仁構築的心學體系，目的是為封建統治者「破心中賊」，但它的反傳統精神卻在客觀上起著衝破思想禁錮的作用。此後的泰州學派發展了王學的積極因素，更具「異端」色彩。特別是被稱為「異端之尤」的李贄，其理論主張，進一步反映了正在成長的市民意識，更具有反封建的啟蒙意義。伴隨著「異端」思想的崛起，主體意識逐漸覺醒，講求實學的思潮也開始湧動於傳統意識形態的縫隙之間，為凝滯沉悶的思想界帶來一股活潑、新鮮的時代氣息，顯露出新舊衝突變動的徵兆。在文學藝術領域，古典詩詞散文等雅文化，特別是古典詩歌的藝術形式，與人們的生活內容、思維方式、語言習慣已不相適應而日趨衰落，失去了文學主流的地位。發展成熟的小說、戲曲、民間歌舞等俗文化，由於適應市民階層和一般下層民眾的需要而蓬勃發展，日趨繁榮，形成爭奇鬥豔的態勢，占據了文學主流的地位。就連適應城市居民需要的園林建築藝術，特別是江南的園林，也呈現出前所未有的興盛局面。在科學技術領域，一批先進的科學家，在實學思潮的影響下，衝破封建正統思想的束縛，親身參加生產實踐和科學實驗，對傳統的科學技術進行總結性的研究，有的還積極吸收近代西方自然科學的先進成果，做出了許多發明創造，寫出一批優秀的科學著作，而飲譽世界。

明代中後期思想的活躍，市民文藝的繁榮，科學技術的發展，與前期保守沉寂的景象形成鮮明的對比，進一步凸顯出明代文化發展的不平衡性。

---

51 顧炎武：《日知錄・朱子晚年定論》。

第四節・

思想文化發展對社會的反作用

一定的文化是一定社會的政治和經濟的反映。它一旦產生之後，又有相對的獨立性，將對一定社會的政治和經濟產生巨大的影響和作用。明代的思想文化也是如此，它既是明代社會的政治和經濟的反映，同時又給予巨大影響和作用於明代社會的政治和經濟。

首先，科學技術的進步，推動了社會經濟的發展。

明代特別是其中後期，科學技術取得長足的進步，從而有力地推動了農業、手工業和商業的發展。例如農業生產技術，人們經過長期的實踐，已知七種「榨油枯餅」（油餅肥）的不同肥效，認識到芝麻籽餅、蘿蔔籽餅最好，油菜仔餅差些，油桐籽餅又稍差，而以樟樹籽餅、烏桕籽餅和棉籽餅最差[52]，得出的結論與現代科學分析大致符合。並懂得使用磷肥，認為「凡土性帶冷漿者，宜骨灰蘸秧根（凡禽獸骨），石灰淹苗足」[53]。還懂得使用砒霜拌種，「陝、洛之間，（小麥播種後）憂蟲蝕者，或以砒霜拌種子」[54]，以殺蟲防害。這對糧食產量的提高，

52 宋應星：《天工開物・乃粒》。
53 宋應星：《天工開物・乃粒》。
54 同上。

產生了重大的作用。再如手工業生產技術，陶瓷的生產在繼承前代裝飾藝術的基礎上，又大量興起用筆劃彩的方法，發展出著名的「鬥彩」和「五彩」，生產大量精美的「彩瓷」而遠銷國內外。礦冶方面，明中後期在採煤中發明了排除瓦斯和支撐巷道頂部防止發生事故的辦法，在鋼鐵生產中使用裝有活塞、活門的鼓風裝置，實現冶煉生鐵的半連續性，並發明灌鋼冶煉技術，使鋼鐵和煤炭的產量大幅度提高。紡織業方面，不僅絡絲、牽經、治緯和開織等工具和操作技術多有不同程度的發展，使絲織品更為精美，而且在北直隸肅寧還發明挖窖蓋屋以「就濕氣紡織」的方法，解決了北方因天氣乾燥而出現的斷紗難題，能織出「細密幾與松（江）之中品埒矣」[55]的棉布，使該縣的棉布產量在幾年之間就達到松江布匹產量的十分之一，使棉紡織業迅速向北方發展。造船航海方面，明代造船技術的發達，「牽星板」、水羅經等導航設備的先進以及駛風技術的高超，為鄭和下西洋和明中後期私人海外貿易的興起提供了必要的條件。此外，園林建築藝術的發展，又促進了花卉栽培和園藝式農業經營的成長，並產生了「花園子」、「石農」之類的專業戶，從而推動了商品經濟的發展。印刷技術的發達，則促進了刻書業的繁榮，除了印製士大夫科舉需要的經史窗稿外，還大量刊刻廣大市民工商業者需要的書籍。其中，小說、戲曲之類的書籍有利於提高工商業者的文化素養，而一系列與工商業經營管理密切相關的百科全書式的著作，如《士商必要》、《新刻天下四民全覽三臺萬用正宗》、《燕臺校正天下通行文林聚寶萬卷星羅》、《十二方家萬事不求人博考全書》、《明本大字應用碎金》、《博聞勝覽考實全書》、《四民全覽東學珠璣》、《分門定類今古名賢尺素文海奇聲》、《新鐫赤心子彙編四民利觀翰府錦書》、《四民便用積玉全書》、《新鐫士商要覽》、《新安原板士商類要》等，則對推動工商業的發展起著重要的作用。

其次，價值觀念的變化，加速了社會風尚的演變。

「貴義賤利」是中國傳統價值觀念的重要尺規，即所謂「正其誼（義）不謀其利，明其道不計其功」[56]。它引導人們追求道德上的完善和道義上的勝利，反

55 徐光啟：《農政全書．蠶桑廣類》。
56 《漢書．董仲舒傳》。

對人們為滿足自身的物質欲望去謀求「功」和「利」。物質欲望被視為低賤的、不道德的。程朱理學更公開鼓吹「去人欲，存天理」。到了明中後期，隨著商品經濟的發展，人們的價值觀念逐步發生變化，「今天下之人，唯利是趨，視仁義若土芥，不復顧惜」[57]，「奢侈之念一萌，不得不重財而輕義，不能不徇欲而忘親，是以近日所相矜翊者，禮義不如文章，文章不如爵位，爵位不如金錢」[58]。當時的思想家，進一步將人的物質欲望加以肯定。如王艮倡導「百姓日用即道」，認為「安身者，立天下之大本也」[59]，安身首要的是生活上的安，是能吃飽穿暖。何心隱把人欲說成出於「性」，反對「絕欲」，主張「育欲」，「與百姓同欲」[60]。李贄明確提出「穿衣吃飯，即是人倫物理」，將人們的「私欲」、「物欲」乃至「好色」、「好貨」視為「自然之理，必至之符」[61]。陳弟則公開倡言：「義即在利之中，道理即在財貨之中」，唯有如此觀察問題，「乃不流於虛，而天下、家鄉受其益也」[62]。與重利輕義的價值觀念相聯繫，工商業也日益受到重視，從而對傳統的「重本抑末」思想提出了挑戰。與農業相比，工商業資金周轉較為迅速，獲利較多，致富也較快。某些政治家和政治思想家一反「重本抑末」的傳統思想，主張工商皆本。龐尚鵬說：「民家常業，不離農商。」[63]張居正認為，「商不得通有無以利農則農病，農不得力本穡以資商則商病」，強調「欲物力不屈，則莫若省徵發以厚農而資商；欲民用不困，則莫若輕關市以厚商而利農」[64]。汪道昆也指出：「厲商則厲農，商利而農亦利」，農商要「交相重」[65]。趙南星則主張：「士農工商，生人之本業。」[66]明末清初的思想家黃宗羲進一步發揮說：「世儒不察，以工商為末，妄議抑之；夫工固聖王之所欲來，商又使其願

---

57 伍袁萃：《林居漫錄・別集》卷三。
58 《岩鎮志草・貞集・迂談》。
59 黃宗羲：《明儒學案・泰州學案》。
60 何心隱：《爨桐集》卷三。
61 李贄：《藏書・德業儒臣後論》。
62 陳弟：《義利辨》、《松軒講義》、《一齋集》。
63 《龐氏家訓》。
64 張居正：《張文忠公全集・贈水部周漢浦榷竣還朝序》。
65 汪道昆：《太涵集・虞部陳使君榷政碑》。
66 趙南星：《味檗齋文集・壽仰雷君七十序》。

出於途者，蓋皆本也。」[67]

價值觀念的這種變化，對正在急劇轉變的社會風尚無疑起著推波助瀾的作用。人們紛紛拋棄陳舊的重義、重本觀念，「棄農而賈」，「去本就末」。如揚州「俗喜商賈，不事農業」[68]；蘇州「鮮務農耕，多商於遠」[69]；山東館陶「俗多棄農矜賈」；江西新城「長幼競欒刀錐」；南康「本抑末崇」[70]；浙江甯紹「競賈販錐刀之利」[71]；福建福州「閭巷少年仰機利，泛溟渤危身取給」[72]；河北南宮「多去本就末，以商賈負販為利」[73]；山西汾州，「民率逐於末作，走利如鶩」[74]。就連那些一直鼓吹「重義輕利」、「重本抑末」的封建權貴、地主士大夫也不甘人後，有的行商中鹽，有的販賣錢鈔，有的造房出租，有的賃舟取利，有的通「番」下海，有的赴邊互市，有的開機房、典鋪、牙店、塌房、官店，就連皇帝如明武宗也大開皇店以牟利。一般的儒生士子，也競相棄儒經商，歸有光曾慨歎道：「雖士大夫之家，皆以商賈游於四方。」[75]在這股逐利風潮的衝擊之下，崇尚金錢、追求奢靡、婚姻論財、服舍逾制、倫常失序等現象，更是層出不窮。

再次，實學思潮的湧起，推進了改革事業的發展。

明代中後期，一些思想家、政治家在批判程朱理學空談性理的同時，積極提倡講求有益於人生、有益於社會的實學。這股實學思潮，不僅促使許多科學家深入到民間，進行調查、訪問、觀察、試驗，寫出一批科學巨著，做出許多發明創造，而且還推動一批有作為的政治家和學者，投身於各種改革事業，在嘉靖、萬曆年間掀起了一次改革高潮。如海瑞認為「聖門之學在知行，德行屬行，講學屬知……知行非有二道也」，「體用原無二道，明經體也，以之商榷業務，必有道

67 黃宗義：《明夷待訪錄・財計》。
68 張岱：《陶庵夢憶・諸工》。
69 嘉靖《吳邑志》卷首。
70 張岱：《陶庵夢憶・諸工》。
71 顧炎武：《肇域志・浙江》。
72 萬曆《福州府志・土風》。
73 嘉靖《南宮縣志》卷一。
74 萬曆《汾州府志・風俗》。
75 康熙《徽州府志・風俗》。

矣」，主張「平日讀書」應「體認道理明白，立心行己」。他批評當時的士子「一生讀書作文，於家國身心毫無補益，謂之何哉」[76]。嘉、隆年間，他在淳安知縣、應天巡撫任上大力推行改革，整頓吏治，摧抑兼併，實行節儉，改革賦役，取得了很大成就。隆慶年間的大學士張居正，主張「篤行實學」，「適用於世」[77]，要求「掃無力之虛詞，求躬行之實效」[78]。他針對嘉靖以來的種種弊政，上《陳六事疏》，建議省議論、振紀綱、重詔令、核名實、固邦本、飭武備，以期綜核名實，掃空務實。明神宗繼位後，他出任首輔，大權在握，當國達十年之久。在多年的政治生涯中，張居正推行一系列重大改革，整頓軍隊，鞏固邊防，行考成法，振興綱紀，舉賢任能，裁革冗員，清丈地畝，行一條鞭法，終於使搖搖欲墜的明王朝獲得了短暫的復甦與繁榮，從而轉危為安。後來隨著社會矛盾的日益發展，講究實學的一些政治家如東林黨人、復社成員，都曾針對現實的種種弊端，力圖倡導改革，許多人還為此獻出了寶貴的生命。有些講究實學的軍事家，則大力推行軍事改革。如戚繼光，「中年以後，頗知於切實處用力」[79]，強調「兵事須求實際」[80]。在東海沿海指揮抗倭鬥爭時，他整頓衛所，清理屯田，招募新兵，強化訓練，並根據敵情、我情與江南的地形，創立鴛鴦陣和一頭兩翼一尾陣。他率領這支新軍，採用新的陣法，與俞大猷等軍隊相配合，終於蕩平沿海的倭寇。調任總理薊昌保定練兵事務後，又根據敵情和北方地形，修長城，建敵臺，擺邊設防，並練精兵，創車陣，以重兵堵截敵騎，從而取得了「不戰而屈人之兵」的良好效果。他還總結自己練兵和對敵作戰的經驗，奮筆揮毫寫下《紀效新書》、《練兵紀實》兩部不朽的軍事著作，成為中國軍事史上首屈一指的在理論和實踐方面均有重大貢獻的傑出軍事家。還有些倡導實學的學者，則進行史學改革。如談遷針對「國史之失職，未有甚於我朝」[81]和「史日益以偷」，「史至明，遂以秘而釀謐」[82]的狀況，花費三十多年的工夫，廣泛搜集列朝實錄、崇禎

76 《海瑞集．教約》。
77 張居正：《張文忠公全集．請申舊章飭學政以振興人才疏》。
78 張居正：《張文忠公全集．陳六事疏》。
79 戚繼光：《止止堂集．愚愚稿》。
80 戚繼光：《紀效新書．練將篇．辨效法》（十四卷本）。
81 王世貞：《弇山堂別集．史乘考誤一》。
82 談遷：《國榷》自序。

邸抄和百餘種私家著述，四處調查訪問，寫出一部明史巨著《國榷》。他發揚中國史學秉筆直書的優良傳統，絕不盲從那些人云亦云的「飾說」，而是根據自己調查訪問所得的材料據實直書。書成於明亡後的清順治年間，仍不避清朝統治者的忌諱，如實記述建州各衛設置的時間、各衛首領的承襲情況，清軍入關肆行燒殺掠奪的罪行以及廣大漢族人民奮勇抵抗的英雄事蹟。

最後，主體意識的覺醒，衝擊著明王朝的封建專制統治。

馬克思指出：「君主政體的原則總的說來就是輕視人、蔑視人、使人不成其為人。」[83]明朝高度集權的君主專制，以程朱理學為理論基礎，大肆鼓吹「存天理」、「去人欲」，並用等級制度和宗法關係把每個社會成員都納入貴賤有別的禮制網路之中，不許有任何異議和反抗，只許服服帖帖地服從君主的專制統治。明中後期的一些思想家，對程朱理學發起挑戰，肯定人的價值，鼓吹個性自由，肯定人的欲望，反對禁欲主義，肯定人是天然平等的，反對人身依附關係。在這種思潮的影響下，人們的主體意識開始覺醒，紛紛衝破傳統價值觀念的束縛，棄本就末，重利輕義，逐利拜金，去樸從豔，進而對封建禮制和傳統倫理道德發起猛烈的衝擊，使等級秩序和宗法關係產生了動搖。

明代中後期，以往許多地位卑賤的娼優僕隸子弟，通過贏利提高了經濟地位，身價頓時倍增，有的竟躋身於士紳之列。萬曆年間，伍袁萃曾感慨地說：「（舊例）令甲娼優隸卒之子不許入學，邇來法紀蕩廢，膠序之間，濟濟斌斌，多奴隸子，而吳之蘇、松，浙之杭、嘉、湖為最盛，甚至有登甲第人翰苑獵清華秩者。」[84]「奴富至數百萬，初縉紳皆醜之，而今則樂與為朋矣，即地方監司亦多與往來，宴飲饋遺，恬然無復廉恥之色」[85]，「抑有更甚者，縉紳家之女惟財是計，不問非類」[86]。另有一些奴僕，乘主人權勢衰微，紛紛離去。如嘉定縣

83 《馬克思恩格斯全集》第 1 卷，141 頁，北京，人民出版社，1956。
84 伍袁萃：《林居漫錄．前集》卷二。
85 伍袁萃：《林居漫錄．前集》卷三。
86 伍袁萃：《林居漫錄．別集》卷六。

「大家僮僕，多至萬指」，「一旦叛去，恣意毆詈，甚且操戈入室焉」[87]。福州「主家淩替，落薄後，俛首於奴之子孫者多矣」[88]。有些地方的奴僕，「甚有反占主田產，坑主貲財，轉獻新貴，有勢因而投牒興訟者」[89]。浙江大官僚董幼海因「待家奴過峻，有犯必杖」，後來即「為群僕所臠割」[90]。到明末農民大起義爆發時，廣大奴僕更是奮勇抗爭，逃亡、索契、殺主之事件比比皆是。

處在社會最底層的奴婢尚且如此，其他社會階層的越禮非分、以下犯上、以卑淩尊的現象更是層出不窮。管志道曾歎喟道：嘉靖、萬曆之時，「少可以陵長，則賤亦可以陵貴，於是未婚未冠之弱子，稍有文名，便分先達之席，不士不農之俠客，一聯詩社，即躐大人之班，而異途亦且攘臂焉。以為下流既可混於上流，則雜流豈不可混於正流也」。而「民間之卑脅尊，少陵長，後輩侮前輩，奴婢叛家長之變態百出」[91]。康熙《華州志》描述明末當地的狀況說：「顯貴不必詩書，而蓄貲可致。……老必遜幼，賤必擬貴。逆天之夫，眾皆敬畏；循理之士，且為癡愚。」[92]就是在一個家族內部，那層溫情脈脈的面紗，也早已被同族相爭所撕破。如萬曆《茗洲吳氏家記》所載：「比來以幼犯長，以卑抗尊，甚至有反唇相譏，拳毆相加者。」[93]《山東章丘牛氏族譜》也描述明末的狀況說：「邇來宗派失序，淩兢日開，視九族為胡越，待本支如仇讎，恃強以淩弱，因眾以侮寡，挾大以欺小，恃富以淩貧。或子侄而抗伯叔，或子孫而犯妣族，況種種敗倫之事，尤有不可勝言者。」[94]

當然，由於明代資本主義的萌芽還十分脆嫩，尚不具備瓦解封建經濟和政治結構的力度。因此，伴隨著明代商品經濟繁榮與資本主義萌芽而發展起來的思想文化，對明代政治和經濟的作用也還是有限的。到了明朝末年，當腐朽的明朝封

87 顧炎武：《天下郡國利病書．江南八》引《嘉定縣志》。
88 謝肇淛：《五雜俎》卷四十。
89 孫之騄：《二申野錄》卷二。
90 李紹文：《雲間雜識》卷一；沈德符：《敝帚軒剩語．奴婢弒逆》。
91 管志道：《從先維俗議》卷二。
92 康熙《華州志．風俗考》。
93 萬曆《茗洲吳氏家記．條約》。
94 嘉慶《山東章丘牛氏族譜》原序。

建專制統治為李自成領導的農民軍推翻之後，接踵而來的卻是滿洲貴族的清王朝入關蕩平全國的反抗勢力，建立起更加專制的封建統治。一場新舊交替的衝動，也就因此而暫告中斷。[95]

95 參見陳梧桐：《明代思想文化發展的歷史作用》，《光明日報》，1999-06-04。

第二章

方生與方死相搏的文化特色

進入封建社會晚期的明代，傳統的舊封建文化已越過其發展的高峰時期而呈現出老邁衰微的狀態，同時隨著商品經濟的繁榮與資本主義萌芽出現而產生的新的文化因素，也在潛滋暗長，傳統文化借助明朝統治者的君主專制及其文化專制政策，力圖阻止、扼殺新的文化因素，維護其一統天下的局面。新的文化因素憑藉其頑強的生命力，力圖衝破統治者的重重壓制與束縛，求得自身的發展。因此，明代的文化便呈現出新與舊相雜陳、方生與方死相搏鬥的斑斕場景，明晚期西方近代文化的傳入，又使這場文化衝突益發變得錯綜複雜，具有更加令人目眩的色彩。

第一節・

程朱理學的式微與主體意識的覺醒

程朱理學在明初被統治者推上至尊的統治地位，朱熹注釋的《四書》成為官定的讀本、科舉取士的準繩。但理學家一味「尊朱」、「述朱」，謹守其矩矱而未敢逾越半步，也就喪失了朱熹的創新精神，而陷於保守僵化的狀態。如以聖賢自托、提倡道學的方孝孺，在輔佐建文帝時熱衷的是講經論道和恢復井田舊制以及《周禮》中的古舊職官，明成祖通過「靖難之役」奪取帝位後，他又拒絕為新朝效力，足見其迂腐和保守。這樣，程朱理學就無法隨著社會的發展而發展更新，從而日趨沒落和腐朽。

明中期社會的變遷，使部分學者、文人逐漸意識到，保守僵化的程朱理學已無力解決日趨尖銳的社會矛盾，必須尋求新的思想出路。生活在明王朝由盛入衰時期的理學家薛瑄，首先從現實出發進行理論反思，在堅持維護朱學「正統」的前提下，對朱熹理學進行了批判改造或修正，在理學的根本問題上提出了一系列有別於朱熹的見解，公開亮出「從事於心學」[1]的旗號，主張以「正人心」特別是「正君心」來匡救時弊，振興國運。他的理論主張給朱學打開了一個缺口，對

1　薛瑄：《讀書錄》卷二。

心學思潮的興起產生了誘發、啟迪的作用。[2]與之同時的吳與弼也頗有懷疑精神，並抨擊宋末以來的箋注「率皆支離之說」，有害無益。他「兼採朱陸之長」[3]，認為「人之所以異於禽獸者，以其備仁義禮智四端也」[4]，認為仁義禮智是人心原本具有的，讀書為學，主要在於「反求吾心」，從而端發吾心固有之理。因此他主張在「思處」格物，特別是要重視「平旦之氣」的靜觀和「枕上」的夜思冥悟。吳與弼的學生陳獻章更從程朱理學轉向陸九淵的心學，由讀書窮理轉向求之本心，強調自我的存在和價值。他認為，道或理，並不是獨立於人心之外的客觀精神實體，而是存在於人的心中，「若個人心即是天」[5]。在程朱理學那裏，心具萬理首先是指人心具有無限的認識能力，其次是指人在稟氣而生的同時所秉承的天理，即生而具有的倫理意識。這種倫理意識雖也具有生而有之的含義，但歸根結柢，是從心外秉受而來的。在陳獻章那裡，心具萬理是指人心先天即具萬理，無須從心外秉受，心既是宇宙本體，又是認識本體，故「為學當求之心……此心學法門也」[6]。他的這種理論主張，帶有明顯的主觀唯心主義色彩，但也蘊涵著某些要求個性解放的因素。陳獻章心學的形成，表明明代心學已由附會朱學發展到離朱入陸、自成一統的新階段。明初以來朱學一統天下的局面，從此被打破。心學的影響日益擴大，至王守仁時風靡天下，壓倒朱學，在學術界占據了主導地位。

王守仁針對當時深刻的社會危機構築的心學體系，目的是為統治者「破心中賊」，表明他是封建制度堅定的衛道士。他的心學與朱熹的理學一樣，都鼓吹「去人欲，明天理」。但朱熹的理學更多地突出超感性現實的先驗規範，把人看作是受外部的天理或自身的人欲支配的客體，不是具有自主性、能動性的主體。而王守仁的心學則以心為主體，從而導出人的主體性、能動性。在本體論上，王守仁以「心」為天地萬物之主宰，認為「心之本體無所不該」，「心外無物」，「心

---

2 參見李元慶：《明代理學大師——薛瑄》，太原，山西高校聯合出版社，1993。

3 《四庫全書總目提要．康齋集》。

4 吳與弼：《康齋集．勵志齋記》。

5 《陳獻章集．示兒》。

6 《陳獻章集．復趙提學僉憲》。

外無理」[7]，充分肯定人的主體性。在知行問題上，他主張「知行合一」，認為「知是行的主意，行是知的工夫；知是行之始，行是知之成」[8]，注意到實踐活動對於認識的影響，強調要言行一致，反對知而不行。為了達到「知行合一」，王守仁又提出「致良知」說，認為人生來就具有良知，良知存在於「心之本體」[9]，故「致知格物」要本乎「心」，加強道德修養，去欲存理，同時還要密切結合周圍的事物，聯繫社會現實，「人須在事上磨煉做工夫，乃有益」[10]，「致吾心良知之天理於事事物物，則事事物物皆得其理矣」[11]。這就突出了個體的歷史責任感和道德的自我意識，並含有積極的入世精神和經世思想。王守仁這種主觀唯心主義的哲學，高揚人的主體地位，否定用外在規範來管轄「心」禁錮「欲」的必要，從而造成程朱理學的瓦解。

王守仁的心學不僅以它反傳統的精神，在客觀上起到了衝破思想禁錮的作用，而且還以其對天理確認的極大隨意性，為後來的學者偷換天理良知的內涵、宣傳自己離經叛道的異端思想創造了條件。按照王守仁的說法，天理在於自我之體驗，這就隱含著我的想法和欲望即是天理的趨勢。後來的泰州學派正是利用這一點，將傳統的規範加以肢解、置換甚至曲解、超越，注入與傳統相異、相悖乃至叛逆的內容，來鼓吹異端思想的。泰州學派的創始人王艮，首先賦予「心」以自然本質，認為「天性之體，本是活潑，鳶飛魚躍，便是此體」。「良知之體……自然天則，不著人力安排。」[12]他提出「安身」、「尊身」的主張，認為心為本，而心附於身，故當以身為本，「身也者，天地萬物之本也；天地萬物，末也」[13]。身為本，就要安身、尊身。這種主張，包含著爭取人生生存權利和維護人的尊嚴的思想。他還提出「百姓日用即道」的命題，說：「聖人之道，凡異於百姓日用。凡有異者皆謂之異端。」他肯定飲食男女是「自然天則」，認為人欲就是天

7 王守仁：《王文成公全書·傳習錄下》、《王文成公全書·與王純甫書》。
8 王守仁：《王文成公全書·傳習錄上》。
9 王守仁：《王文成公全書·傳習錄中》。
10 王守仁：《王文成公全書·傳習錄下》。
11 王守仁：《王文成公全書·傳習錄中》。
12 王艮：《王心齋遺集·語錄》。
13 王艮：《王心齋遺集·答問補遺》。

理，「天理者，天然自有之理，才欲安排如何，便是人欲」[14]，從而對理學「去人欲、存天理」的禁欲主義發起了強烈的衝擊。

泰州學派的傳人更是「復非名教之所能羈絡」[15]，具有提倡人的個性、肯定人的物質欲望、反對禁欲主義，並且大膽懷疑經傳，強調獨立思想的精神。如顏鈞提出「制欲非體仁」說，何心隱主張「育欲」，認為「性而味，性而色，性而聲，性而安佚，性也」[16]，追求美味、豔色、佳聲，追求安逸，都是人的正常欲求，皆為人的本性良知，可以講寡欲、節欲，但不能講無欲、滅欲。

作為「異端之尤」的李贄，更具叛逆性格。他公開倡導反道學，反對以「孔子之是非為是非」[17]，要求按照自己時代的標準來評判聖人的言行和古今人物的是非。他認為人是天然平等的，「人見其有貴有賤，有高有下，而不知其致一也，曷嘗有所謂高下貴賤者哉」[18]。他還特別駁斥「以女人學道為短見」的謬論，主張男女平等。李贄發揮泰州學派的「百姓日用即道」的主張，認為道並不是什麼神秘玄妙的東西，而是百姓的穿衣吃飯，「穿衣吃飯即是人倫物理，除卻穿衣吃飯，無倫物矣」[19]。他主張滿足人的物質和精神欲望，並認為私心是人類的天然本性，「夫私者，人之心也。人必有私而後其心乃見，若無私，則無心矣。……此自然之理，必至之符。」[20]他主張一切順其自然，「成佛證聖，惟在明心，本心若明，雖一日受千金不為貪，一夜御十女不為淫」[21]，而不應像道學家那樣遮遮掩掩，「陽為道學，陰為富貴，被服儒雅，行同狗彘」[22]。只有順應人的生理要求和物質願望，允許個性的自由發展，才能「使天下之民，各遂其生，各獲其望」[23]。他的理論主張，充分反映了當時工商業者和城市居民的意識，具

14 王艮：《王心齋遺集．語錄》。
15 黃宗義：《明儒學案．泰州學案》。
16 《何心隱集．寡欲》。
17 李贄：《藏書．世紀列傳總目前論》。
18 李贄：《李氏叢書．老子解下》。
19 李贄：《焚書．答鄧石陽》。
20 李贄：《藏書．德業儒臣後論》。
21 周應賓：《識小篇》。
22 李贄：《續焚書．三教歸儒說》。
23 李贄：《明燈道古錄》卷上。

有反封建的啟蒙意義。

泰州學派倡導異端思想，引起了明朝統治者的極大恐懼。明王朝動用暴力對他們進行殘酷的迫害，顏鈞被充軍，何心隱被殺，李贄也被迫自刎。但是，泰州學派的思想主張卻在思想文化界產生了深遠的影響，形成了一股主體意識覺醒的思潮。唐寅、祝允明等「狂簡」之士，皆放蕩不羈，蔑視禮法，甚至幹起「良家子弟亦羞為」的梨園勾當，「並以怪誕為世所指」[24]。徐渭認為：「人心之惺然而覺，油然而生，而不能自已者，非有思慮以啟之，非有作為以助之，則亦莫非自然也。」[25]主張人應順應自然天性，不受約束，並將這種主張融貫其繪畫、創作之中。他的畫作用筆恣肆豪放，水墨酣暢淋漓，充分表現出其膽大氣雄、狂傲不羈的性格。袁宏道也認為人生的思想情趣應該得其自然本真，「趣得之自然者深，得之學問者淺。當其為童子也，不知有趣，然無往而非趣也」[26]。湯顯祖更提倡以情反理的主張，說：「人生而有情，思歡怒愁，感於幽微，流於嘯歌，或一往而盡，或積日而不能其休。」[27]人的一切，皆為情所主宰，「天下之聲音笑貌大小生死，不出乎是」[28]。人生執著追求的，不應是「天理」而是動人心魄的「情」。他的許多劇作就是為「情」所驅而作的。著名的《臨川四夢》特別是《牡丹亭》，便是「因情成夢，因夢成劇」[29]的。隨著人的主體意識的覺醒，明中後期的小說、戲曲競相描寫普通人的日常生活和他們豐富多彩的感情世界，屠夫、小販、商賈、妓女、村姑、牧童、綠林好漢，乃至三教九流都進入了文學的殿堂，「好貨」、「好色」成為許多作品的主題。唐宋派、公安派、臨川派、竟陵派相與推引，皆力主「直抒胸臆」、「獨抒性靈」，掀起了一陣陣浪漫主義的文藝思潮。

---

24 《四庫全書總目提要·懷星堂集》。
25 徐渭：《徐文長集·讀龍惕書》。
26 袁宏道：《袁中郎全集·敘陳正甫會心集》。
27 《湯顯祖詩文集·宜黃縣戲神清源師廟記》。
28 《湯顯祖詩文集·耳伯麻姑游詩序》。
29 《湯顯祖詩文集·復甘義麓》。

第二節・

正宗詩文的衰落與市民文藝的勃興

中國的傳統文學歷來以詩文為正宗，而以士大夫為主要欣賞對象。明朝肇建之初，一批文學之士面對元末明初社會大動亂的嚴峻現實，脫去元末纖穠浮豔之習，寫出了一些揭露社會黑暗、具有現實意義的作品，出現過短暫的文學繁榮。然而隨著明朝封建統治的加強和君主專制的強化以及理學統治地位的確立，文學的自由創作受到了極大限制，隨之興起並占據文壇主流地位的，是由宋濂開其端而以楊士奇、楊榮、楊溥為代表的臺閣體。他們的詩文，內容主要是尊朱尚理，歌功頌德，粉飾太平，藝術上追求沖和雅淡、怨而不傷、雍容典雅，實際是裝腔作勢，呆板平庸。其後「愈久愈弊，陳陳相因，遂至嘽緩冗遝，千篇一律」[30]。這樣的作品自然沒有生命力，因而避免不了衰落的命運。

到明中期的弘治年間，隨著政治環境的鬆動，士大夫的主體精神開始復甦，以李東陽為首的茶陵派，主張把文學從理學思想的統治下解放出來，以漢唐為師，恢復古典文學的審美特徵。但他們在創作上關注社會不夠，藝術風格又未能完全衝出臺閣體的樊籠，故成就不大，「如衰周弱魯，力不足以禦強橫」[31]。

30 《四庫全書總目提要・空同子集》。
31 《四庫全書總目提要・懷麓堂集》。

弘治、正德年間，以李夢陽、何景明為首的「前七子」，是在茶陵派的卵翼之下成長，而後脫離茶陵派而獨立的一個勢力較大的復古派。他們猛烈抨擊臺閣體的詩風文風，倡言「文必秦漢，詩必盛唐」[32]，標舉漢魏盛唐，掀起明代文學的第一次復古運動。嘉靖、隆慶至萬曆年間，又有以李攀龍、王世貞為代表的「後七子」，以「文必西漢，詩必盛唐」[33]為口號，掀起第二次復古運動。到天啟末年、崇禎初年，張溥、陳子龍等組織的復社、幾社等幾個社團又掀起了第三次復古運動。這三次文學復古運動的共同點是，尖銳地批判宋代以來理學家倡理貶情的文學觀，強調主體情感的地位和價值，以復古的形式，要求恢復主體與客體、情與理、意與象、詩與樂完美統一的古典審美理想與古典詩歌的審美特徵，恢復文學創作表達真情實感的傳統。這是明中後期社會經濟、政治生活中一系列變化在文學領域的反映，表達了當時人們要求擺脫程朱理學的束縛、追求主體自由的願望。就這個意義上說，它既是復古，同時也是創新。

復古派的興起，不僅徹底打破了明朝以來臺閣體獨霸文壇一百多年懨懨不振的狀態，而且與思想界呼喚主體意識的潮流相呼應，打破了明初思想領域程朱理學一統天下的沉悶局面，開啟明後期浪漫文學思潮之先河，開闢了明代文學的新紀元。清人陳田之《明詩紀事》戊籤序云：「有明詩流，吳下擅於青丘（高啟），越中擅於犁眉（劉基），八閩工於膳部（林鴻），東粵盛於西庵（孫蕡），西江妙於子高（劉崧），各有軌轍，不相沿襲。自茶陵崛起，籠罩才俊，然當時倡和，襲其體者，不過門生摯友數十輩而已。暨前、後七子出，趨塵躡景，萬喙一聲。」

復古派的作家，大都屬於比較正直的官僚士大夫，他們不滿當時的腐敗政治，同腐朽勢力作過頑強的鬥爭，第三次復古運動中以陳子龍為代表的「雲間派」作家的大部分成員，更積極參加反抗清朝民族征服與壓迫的鬥爭。他們都抱著積極入世的態度，關注現實，主張文學創作要有高尚的格調，要發揮其興、觀、群、怨的社會功能，用以作為政治鬥爭的工具，並從現實的政治鬥爭中汲取

32 《明史・李夢陽傳》。
33 《明史・文苑傳三》。

營養和素材。他們以現實主義的手法，創作了大量反映明代重大社會問題、抨擊黑暗腐朽勢力、同情下層勞動人民的作品。就其反映社會生活的廣度與深度而言，他們的創作成就是遠遠超過明代的任何文學流派的。在前七子中，以李夢陽、何景明的成就最為突出，就反映生活的廣度與深度而言，李遠勝於何，就藝術風格而言，則李以氣勢恢弘取勝，屬於擴張式的壯美，何以流麗含蓄見長，屬於收縮式的優美。後七子在文學理論上的建樹超過前七子，但創作成就不如前七子。第三次復古運動中的文學創作，則以陳子龍成就最高。他的詩歌憂時託志，尚實寫真，古樸渾然，高揚愛國主義精神，具有震撼人心的藝術感染力，而其流麗多姿的文采又令人賞心悅目，搖盪性靈，時稱「殿殘明一代詩，當首屈一指」[34]，成為明代古典現實主義創作的最後一個高峰。他的散文作品，多與時務有關，基本上文從字順，也有不少佳作。

但是，復古派雖然反對理學家重理而輕情、重理而輕文采的文學觀，卻沒有從根本上懷疑程朱理學所倡導的理本身，如何景明就認為：「漢之文人工於文而昧於道」，「宋之大儒知乎道而嗇乎文」[35]。因而他們也就不能徹底揚棄這種理，而是在排斥和壓制人們思想感情的理，與文學創作中要求充分發揮和自由表現的情與文采，這對矛盾之中進行調和，尋求平衡。同時，復古派也沒有認識到，任何一種藝術形式，都是與某個民族特定歷史階段的生活內容和思想感情相適應的，而且有其特定的審美規範和必須遵循的基本原則，帶有很強的封閉性和穩定性。中國的古典詩歌，由興起發展，至盛唐達到最興盛的階段，中唐以後已開始走下坡路而趨向衰落，到明代其藝術形式已變得與人們的生活內容、思維方式、語言習慣等不相適應，再也不可能重現昔日的輝煌。因此，他們沒有能根據已經發生變化的現實生活，進行審美理想的革命，另行尋找與之相適應的新的藝術形式，而是繼續利用古典詩歌的舊瓶來裝新酒。這樣，他們既想反映現實生活，表現真實豐富的思想感情，同時又力求使之符合古典的審美理想，恢復古典審美特徵，如李夢陽所說的「以自我之情，述今之事，尺寸古法，罔襲其辭」[36]，總是

34 陳田輯：《明詩紀事》辛簽卷一。
35 何景明：《大複集·述歸賦序》。
36 李夢陽：《空同集·駁何氏論文書》。

在守法與達情之間踟躕，處在一種兩難的矛盾狀態。這就注定了明代文學的復古運動最終必然失敗的命運。而在創作實踐中，復古派的詩歌作品往往將一些鮮活生動、頗有戰鬥性的思想內容，按照古典詩歌審美規範加以剪裁修飾，使之變得蒼白模糊、軟弱無力，古文也往往「以古語傳時事」，弄得迂曲纏繞，佶屈艱澀，後來甚至鬧到「剽竊成風，萬口一響」[37]，因而遭到顧炎武的抨擊，說「近代文章之病，全在摹仿」[38]。所以，復古派詩文創作的成就總的來說都不高，遠遜於當時的小說、戲曲創作。[39]

當復古文學思潮風靡全國的時候，嘉靖、萬曆年間還興起了幾個浪漫主義的文學流派，即唐宋派、公安派與竟陵派。他們反對文學復古主義，主張「直抒胸臆」、「獨抒性靈」，猛烈抨擊程朱理學和封建禮教，追求主體精神的獨立、個性的解放。他們雖然也創造出一些反映社會真實情況的作品，但就多數而言則是一味追求自我解脫，並不關心社會生活，遠離人民大眾的需要。而且他們的審美理想和思想觀念同樣存在很大的局限，公安派、竟陵派作家的創作仍以古典詩文為主要形式，越是到後期越是向復古派靠近。因此，他們的創作雖然對推動主體意識的覺醒產生了一定的作用，但同樣也未能挽救正統文學的頹勢。於是，古典詩文便日趨沒落，失去文學主流的地位，逐漸為小說、戲曲等市民文藝所超越。

中國的小說、戲曲起源很早，到了明代已經發展成熟。但是，由於受到儒家思想的影響，它一直被排除在文學之林外面，只有經史詩文才被視為正統。就是在小說、戲曲漸漸興起的宋、元時期，這種觀念也仍然沒有改變。因此，元末明初產生的兩部傑出長篇小說《三國演義》和《水滸傳》，便未能受到應有的重視，加上明初統治者的文化專制，它們都沒有得到廣泛的流傳。嘉靖、萬曆年間，異端思想的傑出代表李贄，開始打破傳統的舊觀念，對小說、戲曲以及民間歌謠之類通俗文學重新進行評價，充分肯定它們的文學價值，說：「無時不文，無人不文，無一樣創制體格文字而非文者。詩何必古選，文何必先秦？降而為六

---

37 《袁中郎全集·敘姜陸二公同適稿》。

38 顧炎武：《日知錄·文人摹仿之病》。

39 參見廖可斌：《明代文學復古運動研究》，上海，上海古籍出版社，1990。

朝，變而為近體；又變而為傳奇，變而為院本，為雜劇，為《西廂曲》，為《水滸傳》……皆古今至文，不可得而時勢先後論也。」[40]還說：「《拜月》、《西廂》，化工也；《琵琶》，畫工也。」[41]他還將《水滸傳》這部被統治者視為誨盜的小說稱作是最有社會價值的「發憤之所作」[42]，並親自為之作了評點。在李贄的影響之下，公安派的領袖人物袁宏道也極其重視小說、戲曲、民歌等市民文藝，並給予很高的評價，說：「吾謂今之詩文不傳矣。其萬一傳者，或今閭閻婦人孺子所唱《擘破玉》、《打草竿》之類，猶是無聞無識真人所作，故多真聲。不效顰於漢魏，不學步於盛唐，任情而發，尚能通於人之喜怒哀樂嗜好情欲，是可喜也。」[43]他甚至稱《水滸傳》、《金瓶梅》為「逸典」[44]，將它們與《六經》、《離騷》、《史記》並列書架，加以研讀欣賞。由於他們的肯定與宣傳，小說、戲曲等市民文藝的價值逐漸得到社會的承認和重視。此時，正值商品經濟十分發達、工商業城鎮非常繁盛的時期，小說、戲曲等通俗文藝又正符合廣大市民階層精神生活的需要，受到他們的喜愛和歡迎，加上印刷技術的進步和書坊的發展，又便於通俗文學的傳播，因此它們便迅速地繁榮起來，進入了其發展的黃金時代。

小說創作經歷明前期的低谷之後，在明中期以後又獲得了長足的發展，湧現出反映下層民眾要求解除封建束縛的長篇神話小說《西遊記》和反映封建統治衰朽、社會風氣劇變的長篇寫實小說《金瓶梅》。這兩部長篇小說與此前的《三國演義》、《水滸傳》，將中國古典小說的創作推向新的高峰，在中國和世界文學史上都占有重要的地位。一些文人士大夫還廣泛搜集宋元話本與明代的擬話本，進行加工潤色，編出「三言」、「二拍」等幾部短篇小說集。戲曲的創作也打破明初以來的沉寂局面，出現了一批勇於直面人生、敢於打破傳統的優秀劇作家和戲曲作品。湯顯祖的《牡丹亭》，以浪漫主義的手法和高超的藝術技巧，表達青年男女要求個性解放、追求婚姻自由的強烈願望，謳歌使「生者可以死，死者可以

---

40 李贄：《焚書．童心說》。
41 李贄：《焚書．雜說》。
42 李贄：《焚書．忠義水滸傳序》。
43 袁宏道：《袁中郎全集．敘小修書》。
44 袁宏道：《袁中郎全集．觴政》。

生」[45]的「情」的偉大力量，堪稱是中國和世界戲劇史上的傑作。適應城市生活的需要，民間歌舞、民歌創作也呈現空前活躍的局面。

第三節・

傳統科技的總結與西方文化的汲取

明代是中國傳統科學技術發展的一個重要時期。明中期以來社會生產力的提高和商品經濟的發展，資本主義萌芽的出現，促使科學技術走出長期沉寂的困境，迎來新的發展，進入傳統科技的成熟階段。

面對科學技術的蓬勃發展，明朝一些士大夫、學者感到無比興奮和激動，同時也面臨著投身於科學研究還是繼續讀經趕考入仕的兩難選擇。科學技術的發展，會引起思想意識的變化，這是封建統治者深感恐懼的。歷代王朝都把它視為「奇技淫巧」，列為「末業」。明王朝實行的文化專制和重本抑末政策，就是要鼓勵士大夫走讀經中舉入仕的道路，壓制他們從事「奇技淫巧」的「末業」。士大夫如果捨棄讀經中舉入仕之路不走，不僅要有很大的勇氣面對精神上的打擊，還要有很大的決心和勇氣與科舉仕途、功名利祿一刀兩斷，在物質上承受各種困難。但是一味地讀經書，鑽八股，潛心於「詞章之學」，高言性命，空談天理，最後只能墜入虛無，又於國計民生毫無補益。此時，社會矛盾正在逐步加劇，明朝的封建統治正面臨深刻的危機，使正直的士大夫和憂國憂民的學者深受刺激。

45 《湯顯祖詩文集・牡丹亭記題詞》。

他們決心通過發展科學以達到富民強國、解救危機的目的。在實學思潮的召喚之下，他們毅然拋棄科舉仕途，從空談性理轉向經世致用，投身於科學研究。李時珍在三次鄉試落第後，便毅然與科舉決裂，繼承父業，邊行醫邊從事醫藥學的研究。宋應星在參加五次會試失敗後，對科舉深感失望，遂轉向實學，研究和總結工農業生產技術。後來他在《天工開物》一書中曾批評那些飽食終日、詬詈農夫的「經生」說：「紈絝之子以赭衣視笠蓑，經生之家以農夫為詬詈。晨炊晚鑲，知其味而忘其源者眾矣。」[46]並在該書的序言中悲憤地寫道：「此書與功名進取毫不相關也。」[47]徐弘祖更是「厭學」經書，不應科舉考試，他在母親的鼓勵之下，從二十二歲起就外出遊歷，「探奇測密」[48]，觀察探究大自然的奧秘。就在這股潮流的推動下，皇家子弟朱載堉，也主動奏請讓出王爵，遷居王城之外，簞食瓢飲，潛心於樂律曆法等科學研究。徐光啟「章句、帖括、聲律、書法均臻佳妙」[49]，但他卻將這一切視為「雕蟲不足學，悉屏不為，專以神明治曆律兵農」[50]。

這批獻身科學技術研究的科學家，一反中國古代以解經注經為學問正業、反對探索實際問題的經學傳統，高揚實學精神，深入到自己所從事的研究領域，進行實際考察，並且高度重視實驗手段的運用，親自參與大量的科學研究實踐與試驗活動。如李時珍為寫作《本草綱目》，遍閱前人的各種《本草》，發現其中記載歧疑迭出，彼此抵牾，令人莫適所從。於是便決定走出家門，「採訪四方」，進行實地考察。他不僅踏遍蘄州家鄉的山山水水，而且還到過江西、南直隸、河南、河北等地去採集標本，摹繪圖像，並親自進行藥物性能的試驗。徐弘祖為研究地理學，「年三十出遊，攜一襆被遍歷東南佳山水，自吳越之閩之楚，北曆齊、魯、冀、嵩、雒，登華山而歸。旋復由閩之粵，又由終南背走峨眉，訪恆山，又南過大渡河，至黎雅尋金沙江，從瀾滄北尋盤江，復出石門關數千里，窮

46 宋應星：《天工開物．乃粒》。
47 宋應星：《天工開物》序。
48 陳函輝：《徐霞客墓誌銘》。
49 李杕：《徐文定公行實》。
50 張溥：《農政全書》序。

星宿海而還。」[51]每到一處，他都細心尋訪觀察，探索當地的山川、河流、地貌、地質、氣候、動植物生態及其分布情況，並作了詳細的記錄。宋應星也強調「窮究試驗」，他在《天工開物．膏液》中記述胡麻子、蓖麻子、樟樹子、萊菔子、芸苔子、㰂子、桐子仁、柏子、冬青子、黃豆、菘菜子、棉花子、莧菜子、亞麻仁、大麻仁的出油率之後，特地說明：「此其大端，其他未窮究試驗，與夫一方已試而他方未知者，尚有待云。」朱載堉也極其重視實驗手段的運用。在天文曆法方面，他強調「凡曆法之疏密，當以天為驗，是乃曆之本也」[52]。並指出：「夫測中晷以定冬至」，「驗中星以求日躔」，「此二者蓋治曆之本也」[53]。在這二者之中，他又強調觀測晷影，確定冬至時刻的重要性：「推律候氣，立表測景，蓋治曆之本也。」[54]為了解決旋宮轉調問題，他不僅親自動手製造多種樂器，反覆進行試驗，「累黍造尺，依尺造律，吹之試驗」，「吹笙定琴，用琴定笙，彈之試驗」[55]，並製造長短、圍徑不同的三十六根律管，進行一系列測驗，從而創建了「新法密律」即十二平均律。徐光啟也十分推重「測驗之法」，認為曆法的制定，須「用表、用儀、用晷，晝測日，夜測星」，以「求端於日星」，這樣才能「求於天行」[56]。他為研究農業科學技術，還親身參加多種農業生產實踐，如通過在天津屯種水稻，證明北京附近具有發展水稻作物的潛力，通過在上海試種高產備荒作物甘薯，證實長江三角洲地區也可推廣甘薯的種植。實驗手段的大量採用，加上基於實驗而產生的西方近代自然科學的傳入，使明代的科學家對其在科學發展中的重大意義有了深刻的認識。唯物主義的哲學家和科學家方以智在《通雅》、《物理小識》中對此即作了闡述，認為自然科學是一種「質測」之學，只有運用質測手段，對「大而元會，小而草木蠢蠕」進行「核實」性的觀察研究，才能揭示潛藏在其中的因果關係與變化的客觀法則。

明後期的科學家，還注意吸收西方文化的積極成果。他們將傳教士帶來的西

51 《四庫全書總目提要．徐霞客遊記》。
52 朱載堉：《萬年曆備考．諸曆冬至考》。
53 朱載堉：《律曆融通．黃鐘曆議．日躔》。
54 朱載堉：《律曆融通．黃鐘曆議．晷景》。
55 朱載堉：《律呂精義》。
56 《徐光啟集．條議曆法修正歲差疏證》。

方近代自然科學技術與中國傳統的科學技術進行比較之後，注意到它們的一些長處。如宋應星即注意到西方的冶煉技術的先進性，說：「凡焊鐵之法，西洋諸國別有奇藥。中華小焊用白銅末，大焊則竭力揮錘而強合之。曆歲之久，終不可堅。故大炮西番有鍛成者，中國則惟事冶鑄也。」[57]徐光啟更注意到西方科學的方法論意義，指出西方的科學使用「因既明推其未明」[58]的方法即亞里斯多德的從已知的大前提（「既明」）出發演繹證明出一定結論（「未明」）的演繹法，故「彼士立論宗旨唯尚理之所據」，能達到無疑之真理，使人讀後「了無一語可疑」；而中國傳統的科學如數學卻缺乏理論基礎（系統化、公理化），「不能推明其所以然之故」[59]。李之藻也指出，西方傳教士「言天文曆數有我中國昔賢談所未及者凡十四事」，「凡此十四事者，臣觀前此天文、曆志諸書，皆未論及。或有依稀揣度，頗與相近，然亦初無一定之見。惟是諸臣（指傳教士）能備論之，不徒論其度數而已，又能論其所以然之理」[60]。在看到西方自然科學的先進性之後，他們主張以開放性的心態，虛心向人家學習，取他人之長來補自己之短，認為「西法不妨於兼收，諸家務取而參合」，從而做到「會通歸一」[61]，「並蓄兼收」[62]，「藉異己之物，以激發本來之真性」，進而取得「終實相生」的創造性成果。[63]因此，他們都積極學習、傳播西方近代的自然科學。方以智「嘗因悉曇泰西，兩會通之」[64]。在《物理小識》中，他講風則引述西方風力說，講水引述艾儒略的水力說，講交通又引用利瑪竇的船舶製造說。李之藻與利瑪竇編譯《同文算指》，其「前編」取自克拉維斯的《實用算術概論》，「通編」則收入程大位《算法統宗》中的一些難題和徐光啟的《勾股義》等，以體現其「會通一二」[65]、融合中西的意圖。李之藻還從利瑪竇譯出《圜容較義》，並與傳教士傅汎際合譯

---

57 宋應星：《天工開物·錘鍛》。

58 《幾何原本引》。按：此文原署名為利瑪竇書，但據利瑪竇自述，其作者實為徐光啟。見《利瑪竇中國札記》中譯本下冊，518 頁，北京，中華書局，1983。

59 徐光啟：《幾何原本引》。

60 李之藻：《請譯西洋曆法等書疏》，《明經世文編》卷四八三。

61 《徐光啟集·勾股義緒言》。

62 李之藻：《同文算指序》。

63 李之藻：《代疑篇序》，《增訂徐文定公集》卷六。

64 方以智：《通雅·音韻通別不紊說》。

65 李之藻：《渾蓋通憲圖說序》，《增訂徐文定公集》卷六。

亞里斯多德的邏輯學著作《名理探》，以圖引進西方「步步推明」的邏輯方法，促使中國的科學向形式化、公理化、系統化的方向邁進。惜該書為未竟之作，且深奧難懂，未能發揮其應有的作用。王徵與傳教士鄧玉函合作選譯《遠西奇器圖說》，並將自己的研究心得寫成《新制諸器圖說》。徐光啟更出於「欲求超勝，必須會通」[66]的主張，不僅從利瑪竇譯出《幾何原本》，引進亞里斯多德的演繹法，在農田水利方面譯出《泰西水法》，在軍事方面請湯若望幫助鑄造火器，而且在主持修曆的過程中，大量引進西方天文儀器和星象圖表，進行中西合璧的改造，並引進丹麥天文學家第谷宇宙體系和西方天文學的地球經緯度概念與測定方法、視差和蒙氣差計算與改正方法、世界通用的三百六十度制、二十四小時九十六刻制和六十進位制、日月五星遠近距離以及曆法測算中的數學理論等，最後修成一部「熔西人之精算，入大統之型模」[67]的《崇禎曆書》，推進了中國天文曆法之發展。就是在這批學者的推動之下，一個學習西方近代先進文化的熱潮在中國的大地上迅速掀起，一批西方的科學論著相繼譯成中文，大大拓展了中國人的眼界。

值得注意的是，在明晚期中國科技發展的過程中，這批科學家不僅重視實證手段的運用，還開始重視數學語言的運用，將精密的數學方法與系統的科學實驗相結合。朱載堉在獨立進行樂律和天文曆法研究中，逐步認識到數學在科學研究中的重大作用，指出「凡天地造化，莫能逃其數」，「數者，自然之用也，其用無窮而無所不通」[68]。還說：「天運無端，惟數可以測其幾；天道至玄，因數可以見其妙。理由數顯，數自理出，理數可相倚而不可相違。」[69]認為「理」即科學原理、法則可以用數表示，而數是從「理」中歸納出來的，「理」和數可以互相依賴，通過數學的計算，可以預測天機，探討天體運動的奧妙，從而深刻揭示了數學在探索、認識與把握宇宙發展變化的根本法則的科學事業中的關鍵作用和地位。他對旋宮轉調問題進行長期的深入探討和試驗之後，指出歷代音律家之所

66《徐光啟集・曆書總目表》。
67《徐光啟集・勾股義緒言》。
68 朱載堉：《律曆融通・黃鐘曆議・交會》。
69 朱載堉：《進曆書奏疏》。

以不能解決這個問題，就是由於他們在數學上不「真」即計算不精密、不準確，故未能得「自然之理」。要解決這個問題，必須依靠數學進行精確的計算，做到數「真」，「數真則音無不合矣」[70]。為此，他對圓周率的計算、運用珠算工具進行開方運算，尋找九進制與十進位的小數換算方法，確立計算等比數列的中項與其他項的方法等都進行深入的研究，終於創立了解決旋宮轉調難題的「新法密律」：「置一尺為實，以密率除之，凡十二遍。」[71]這就是用等比級數法平均分配倍頻程距離，取公比為 $12\sqrt{2}$，使十二律中相鄰二律間的頻率差完全相等，故又稱為十二平均律。這是世界音樂史上的一大創造。近代的樂器製造，即按此律定音。後來的科學家接觸了西方近代科學，進一步受到啟發，對數學語言的運用也更加重視。徐光啟指出：「象數之學，大者為曆法，為律呂。至其他有形有質之物，有度有數之事，無不賴以為用，用之無不盡巧極妙者。」[72]「蓋凡物有形有質，莫不資於度數。」[73]認為數學是一切科學的基礎，「此事不能了徹，諸事未可易論」[74]。數學語言與實證手段是近代科學的兩個先進的研究方法。西方近代的自然科學正是將精密的數學方法和系統的科學實驗相結合，才最終擺脫了中世紀的狀態而迅速崛起的。明代晚期中國的科學家開始自覺地運用這兩種近代科學方法，使中國的科學研究開始顯示出與以往長期依靠直覺經驗、缺乏嚴密論證的中世紀狀態不同的面貌。

實證手段與數學語言的運用，西方近代科學成果的汲取，使明代的科學技術獲得了豐碩成果，湧現出李時珍的《本草綱目》、朱載堉的《樂律全書》、徐光啟的《農政全書》、徐弘祖的《徐霞客遊記》和宋應星的《天工開物》等一批科學巨著。這些著作大多全面地繼承和總結歷代的成果，又在傳統的基礎上作了進一步的發展和創新，帶有承前啟後的性質，在國內外產生了積極的影響，享有極高的聲譽。

---

70 朱載堉：《律學新說·密率律度相求第三》。

71 同上。

72 《徐光啟集·泰西水法序》。

73 《徐光啟集·條議曆法修正歲差疏》。

74 《徐光啟集·刻同文算指序》。

第四節・

從虛浮空疏走向經世致用

包括儒學在內的中國傳統文化的基本精神，是講究實學，強調務實。儒生士大夫考辨人生與社會的理論思維，都以解決現實的社會與人生問題作為從事學術的終極目的，把追求所謂「內聖外王」作為最高的理想境界。儒學的創始人孔子，一生恓恓惶惶地奔走於列國，就是為了按照周禮的模式去矯世、救世、經世的。宋代的理學，作為儒學發展的階段，也是繼承傳統儒學的經世致用的精神的。朱熹在《中庸章句》中評論《中庸》一書時即寫道：「其書始言一理，中散為萬事，末復合為一理……其味無窮，皆實學也。」但理學研究的重點已轉移到宇宙本體的思考和個人修養的完善，使其救世的一面大為淡化。當它被官方定為獨尊的正宗和神聖不可違的教條之後，其陳腐僵化和虛浮空疏的弊端便明顯地暴露出來，從而更削弱了它維護封建統治的實用性。宣德之時，明宣宗即曾感慨地說：「聞比年生徒，多不務學，徒記陳言，為出身之資，及授以職，訖無實用。」[75]後來辛陞也謂：「文章取士……不知菽粟為何物，一旦臨民涖治，非寄耳目於他人，則牽拘文義，牴牾時務，了無一用。」[76]這一切，表現了封建末世文化的衰微景象。

75 《明宣宗實錄》卷四十八。
76 辛陞：《寒香館遺稿》卷二。

當明王朝由盛轉衰，封建統治危機逐漸暴露之時，士大夫中的一些有識之士日漸感到這種陳腐空疏學風的危害，開始發出講求實學的呼喚。薛瑄在對理學進行批判改造和修正的同時，針對當時學術界「只是講說，不曾實行」的惡劣學風，提倡實學理論。他認為：「讀聖賢之書，句句字字有的實用處，方為實學」[77]，「為學不在多言，顧力行何如耳」[78]，「為學最要務實，知一理則行一理，知一事則行一事」[79]，「讀書不為空言」，「當因其言以求其所言之實理於吾身心」[80]，主張治學要務實致用，力行實踐。他嚴厲批判科舉詞章之學，認為「道之不明，科舉之學害之也」[81]。它造成的惡果是使人把讀書、治學當作是「進身之階梯」，不知求實理，務實用，從而培植出一批「只是講說，不曾實行」[82]的「章句之徒」和「為科目而著書」、「教人」的俗儒。

薛瑄首開明代實學思潮之先河，繼起的陳獻章、湛若水、王守仁等人，從明王朝的長治久安出發，無不猛烈抨擊空談之弊，大力提倡實學。陳獻章說：「文章、功業、氣節，果皆自吾涵養中來，三者皆實學也。」[83]他倡導「立言」、「立功」、「立德」，認為此三者都是自我身心涵養的工夫，都是實學。王守仁更是對「天下波頹風靡」感到痛心疾首，他提出致良知說，要求人們在「日用事為間體究踐履，實地用功」，做到「講之以身心，行著習察實有諸己」，「曉得一念發動處，便即是行了」[84]。由於他們的積極倡導和鼓動，在明中期迅速掀起了一股實學潮流。就是在這股潮流的激蕩和推湧之下，嘉靖後期至萬曆初年，海瑞、戚繼光、張居正等政治家、軍事家，針對嘉靖以來綱紀頹墜、法度淩夷的狀況，高揚求實進取的精神，進行了一系列政治、軍事和經濟改革。

但是，這股實學思潮並沒有持續多久，很快便又趨於沉寂。第一次實學思潮

---

77 薛瑄：《讀書續錄》卷三。

78 薛瑄：《讀書錄》卷二。

79 薛瑄：《讀書錄》卷三。

80 薛瑄：《讀書錄》卷一。

81 薛瑄：《讀書錄》卷八。

82 薛瑄：《讀書錄》卷四。

83 《陳獻章集．書漫筆後》。

84 王守仁：《王文成公全書．傳習錄》。

的沉寂，與王守仁心學的衰落有著密切的關係。王守仁在嘉靖初年形成完整的心學體系之後，極力宣揚精神、理性的作用，補救了朱學支離煩瑣之弊，並因其簡易直接而使人們「心目俱醒，恍若撥雲霧而見白日」[85]，因而很快風靡天下，進入它的全盛時期。但是王守仁的「心外無物」、「心外無理」的命題，把中國古代的主觀唯心主義發展到登峰造極的地步，必然要使自己陷入禪宗的泥坑。果然，到了晚年，他已拋棄以前有關「事功」的種種主張，走向禪學的虛空境界。就在王守仁的心學盛行之時，羅欽順、王廷相等思想家即對心學的空疏學風提出批判，提倡「經世宰物」、強調「篤行」的學風，認為「唯實學可以經世」[86]。但是，明朝統治者卻對王學極力加以扶持。嘉、隆以後，「自興化（李春芳）、華亭（徐階）兩執政尊王氏學，於是隆慶戊辰（二年）論語程義，首開宗門，此後浸淫無所底止，科試文字大半剽竊王氏門人之言」[87]，改變原先以程朱注疏為准的規定，將心學列為科舉考試的內容。隆慶元年（1567 年）還追尊王守仁為新建侯，諡文成。萬曆十二年（1584 年）十一月，更欽准王守仁從祀文廟。心學於是便以國學的資格取代朱學而成為全國的統治思想。此後，王學後門王畿、王艮與鄒守益、錢德洪等雖然派別不同，但都片面發展王學的糟粕，進一步加深心學的禪宗化程度。一般士大夫也是不讀書，不探討實際學問，不研究當代的現實問題，而只顧談心性，誦語錄，參話頭，背公案。他們一味清談，「以明心見性之空言，代修己治人之實學」[88]，禍及社會人心，誤國誤民。因此，王學在盛行半個世紀之後，便無可奈何地走向衰落。

萬曆中期，經張居正改革而暫時緩和的社會矛盾又復尖銳起來。它既有封建社會固有矛盾的激化，又有因資本主義萌芽而產生新矛盾的抗爭。與此同時，民族矛盾也在激化。民族戰爭的烽火與階級鬥爭的怒濤，直接威脅著明王朝的存在。而統治集團內部持久、激烈的黨爭，又消耗著明王朝自身的力量。拯時救危的時代需要，呼喚著經世致用之學的回歸。於是，心學內部的一些有識之士便紛

---

85 顧憲成：《顧文端公遺書·小心齋札記》。

86 王廷相：《王氏家藏集》卷二十二。

87 顧炎武：《日知錄·舉業》。

88 顧炎武：《日知錄·夫子之言性與天道》。

紛反戈，要求對它進行修正或加以拋棄，以「實」救「虛」。這種反戈由顏山農、何心隱、李贄開其端，顧憲成、顧允成、高攀龍繼其後，而由明末清初的劉宗周、孫奇逢、張采、陳確、黃宗羲、陸世儀、李顒、唐甄等推向高潮。與此同時，以徐光啟、宋應星為代表的科學家，以張溥、陳子龍、顧炎武、方以智為代表的復社成員，以王夫之為代表的唯物主義思想家，以陳第為代表的考據學派，以及朱舜水、傅山、潘平格、費密、呂留良等一批明清之際的思想家和學者，也紛紛抨擊心學末流的虛浮空疏之風，倡導經世致用之學[89]，從而掀起了明代歷史上的第二次實學思潮。

明晚期興起的第二次實學思潮，比第一次實學思潮的規模更大。它把批判的矛頭指向心學的空疏學風，要求反虛務實。東林黨的領袖之一顧憲成抨擊王氏之學是「議論益玄，習尚益下」[90]。顧允成也憤慨地說：「吾歎夫今人之講學者」，「憑是天崩地陷，他也不管，只管講學快活過日」[91]。高攀龍要求將王學的「虛」「反之於實」，「不貴空談，而貴實行」[92]。復社領袖張溥針對當時的士人高談心性、不通經術，「登明堂不能致君，長郡縣不知澤民」的狀況，特地為復社制定了「復興古學」、「務為有用」[93]的宗旨。陳子龍也對「士無實學」的現象深為不滿，極力主張「實用」，反對「浮文」，主張「通今」，反對「擬古」[94]。黃宗羲更抨擊心學導致明王朝「股肱惰而萬事慌，爪牙忙而四國亂，神州蕩覆，宗社丘墟」[95]的禍害。

在反對清談、主張務實的同時，明末的實學思潮又強烈反對逃世，主張救世。東林黨的顧憲成說：「念頭不在世道上，即有他美，君子不齒矣。」[96]高攀龍

89 參見張顯清：《晚明心學的沒落與實學思潮的興起》，《明史研究論叢》第 1 輯，南京，江蘇人民出版社，1982。
90 顧憲成：《顧文端公遺書．小心齋札記》。
91 高攀龍：《高子遺書．顧季時行狀》。
92 高攀龍：《高子遺書．語錄》。
93 陸世儀：《復社紀略》。
94 陳子龍等：《明經世文編．凡例》。
95 顧炎武：《日知錄．夫子之言性與天道》。
96 顧憲成：《顧文端公遺書．小心齋札記》。

說：「學者以天下為任。」[97]趙南星更聲言：「君子在救民，不能救人算不得賬。」[98]他們不僅這樣說，而且也確實這樣做。面對閹黨的囂張氣焰，他們大無畏地「諷議朝政」，暴露黑暗，並毫不顧惜地為之獻出生命，用一腔熱血洗滌乾坤。繼起的復社領袖陳子龍等人，在明朝危亡之際，費盡心力「網羅本朝名卿巨公之文有涉世務國政者」，編輯了一部五百〇八卷的《明經世文編》，以為「通今者之高抬貴手」[99]。復社另一成員顧炎武也因「感四國之多虞，恥經生之寡術」[100]，遍查二十一史和各地方志、名人文集、奏章文冊，從中著錄有關明代社會經濟的資料，並經實地考察查核，編纂一部《天下郡國利病書》，以為「明道救世」之用。科學家徐光啟認為，「方今事勢，實須真才。真才必須實學」[101]，主張「人人務博通屯田、鹽法、河漕、水利、兵事等天下要務，以稱任使」[102]。他的《農政全書》就是為此而作的。宋應星的《天工開物》、方以智的《通雅》、《物理小識》，也同樣是出於經世致用的目的而寫成的。

波瀾壯闊的晚明實學思潮，摧毀了心學一家獨尊的地位，使久已荒蕪的學術文化園地重新煥發出蓬勃的生機，呈現出一派群芳鬥豔的繁榮景象，並深刻地影響了此後清代思想文化的發展，在中國學術史上譜寫了光輝的一頁。

97 高攀龍：《高子遺書．與李肖甫書》。
98 高攀龍：《高子遺書．與華訒菴鄒經余忠餘書》。
99 陳子龍：《明經世文編》序。
100 顧炎武：《天下郡國利病書》序。
101 《徐光啟集．與胡季乃比部》。
102 《徐光啟集．敬陳講筵事宜以裨聖學政事疏》。

第三章

聚訟紛紜的文化論爭

有明一代的文化發展，在一定意義上，可以說是在沸沸揚揚的爭論中向前展開的。極端專制的政治和文化體制的建立與資本主義生產方式的萌芽滋生，不僅標誌著中國的封建社會進入了它的衰老時期，也決定了該時代文化發展的豐富性和複雜性。

明代文化的發展，先後經過一個由沉寂到活躍的歷史過程，其中弘治、正德之際是發生突變的時間分界。明代的大畫家董其昌說：「成（化）、弘（治）間，師無異道，士無異學，程朱之書立於掌故，稱大一統，而修詞之家墨守歐（陽修）、曾（鞏），平平爾。時文之變而師古也，自北地始也；理學之變而師心也，自東越始也。

北地猶寡和，而東越挾勳名地望以重其一家之言，濂洛考亭幾為之搖撼。」明代的文化論爭，也正是在弘治、正德之際，分別由李夢陽發動的文學復古運動和王守仁發動的心學運動在文學界和哲學思想界拉開帷幕的。此後，於萬曆中，由於海禁的廢弛及西學的東漸，又引發了與西方傳教士的論爭。至此，明代聚訟紛紜的文化論爭全面展開。

第一節·

理學的分化與紛爭

明代的理學紛爭，在文化史中最令人注目。明代理學發達，理學中的派別之爭也極為紛繁複雜。明末的黃宗羲說：「有明文章事功，皆不及前代，獨於理學，前代所不及也，牛毛繭絲，無不辨晰，真能發先儒之所未發。」[1]其發展，從前期的薛瑄、吳與弼（康齋）、陳獻章（白沙）始變，至王守仁（陽明）又一變，朱（熹）學一統的局面開始被打破，心學崛起。王守仁之後，王門心學分化為左、中、右三派交爭；又有陳獻章嫡傳弟子湛若水（甘泉），主張「隨處體認天理」，形成與王守仁「致良知」不同的心學路線。同時，程朱一系理學中，篤守「性即理」的有羅欽順、陳建等，對王學「心即理」的觀點展開論難。理學之外，有王廷相、吳廷翰、呂坤等人，繼承宋張載氣本論的唯物主義觀點，對理本論的程朱之學和心本論的陸王之學展開批判。至明末，又有東林、蕺山諸派，批判、整合程朱、陸王之學的觀點，而影響黃宗羲等明末清初的理學思想家。在爭辯、分化、整合的演進過程中，理學也逐漸走向了它的衰落（按：理學有廣義和狹義之分。廣義的理學既包括程朱理學，也包括陸王心學。狹義的理學則專指程朱理學）。

1　黃宗義：《明儒學案發凡》。

一、「性即理」耶？「心即理」耶？

對於明代理學的發展，乃至整個明代文化的發展來說，王守仁心學的崛起，以及隨後在社會中廣泛展開的心學運動，無疑是最重要、影響最深遠的事件。它不僅打破了明初以來程朱理學在思想文化中的一統局面，還由此揭開了一個時代文化論爭的帷幔。

正如第一章所述，明代號稱「以理學立國」，其思想文化專制的一個重要內容，就是以行政手段確立程朱理學的絕對地位。所以明初以來，學術思想一直別無創新，黃宗羲指出：「有明學術……從前習熟先儒之成說，未嘗反身理會，推見至隱，所謂此一『述朱』，彼一亦『述朱』耳。」[2]如當時被稱為「文臣之首」的金華學派代表宋濂便是程朱的崇拜者，他的得意弟子、人稱「讀書種子」的方孝孺，在洪武、建文時期被呼作「程朱復出」[3]。明前期的其他幾個大儒亦多如此，像曹端「能守先儒之正傳」，有「今之濂溪」之稱。

到了明中期，隨著社會的發展變化，部分學者、文人已意識到保守僵化的程朱理學已無力解決日益尖銳的社會矛盾，開始對理學進行修正。生活在明王朝由盛轉衰的理學大師薛瑄，在「恪守」朱學的同時又對它進行突破，強調理氣不可分先後，主張「以復性為宗」，提出了「從事於心學」的口號。與之同時的吳與弼也兼採朱陸之長，將心學雜入朱學。至其弟子陳獻章創立白沙學派，便突破程朱理學的桎梏走入主觀唯心主義的心學門徑。黃宗羲說：「有明之學，至白沙始入精微，其吃緊工夫，全在涵養，喜怒未發而非空，萬感交集而不動。」[4]但是陳獻章僅一布衣，政治上極其平凡，其學又一味主靜，「識趣近濂溪，而窮理不逮」，理論不十分系統精密，所以社會影響不大，在思想文化的發展中只是從明初理學的「述朱期」向中明的「王學期」過渡的橋梁。

明真正建立心學體系並向正統程朱理學發難的是王守仁。其時因新經濟因素

---

2 黃宗羲：《明儒學案．姚江學案敘錄》。

3 黃宗羲：《明儒學案．師說》。

4 黃宗羲：《明儒學案．白沙學案敘錄》。

的發展而導致社會階級結構出現異動，即封建人身依附關係鬆弛和市民階層壯大，以及統治階級的腐朽導致社會道德普遍失範和農民不堪壓迫起義反抗，使作為統治意識形態的程朱理學體系中的邏輯矛盾進一步暴露，表明該理論所柄持的外在天理的強制壓抑，在新的社會條件下，已不足以牢籠社會。「破山中賊易，破心中賊難。」[5]怎樣有效地以封建倫理道德規範人心，鉗制社會？明代思想家的思辨和爭論開始展開。

整個理學，無論是程朱之學還是陸王之學，所要解決的根本問題，實質只是兩個：從理論上說明封建綱常對社會的絕對統治，在方法上指明士人成為具有完善封建道德人格的「聖人」的自我修養途徑。前者與認識論有關，後者則涉及方法論，而最終目的是維護穩定封建秩序。王學與程朱之學所爭論的也是這兩個問題。

程朱之學的邏輯基點是「性即理」，理論的最高範疇是理或天理，其具有外在的超驗的品格：「未有天地之先，畢竟是先有此理。」[6]既是決定自然事物發展的規律，又是規範社會的倫理道德：「至於天下之物，則必有其所以然之故和所應然之則，所謂理也。」[7]這樣，就使封建的倫理綱常獲得了本體意義，而成為壓抑社會和人性的外在權威力量：「仁者，天之所以命我而不可以不為之理也；孝悌者，天之所以命我而不能不然之事也。」[8]從所應然之理等於所以然之理並外在於主體的認識出發，程朱之學進一步提出「格物致知」的修養方法，即通過具體事物「物理」的研究，達到體認「倫理」的目的，而在具體的知行關係上，則更強調知的意義，主張先知後行：「論先後，知為先。」[9]

與程朱之學相反，王守仁心學的邏輯基點是「心即理」，理論的最高範疇不是虛構的、超驗並外在於事物的「理」，而是內在於主體的精神實體——「心」。

---

5 王守仁：《王文成公全書．與楊仕德薛尚謙書》。
6 朱熹：《朱子語類》卷一。
7 朱熹：《大學或問》卷二。
8 朱熹：《論語或問》卷一。
9 朱熹：《朱子語類》卷九。

王守仁批評程朱之學的「性即理」說是使「物理吾心終判為二」，分世界為形而上和形而下、理與氣、道與器、理與欲、道心與人心等為對立的二元，所以他要以「心」統一世界：「夫物理不外吾心，外吾心而求物理，無物理矣。遺物理而求吾心，吾心又何物耶？心之體，性也，性即理也。故有孝親之心，即有孝之理；無孝親之心，即無孝之理矣。有忠君之心，即有忠之理；無忠君之心，即無忠之理。理豈外於吾心耶？！」[10]心的表現是良知。良知是宇宙的本體，也是天賦內在的道德規範。在此理論的基點上，王守仁批評程朱之學格物致知的修養方法是「務外遺內，博而寡要」，而「離行言知」是「玩物喪志」[11]；「先儒格物為格天下之物，天下之物如何格得？且謂一草一木亦皆有理，今如何去格？縱格得草木來，如何反來誠得自家意？」[12]並對應地提出向內發動道德自覺意識的所謂致良知的修養方法，以及知行並舉，在實際行動中實現良知的知行合一的理論。

王守仁雖然提出「心即理」的心學理論反對程朱之學「性即理」的舊說，但是其學說的發展並不是一帆風順的，因為程朱之學畢竟是欽定的官方哲學，與之相違，往往被人視為異端。況且當時與王陽明並世的還有羅欽順、余祐、呂柟、湛若水等學者，構成王學的反對派，在學術界同王陽明鼎立對峙。尤其是隨著其學說在社會上的影響漸漸擴大，攻擊譭謗也開始出現。當時御史程啟充、給事毛玉便上書「倡議論劾，以遏正學」，要求對王學「宜嚴禁以端士習」。嘉靖二年（1523 年）南宮策士，又以「心學」為問，陰以闢王陽明。在這種情況下，王守仁為了減少阻力，力圖證明自己與朱熹的學說是一脈相承的，便從朱熹的著作中選出三十四條與自己學說相吻合的語錄，撰寫成《朱子晚年定論》一書，想以此說明世上所傳的《四書集注》等書，都是朱熹中年時的未定之論，到了晚年，「固已大悟舊說之非，痛悔極艾，守仁依偎自誑誑人之罪，不可勝贖」，只是「思改正而未及」[13]。王守仁這種「引朱合陸」的做法，自己也承認是：「蓋不得已

10 王守仁：《王文成公全書・傳習錄中》。
11 王守仁：《王文成公全書・答顧東橋書》。
12 王守仁：《王文成公全書・傳習錄下》。
13 王守仁：《王文成公全書・傳習錄》附《朱子晚年定論序》。

而為此」[14]，說明當時王守仁心學對程朱之學突破的困難。

二、本體、工夫之辨

心學在王守仁之後迅速傳播，很快就風靡社會而進入盛期，以致「嘉、隆而後，篤信程朱，不遷異說者，無復幾人矣」[15]。但是與程朱之學一樣，王守仁所構建的心學體系也存在理論上的矛盾。這些矛盾不僅使王守仁之後的心學向不同方向分化，而且也為王學中的派系爭論埋下潛因。

王學理論中的矛盾和爭論，集中體現在所謂「四句教」及對其的理解中。嘉靖六年（1527 年）九月，王守仁奉命出征廣西，臨行前對門人錢德洪、王畿講了「四句宗旨」，或稱「四句教」，作為自己學說的概括，即「無善無惡是心之體，有善有惡是意之動，知善知惡是良知，為善去惡是格物」。這月的初八，錢、王二人在訪張元沖的舟中討論老師的為學宗旨時，對這「四句教」的理解發生了分歧並爭執起來。錢德洪認為這是王守仁教人的定本，王畿則認為這只是王守仁教人的權宜之法，「未是究竟話頭」，認為作為本體的「心」若是無善無惡的，那麼由其所發的意、知、物也都是無善無惡的。二人的爭論相執不下，便在當天的晚上又去請教王守仁。王守仁遂移席天泉橋上，對二人解釋了他的教法。他說他的教法本有兩種：一是心、意、知、物均無的「四無說」，故一悟本體即是工夫。這是針對那些下根人立教的。但是上根人不易得到，如果輕易採用這種教法，很可能使人墜入虛空。另一是相對的「四有說」，是專為中根以下人立教的。因為這類人有習心，所以得要求在意念上採取用善去惡的工夫。當然都用「四有說」，則上根人兼修中下，自無流弊。據《王陽明年譜》記載，針對錢、王二人的爭論，王守仁在天泉橋上說：「二君之見，正好相取，不可相病。汝中須用德洪工夫，德洪須透汝中本體，二君相取為益，吾學更無遺念矣。」希望調

14 王守仁：《王文成公全書．傳習錄中》。
15 《明史．儒林傳一》。

和錢、王之間的分歧，並一再叮嚀說：「二君以後再不可更此四句宗旨，此四句，中人上下無不接著。我年來立教，亦更幾番，今始立此四句。」這便是思想史上著名的「天泉證道」公案。

但是王守仁沒有想到，他的門人後學並沒有因他的調和努力而統一，反而在他去世之後，因對本體、工夫的爭論在思想上分裂成左、中、右三派。

所謂王學左派，包括王畿及泰州學派諸人。他們堅持「四無」的觀點並在後來向極端發揮，強調良知的先天天賦性，否定對良知的體認表現為一個不斷研習去蔽等所謂修為工夫的過程，認為良知既然是現成見在的，那麼「本體即工夫」，只要通過主體在現實活動中觸機頓悟就行了。所以王畿說：「不學不慮，乃天所為，自然之良知也。惟其自然之良，不待學慮，故愛親敬兄，觸機而發，神感神應。惟其觸機而發，神感神應，然後不學不慮，自然之良知也。」[16]

王畿等人的「現成良知」說，到了泰州學派的手中，又向極端發展，不但認為天賦的良知就是見在之知，自始至終都是以現成的、「不能拘之蔽之」的形態存在於主體之中，工夫對致知來說亦沒有意義：「良知無時而昧，不必加致，即明德無時而昏，不必加明也。」[17]而且又進一步把主體的道德意識直接化為穿衣吃飯等「百姓日用」的具體行動：「良知天性，往來古今，人人具足，人倫日用之間舉而措之耳！」[18]並由之引向「不知不識」，摒棄知識的蒙昧主義：「不識不知，然後能順帝之則。今人只要多增聞見，以廣知識，摻雜虛靈真體，如何順帝之則？」[19]「汝且坐飲，切莫較量，一起較量，便落知識，但忘知識，莫問本體。」「智故日增，障礙反重，實不如今日未雕之體。」[20]

與王學左派在本體與工夫觀中執「現成良知」學說相反的，是所謂王學右派，或稱「工夫派」。這一派的主要代表有歐陽德、錢德洪、鄒守益、陳九川、

---

16 王畿：《王龍溪先生全集·致知義辨》。
17 王棟：《王一庵先生遺集》卷一。
18 王艮：《王心齋遺集·答朱思齋明府》。
19 王棟：《王一庵先生遺集》卷一。
20 周汝登：《東越證學·剡中會錄》。

張元汴、尤時熙以及晚明的東林學者。這一派的特點是認為王守仁「四句教」是教人的定本，認為心之本體，或良知雖然具有無善無惡的性質，但是它絕不是現成見在的，而是展現於具體的日履實踐的過程之中，即當人們一有了意識活動，便有了善與惡，所以這一派突出主體自覺修為在「知」的過程中的意義，強調致良知之「致」的工夫意義。

針對左派將良知視為當下見在的本體，以自發的率性行為取代主體自覺的道德行為，工夫派指出：「近時有所謂見本體則欲自消，但不知本體之功如何作用？又有謂有所作用即非本體……第恐茫無可入，誤己誤人不淺也」[21]，「使初學之士，驟觀影響者，皆欲言下了當，自立無過之境，乃徒安其偏質，便其故習而自以為率性從心。故使良知之精微緊切，知是知非所藉以明而誠之者，反蔑視不足輕重，而逐非長過，蕩然忘返，其流弊豈但舊時支離之習哉！」[22]針對現成良知派取消修為工夫的頓悟，工夫派主張漸修漸悟：「若一聞良知，逐漸影響承受，不思極深研幾，以究透真體，是又得心悟乎？」[23]強調致知的工夫：「做不得工夫，不合本體，合不得本體，不是工夫！」[24]即在本體與工夫的兩極中，突出工夫的意義。這一派的發展最終是走向「合匯朱陸」。

在王門的後學中，除主張良知現成見在，取消工夫，採取頓悟途徑的左派，和主張良知展現於日履過程之中，強調致良知工夫，採取漸修漸悟途徑的右派外，還有採取二者中間路線的歸寂派。這一派的主要代表有聶豹、羅洪先等人。此派學說的特點是既否定左派的良知現成可得說：「世間那有現成良知？良知非萬死工夫，斷不能生也，不是現成可得。」[25]又反對通過日履修為致良知的工夫派，而主張通過靜坐息念的方法，去「精察」所謂已發之前的寂然本體，即：「精察此心之天理以致其本然之良知，此聖學也。」[26]實際把知與行都局限於主觀

---

21 歐陽德：《南野集．答張淨峰》。
22 陳九川：《與王龍溪》，引自《明儒學案》卷十九。
23 錢德洪：《會語》，引自《明儒學案》卷十一。
24 鄒守益：《東廓集．再答雙江》。
25 羅洪先：《念庵集．松原志晤》。
26 聶豹：《雙江聶先生文集．答戴伯常》。

冥想的感應之中，從而走向神秘主義。

隨著歷史的發展，王學內部各派對本體與工夫的辯論也日趨白熱化，甚至在萬曆二十年（1592 年）於南京，對王守仁的「四句教」展開了一場激烈的面對面的論難辯論，參加者多達千人。當時很多著名的學者如許孚遠、楊復所、周汝登等都直接參加並主持了這場大論辯。《明儒學案》卷三十六《尚寶周海門先生汝登》載：「南都講會，先生拈《天泉證道》一篇相發明，許敬庵言『無善無惡』不可為宗，作《九諦》以難之。先生作《九解》以伸其說。」《明儒學案》卷四十一《侍郎許敬庵先生孚遠》亦云：「南都講學，先生與楊復所、周海門為主盟。周、楊皆近溪之門人，持論不同。海門以無善無惡為宗，先生作《九諦》以難之……前後名公畢集，講會甚盛，兩家門下互有口語，先生亦以是解官矣。」其爭論之激烈可見一斑。

三、程朱派學者對王學的論難

王守仁心學體系的提出，實質是通過對程朱之學的否定實現的，這對篤守程朱之學的學者來說，是絕對不能忍受的。當時最先站出來從程朱之學的立場對王學展開批評的，是與王守仁同時的羅欽順。羅欽順字允升，號整庵，是明代最重要的朱學思想家。他一度與王守仁在南京同事，雖然未嘗討論學術，但相互有文往還。正德十四年（1519 年）左右，羅讀到剛出版不久的王守仁《傳習錄》，開始形成他基於朱學對王學的批判立場，遂致書王守仁論學，王守仁則贈以他的《大學古本旁釋》及《朱子晚年定論》等著作。此後兩人書信往還論難，直至王守仁死後，羅仍著文與守仁門人歐陽德等人辯論。晚年，羅又因王守仁「以心學立教，才知之士翕然從之」，遂把與王守仁心學、湛若水心學論辯「致書闢之，往復再三」的書信文章輯集為《困知記》一書。[27]

27 《泰和縣志》。

羅欽順對王守仁及其心學的批判，除以朱學「性即理」、「理一分殊」的理論批駁王學「心即理」、「心外無物」、「心外無理」的主觀唯心主義觀點外，主要是針對王學中的格物致知說。在格物致知的問題上，王守仁認為「物者，意之用也」；「格者，正也，正其不正以歸於正也」。在王守仁看來，意念所及便是「物」，「格物」不是研究事物本身及其法則，而是使自己的意念符合封建道德規範，即所謂「正」；意念「正」了，「物」自然「正」。因此，王學中的「格者」實質指的是「誠意之功」[28]。羅欽順認為，王學所謂「心之所發便是意」，「意之所在便是物」有兩個矛盾：一是「意」不能代替客觀事物；一是事物是否「正」需要有驗證，王學說一切皆以主觀意念為准，是不可能有檢驗意義的。因此，王學所謂的「格物致知」說，不過是「局於內而遺其外」的「禪學是已」[29]。而「故欲見得此理分明，非用程、朱格物工夫不可」[30]。

繼羅欽順之後從程朱學的立場批判王學的重要學者是崔銑。崔銑字仲凫，號後渠，自稱少石老人、洹野子，生於成化十四年（1478 年），卒於嘉靖二十年（1541 年），是與王守仁、羅欽順同時代的人。明馬理說，崔銑「切問近思，以濂洛之學為階梯，以洙泗授受為准的，斂華就實，有得於內，不復求諸外矣」[31]。黃宗羲亦說：「先生之學，以程朱為的。然於程子之言心學者，則乂刪之，以為涉於高虛，是門人之附會，無乃固歟！至其言理氣無縫合處，先生自有真得，不隨朱子脚下轉是也。」[32]即也是一位學宗程朱，又不盡泥於程朱的學者。

與羅欽順跟王守仁學術過從頗密、直接面諍不同，崔銑與王守仁沒有接觸，所以批判的言論更是尖銳。「其詆陽明不遺餘力，稱之為『霸儒』。」[33]他認為從陳獻章到王守仁的心學都是嘩眾取寵的異端邪說[34]，而王學更是「右陸氏」、「附

28 參見王守仁：《王文成公全書．傳習錄上》。

29 羅欽順：《困知錄》附錄《與王陽明書》。

30 羅欽順：《困知錄》附錄《答劉貳守煥吾》。

31 馬理：《崔文敏公傳》。

32 黃宗羲：《明儒學案．文敏崔後渠先生銑》。

33 同上。

34 崔銑：《洹詞．答太宰羅公整庵書》。

禪談」、「罔先賢」、「惑今聽」的「特妄作而已」[35]。

明代以朱學的觀點批評王學的學者中，最有意思的是陳建。陳建字廷肇，號清瀾，嘉靖時的一位普通舉人。他對王學的批判採用的是一種史學的方法。前面提到王守仁為了免遭壓制和攻擊，曾裒輯朱熹論心性修養的三十四條言論編成《朱子晚年定論》，宣稱朱熹「晚歲固已大悟舊說之非」，自己則「幸其說之不謬於朱子，又喜其朱子之得我心之同然」，編造出所謂朱熹、陸九淵思想「早異晚同」說。[36]對此，陳建則「取《朱子年譜》、《行狀》、《語類》及與陸氏兄弟往來書札，逐年編輯」[37]，「稿至六七易」，歷經十年，編寫了《學通辨》一書，通過具體史實的考證，有力地駁斥了朱、陸「早異晚同」的謬論。[38]書中指出王守仁不惜斷章取義，如將朱熹晚年定在與陸九淵「鵝湖之會」之後、《論孟集注》未成之時，以及在《朱子晚年定論》中將有關譏刺陸九淵的文字一一刪去，不僅有悖事實，而且純屬「權詐陰謀」[39]。後人稱「是編雖攻象山，實為陽明發也」[40]。

陳建生活的時代，王學已經在社會中形成氣候，成為最有影響的意識形態，但是篤守程朱之學的學者一直沒有間斷對王學的論難。這種論難，也可以說是導致王學逐漸衰落的一種重要的理論力量。

---

35 崔銑：《士翼》卷二。
36 王守仁：《王文成公全書·傳習錄》附《朱子晚年定論序》。
37 陳建：《學蔀通辨》卷十二附《陳建傳》。
38 陳建：《學蔀通辨》總序。
39 陳建：《學蔀通辨》前編卷中。
40 陳伯陶：《學蔀通辨》跋。

第二節·

復古與反復古

明代的文化論爭，在文學中亦別是一方洞天。明代士人好爭，好標新立異，好自立門庭。政治上有各派的黨爭，思想學術上有程朱、陸王之爭等，至於文人更是分門立戶，相互標榜攻擊。翻開一部明代文學史，就會看到吳中四傑、閩中詩派、茶陵派、唐宋派、前七子、後七子、嘉靖八子、嘉靖四先生、公安派、竟陵派、復社、幾社……一個個文學流派，一個個文學團體，從明初、明前期、明後期和晚明越來越密集地魚貫走過，而這些文學學派嬗遞的主線，則是復古與反復古的論爭。清人沈德潛《明詩別裁集序》云：「宋詩近腐，元詩近纖，明詩其復古也。」此之謂也。

一、明中期的古調摹擬

《明史·文苑傳一》云：「明初，文學之士承元季虞、柳、黃、吳之後，師友講貫，學有本原。宋濂、王禕、方孝孺以文雄，高、楊、張、徐、劉基、袁凱以詩著。其他勝代遺逸，風流標映，不可指數，蓋蔚然稱盛已。」元末以來數十年的戰亂，雖然給人民帶來痛苦，但也因舊專制控制崩毀，新控制未建，而為文學的自由發展提供了契機，正如黃宗羲所指出：「當大亂之後，士皆無意於功名，埋身讀書，而光芒率不可掩。」[41]

然而好景不長，隨著明統治的確立，統治者也收緊了文化思想控制的繩索，如當時著名的詩人、號稱「吳中四傑」之一的高啟，便是極端文化專制主義的犧牲品。《明史．文苑傳一》載：「啟嘗賦詩，有所諷刺，帝（明太祖）嗛之未發也。及歸，居青丘，授書自給。知府魏觀為移其家郡中，旦夕延見，甚歡。觀以改修府治，獲譴。帝見啟所作上梁文，因發怒，腰斬於市，年三十有九。」在這種情況下，文人懾於專制高壓，只能斂氣息聲，不敢自由表達自己的情感思想，於是「永、宣以還，作者遞興，皆沖融演迤，不事鉤棘，而氣體漸弱」[42]，「臺閣體」流行，形成文學發展最委頓的時期。

所謂「臺閣體」實由宋濂首開其端，而代表作家則是楊士奇、楊榮、楊溥，人稱「三楊」。「三楊」均官居高位，是歷事永、洪、宣、正四朝的「臺閣重臣」。他們以太平宰相的身分，大量寫作尊朱尚理，歌功頌德，粉飾太平，「發為治世之音」的應制應酬、頌聖題贈詩文。一時之間，「眾人靡然和之，相習成風」[43]。「成化以後，安享太平，多臺閣雍容之作，愈久愈弊，陳陳相因，遂至嘽緩冗遝，千篇一律。」[44]如解縉、曾棨、薛瑄等著名文人的作品，均是這種風格。

「庸膚之極，不得不變而求新。」當這種辭藻堆砌，文字格式套路化，內容局限於歌功頌德的「臺閣體」，正如日中天時，一股復古擬古的文學思潮，開始以與「臺閣體」對立的姿態，逐漸明晰地出現於文壇。先是所謂的以林鴻為首的「閩中詩派」，繼而是以李東陽為首的「茶陵詩派」，終於隨著社會經濟的發展和政治環境的逐漸寬鬆，於弘治、嘉靖之際形成以前、後「七子」為代表的復古運動。這是一批才華橫溢的年輕士大夫，他們主張詩文必須表達真情實感，反映社會現實的重大問題；注重作品的文采和形式技巧，力圖使詩歌重新具備高尚優美

---

41 黃宗羲：《南雷文定．明文案序》。
42 《明史．文苑傳一》。
43 沈德符：《明詩別裁集》。
44 《四庫全書總目提要．空同子集》。

的格調：倡導超越宋元之上，直追漢魏盛唐。文學中的復古運動對「臺閣體」的批判，與在思想學術中同時興起的心學運動對正統程朱理學的突破，構成了這時期文化論爭的最重要的內容。

弘治、嘉靖間興起的文學復古運動先後表現為兩個高潮：一是弘治間以李夢陽、何景明為首，包括徐禎卿、邊貢、康海、王九思、王廷相等「前七子」結成的文學團體，「文稱左遷，賦尚屈宋，古詩體尚漢魏，近律則法李杜」[45]，「非是者弗道」[46]。一是嘉靖中以李攀龍、王世貞為首，包括謝榛、宗臣、梁有譽、徐中行、吳國倫等「後七子」結成的文學團體，闡揚「前七子」的主張，「其持論，文必西漢，詩必盛唐，大曆以後書勿讀」[47]，並以此「招徠天下」[48]，將復古擬古的文學運動推向高潮。

臺閣體作家的文學創作，繼承中唐以來特別是宋元以來的理性化和俗化的傾向。宋濂念念不忘的是「文以明道」，說：「明道之謂文，立教之謂文，可以輔俗化民之謂文」；「大抵為文者，欲其辭達而道明耳。吾道既明，何問其餘哉」；「文之至者，文外無道，道外無文……道積於厥躬，文不期工而自工」[49]。認為詩之至美者是「發乎情，止乎禮義」[50]，強調情須經過「禮義」的過濾，去其「忳」者、「鬱」者、「樂」者、「豔」者。經過「禮義」的過濾，這種「情」實際上就變成「性情」，也就成了「性理」與「道」了。因此，宋濂與劉基等浙東詩人的創作，大多夾雜著理語，寡於情致，質木無文。解縉及三楊等臺閣體作家的文學觀念更加保守，既不敢描述現實生活，也不敢抒發自己的真實感情，只知對最高統治者歌功頌德。寫作散文，極力仿效歐、曾，追求所謂雍容典雅，而流於卑冗不振；創作詩歌，又一味效法邵雍，充斥理學氣味。景泰至弘治初年出現的理學家詩派如莊昶等人，更以玩物為道，以詩言志，將許多理學話頭摻入詩

---

45 李贄：《續藏書．何景明傳》。
46 《明史．文苑傳二》。
47 《明史．文苑傳三》。
48 黃宗羲：《南雷文定．明文案序》。
49 宋濂：《宋文憲公全集．文說》、《宋文憲公全集．文原》、《宋文憲公全集．徐教授文集序》。
50 宋濂：《宋文憲公全集．霞川集序》。

中，不倫不類，將理性化與俗化傾向發展到了極端。針對臺閣體言性而不及情、倡理貶情的主張，復古派高揚陸機「詩緣情而綺靡」之說，主張「詩以言情」，情為詩本，「因情以發氣，因氣以成聲，因聲而繪詞，因詞而定位，此詩之源也」[51]。同時，針對臺閣體重理而輕文采的弊端，他們又強調文學創作應有高尚的格調，做到情與理、意與象、詩與樂的完美統一，充分發揮詩文興、觀、群、怨的社會功能。為此，他們除了強調要積極投入社會現實生活，還主張向古代作家學習，「文必先秦兩漢，詩必漢魏盛唐」[52]，以便恢復古典詩歌的審美特徵，並向民歌學習，從而擺脫理性化與俗化的傾向，寫出優秀的作品。這種復古，實際上也是一種創新，它不自覺地反映了當時人們力圖擺脫程朱理學的束縛，開始追求主體自由的要求。它打破了明前期文壇乃至整個思想文化領域程朱理學一統天下的沉悶局面，從而為明後期浪漫主義文學思潮和進步思想潮流的興起開闢了道路。

但是，復古派作家儘管反對以理貶情，卻沒有從根本上懷疑與否定封建的社會制度及其倫理道德規範，而是力圖維護它。他們更沒有看到古典審美理想及文學形式有其特定的存在土壤和條件，如今已時過境遷，一味復古，勢必會妨礙人們對題材、體裁、風格和藝術形式的開拓與創新，硬要生搬硬套，就不可避免地要陷入模仿甚至抄襲的泥潭。所以，「前後七子」的兩次復古運動均以失敗告終而受到人們的攻擊，並引發了新一輪的文化論爭。[53]

由「前後七子」發動的文學復古運動，對文學發展產生了極大的影響。史稱當時「天下推李、何、王、李為四家，無不爭效其體」[54]，有效地遏止了臺閣體氾濫造成的萎弱的文學頹勢，開啟了明後期浪漫主義文學思潮之先河，促進了文學的發展。

---

51 徐禎卿：《迪功集．談藝錄》。

52 王九思：《渼陂集》、《渼陂續集》。

53 參見廖可斌：《明代文學復古運動研究》。

54 《明史．文苑傳三》。

二、抒寫真情

早在文學復古的聲勢正盛的時候，復古派本身的成員對於文學的主張就已發生了爭執。如史載「前七子」的兩位領袖李攀龍和何景明，未成名前，「兩人為詩文，初相得甚歡，名成之後，互相詆諆。夢陽主摹仿，景明主創造，各樹堅壘不相下，兩人交遊亦遂分左右袒」[55]。至嘉靖、萬曆間，針對復古派末流一味崇古，以擬古為能事，「視古修辭，甯失諸理」[56]、「尺尺寸寸之」[57]、「法則森如也」[58]的文學主張，先是以唐順之、歸有光、王慎中為代表的「唐宋派」，繼而是以袁宗道、袁宏道、袁中道三兄弟為代表的「公安派」，再後則是以鍾惺、譚元春為代表的「竟陵派」等文人學者，對前後七子的復古文學理論進行猛烈的抨擊，一時「稱詩不排擊李於麟，則人爭異之，猶之嘉靖間不步趨於麟者，人爭異之也」[59]。

在對復古派的文學主張的論爭中，以袁氏三兄弟為首的「公安派」，受王學左派及李贄等異端思想的影響，崇尚真情，率性而為，主張文學寫作應「無一字不真」[60]。他們抨擊的文字最多，也最激烈。如袁宏道說：「余與進之游吳以來，每會必以詩文相勵，務矯今代蹈襲之風。」[61]在給友人的信中說：「弟才雖綿薄，至於掃時詩之陋習，為末季之先驅，辨歐、韓之極冤，搗鈍同甘共苦賊之巢穴，自我而前，未見有先發者，亦弟得意事也。」這期間，公安派諸家寫了一系列批判復古模擬、宣揚新觀念的文章，如袁宏道的《敘小修詩》、《雪濤閣集序》、《張幼于》，袁中道的《解脫集序》、《宋元詩序》，袁宗道的《論文》，江盈科的《敝篋集序》以及《雪濤小書》中許多篇章。

這些文章，對名望隆盛、鼓吹復古的文壇盟主王、李之輩，做了猛烈的抨

55 《明史·文苑傳二》。
56 李攀龍：《送王元美序》。
57 李攀龍：《空同書·駁何氏論文書》。
58 王世貞：《李于麟先生傳》。
59 鍾惺：《隱秀軒文昃集》序二。
60 袁宏道：《袁中郎全集》卷十一。
61 袁宏道：《袁中郎全集·雪濤閣集序》。

擊。公安派及其他新文學家指出復古主義的弊病主要有三點：

一是空虛。思想貧乏，學問淺薄，這是復古派末流的通病。袁宗道說：「今之文士，浮浮泛泛，原不曾的然做一項學問；叩其胸中，亦茫然不曾具一絲意見。徒見古人有立言不朽之說，又見前輩有能詩能文之名，亦欲搦管伸紙，入此行市，連篇累牘，圖人稱揚。夫以茫昧之胸，而妄意鴻鉅之裁，自非行乞左、馬之側，募緣殘溺，盜竊遺矢，安能寫滿卷帙乎？」[62]復古主義的代表人物原非不學淺薄之輩，如王世貞等都是當時有名的大學問家，但是他們的主張卻成了一些淺薄之徒的遮羞布。袁宏道嘲笑說：「記得幾個爛熟故事，便曰博識；用得幾個現成字眼，亦曰騷人。計騙杜工部，囤紮李空同，一個八寸三分帽子，人人戴得。」

二是剽竊。復古派末流剽竊成風，袁宏道感歎說：「夫復古是已，然至以剿襲為復古，名比字擬，務為牽合，棄目前之景，摭腐濫之辭，有才者詘於法，而不敢自伸其才；無之者，拾一二浮泛之語，幫湊成詩。智者牽於習，而愚者樂其易，一唱億和，優人騶了，皆談雅道。籲，詩至此，亦可羞哉！夫即詩而文之為弊蓋可知矣。」

三是雷同。復古派末流一味摹擬古人，往往泯滅了自己的個性，沒有獨特的風格。袁宏道說：復古主義行，「而剽竊成風，萬口一響，詩道寢弱。至於今，市賈傭兒，爭為謳吟，遞相臨摹，見人有一語出格，或句法事實非所曾見者，則極詆之為野路詩。其實一字不觀，雙眼如漆，眼前幾個爛熟故事，雷同翻復，殊可厭穢。」[63]

針對復古派末流的擬古詩潮，「公安派」揭櫫起「變古」的大纛與之抗衡。他們認為一個時代有一個時代的文學體制、寫作方法，一個時代有一個時代的文學風格。而與復古派的擬古的創作主張相反，在李贄「童心說」的影響下，「公安派」及其追隨者提出所謂的「性靈說」，認為文學應「不效顰於漢、魏，不學

62 袁宗道：《白蘇齋類集．論文下》。
63 袁宏道：《袁中郎全集．敘姜陸二公同適稿》。

步於盛唐，任情而發」，「獨抒性靈，不拘格套，非從自己胸臆流出，不肯下筆」[64]。

「唐宋」、「公安」、「竟陵」諸文學派別團體的文人對復古主義文學的批判，既是文學之爭，也是思想之戰，它興起於早期啟蒙思潮高漲的年代，對文學發展和社會思想解放都具有意義。但其內在的思想和美學理論的缺陷，亦為下一輪的文學之爭埋下了伏筆。

三、明末回歸傳統的潮流

從萬曆二十年（1592 年）到崇禎中葉的幾十年，幾乎是公安派獨霸文壇，他們充滿浪漫主義情懷和富有人文主義精神的文學作品，一度使晚明的文壇充滿活力。但是隨著晚明社會政治、經濟、軍事危機的日益深重，尤其是萬曆末年以來接連發生的北方後金的興起、三餉加派、魏忠賢專權、農民起義等，使「環宇震動，四海沸騰」，國家民族的命運處於風雨飄搖之中，救亡已成為當務之急，公安派及所有浪漫主義作家那種佻㒓放任的作風已變得不合時宜。代表封建統治階級中改革思潮的「經世實用」思想於是迅速崛起，與此相應的是浪漫主義文學式微，要求回歸傳統的復古思潮開始復甦並再一次登上文壇，形成第三次復古運動。

就晚明反復古文學思潮逐漸衰竭的情況看，除政治局勢日益嚴峻的影響外，「公安派」、「竟陵派」等文學團體派別，本身所蘊涵的內在思想及美學理論的缺陷，是很重要的原因。

從思想淵源上講，「公安派」、「竟陵派」等反擬古復古文學思潮生力軍，所恃以闡釋其文藝理論的哲學基礎是王學左派極端發展的李贄及泰州學派的思想。王學左派和泰州學派理論的核心是良知現成見在，只需率性而為，不需探討學問

64 袁宏道：《袁中郎全集．敘小修詩》。

的工夫，因此在反對權威、解放士人思想的同時，又導致了思想發展禪學化，走向空疏不學的蒙昧主義，而遭到來自王學右派、程朱理學一派以及主張學術經世但思想保守士人的批判攻擊。社會危機的不斷加深，使這種批判更加有力，而「公安」等人文主義文學團體的兩大精神領袖李贄和達觀，先後於萬曆三十年（1602 年）和三十一年被保守派挾皇權之勢所害，在使文學革新運動的風頭大受挫折的同時，更使整個明代思想發展再次發生轉向。袁氏兄弟晚年的悔過，以及對王學末流「盡棄其檢柙」的不滿，希望有二三大儒出來，「持躬行實踐以救之」[65]的思想，就是這種思想轉變的表現。

除思想史發展的原因外，「公安派」、「竟陵派」等文學派別在文學實踐上的缺陷也是導致其衰落的原因。以「公安派」為代表的文學革新運動的出現，是針對「前後七子」一味仿古擬古，致使其「文則聱牙戟口，讀者至不能終篇」[66]、「有宗法而無生氣」[67]的弊病，但是他們的創作卻又走向了「不曾依傍半個古人」[68]，只求率性自然而導致直白膚淺的另一個極端。

從「唐宋派」、「公安派」等反擬古復古運動到新復古運動的興起，中間的仲介是以鍾惺、譚元春為代表的「竟陵派」。「竟陵派」鑒於「公安派」為救復古之弊卻墜入膚淺俚俗之病，欲調和二者，從古人處求得性靈：「今非無學古者，大要取古人之極膚極狹極熟便於口手者以為古人在是。便捷者矯之，必於古人外自為一人之詩以為異，要其異又皆同乎古人之險且僻者，不則其俚者也，則何以服學古者之心！」[69]但是反而因「以俚率為清真，以僻澀為幽峭」，而遭到真正復古者的詬病。[70]

晚明將再次復甦的文學復古主義推到極點的，是合政治結社與文學團體為一體的復社和幾社。復社和幾社的文人承「前後七子」餘緒，以「興復古學」相號

65 袁中道：《珂雪齋前集 · 張雲影》。
66 王世貞：《藝苑巵言》。
67 沈德符：《明詩別裁集》。
68 袁宏道：《袁中郎全集 · 敘竹林集》。
69 鍾惺：《隱秀軒文昃集》序一。
70 錢謙益：《列朝詩集小傳》丁中。

召。其中，以「幼時既好秦漢間文，於詩則喜建安以前」的陳子龍，倡言復古最力，沈德符《明詩別裁集》稱：「詩教之衰，至於鍾（惺）、譚（元春），剝極將復之候也。黃門力闢榛蕪，上追先哲，厥功甚偉。」此外則有錢謙益、艾南英，他們推揚「唐宋派」的主張，鼓吹宗法宋人，亦逡巡於師古擬古的道路上。關於明文學復古發展的開闔，《明史．文苑傳》序云：「李夢陽、何景明倡言復古，文自西京，詩自中唐而下，一切吐棄，操觚談藝之士翕然宗之。明之詩文，於斯一變。迨嘉靖時，王慎中、唐順之輩，文宗歐、曾，詩仿初唐。李攀龍、王世貞輩，文主秦、漢，詩規盛唐。王、李之持論，大率與夢陽、景明相倡和也。歸有光頗後出，以司馬、歐陽自命，力排李、何、王、李，而徐渭、湯顯祖、袁宏道、鍾惺之屬，亦各爭鳴一時，於是宗李、何、王、李者稍衰。至啟、禎時，錢謙益、艾南英准北宋之矩矱，張溥、陳子龍擷東漢之芳華，又一變矣。有明一代，文士卓卓表見者，其源流大抵如此。」而文學爭論亦循此演變一輪一輪地展開。

第三節．

有關西方傳教士的論爭

明代晚期，西方文化開始以天主教耶穌會的傳教士為媒介傳入中國。對於古老的中國來說，這是繼印度佛教文化之後，外來文化第二次大規模的傳入。這種完全異質的文化與中國傳統文化一俟大規模接觸，便引發了激烈的論爭。由於這種異質文化的傳播者，是西方最保守的宗教勢力，就決定了這種文化傳入的兩面性：一是耶穌會傳教士為突破傳教阻力而挾帶的西方科技及其相關的思想文化，儘管這部分西學並不是當時歐洲的新學，而是當時歐洲的舊學，但是相對晚明中國社會的思想文化來說，仍具有重大的進步意義；一是耶穌會傳教士的根本目的在於傳教，即以天主教歸化中國。晚明西方文化傳入的這種特點，既決定了圍繞這一事件所展開爭論的激烈程度，也決定了評價這一歷史重大事件的複雜性。

一、容納與排斥之爭

面對西方耶穌會傳教士在中土的傳教活動，晚明的儒士文人首先面臨的是容納這種異質文化還是排斥它的問題。爭論就從這裡展開了。

從歷史情況看，早期接近或擁護天主教的，主要是以徐光啟、李之藻、楊廷筠、王徵、韓霖等為代表的政治上的新派人物。此外，李贄、焦竑等異端人士及一些東林黨和復社成員等也都對利瑪竇、艾儒略等傳教士抱有同情、欣賞的態度。相反，最早的反教者如沈漼等，在政治上走的則是閹黨魏忠賢、方從哲等人的路線，但更多的是一些地位較低、成分複雜的縉紳官僚。後來，隨著西方傳教士「精神狩獵」「賺取中國」的面目逐漸暴露，排擊天主教的人數有所增多。

政治上的新派之所以對西方傳教士抱有寬容、同情的態度，主要是因為其中許多人面對當時的社會政治危機，企圖從傳教士那裡尋找新的富國強兵的思想武器。同時，他們又大多是科學家或技術家，對傳教士夾帶進來的科學技術有著很高的評價，愛屋及烏，因而對傳教士表現出濃厚的興趣。

在明確表示容納傳教士的士大夫中，大科學家徐光啟是一個典型例子。最初，徐光啟是有感於當時國內的情況，極力主張向傳教士學習新的火炮技術的。後來，他和利瑪竇一起翻譯了許多科學書籍，並在曆局中引用一些西方傳教士監修曆法，從西方傳教士所帶來的「事天愛人之說，格物窮理之論，治國平天下之術，下及醫藥農田水利等」[71]，他恍如見到另一個「得所未有」、「心悅意滿」的世界。[72]他認為，那些「格物窮理之學……思之窮年累月，愈見其說之必然不可易」[73]，從而得出天主教可以「補儒易佛」的結論。他在給朝廷的《辨學章疏》中申辯說：「佛教東來千八百年，世道人心未能改易，則其言似是而非也……必欲使人盡為善，則（西洋）諸陪臣所傳事天之學，真可補益王化，左右儒術，救正佛法者也。概彼西洋鄰近三十餘國，奉行此教千數百年，以至於今，大小相郵，上下相安，路不拾遺，夜不閉關，其久安長治如此。」即通過吸納天主教的道德體系，可「補益王化，左右儒術，救正佛法」，以期達到儒家理想中的三代之治。因此他向朝廷建議：「若以奉佛老者奉上主，以容納僧道者容納諸陪臣，則興化致理，必出唐虞三代上矣。」所以徐光啟容納天主教的實質，是想通過借耶補儒達到解救當時社會政治、經濟、道德全面危機的目的。

與徐光啟情況相類的還有李之藻。驅使李之藻出來為傳教士辯護的，首先不是宗教信仰，而是對科學的熱情：「秘義巧術，乃得之乎數萬裏外來賓之使……夫經緯淹通，代固不乏樵、玄，若吾儒在世善世所期無負天壤，則實學更有自在。藻不敏，願從君子砥焉。」[74]在李之藻的眼中，利瑪竇首先是一位能「精及性命，博及象律輿地，旁及勾股算術，有中國累世發明未晰者」的科學通人，而不是傳播上帝福音的傳教士。與徐光啟「會通以求超勝」的思想相類，李之藻主張「並蓄兼收」[75]，「藉異己之物，以激發本來之真性」，達到「終實相生」[76]，甚至是「以夷攻夷」的目的。[77]

至於那些帶有異端思想傾向的儒士文人，如李贄、焦竑等，對於傳教士採取同情態度的思想背景，則是在對正統封建主義秩序的偽善、壓抑深感不滿的情緒下，渴求新奇而富有刺激的思想，而他們對專制權威的藐視，以及其一直宗奉的

71 徐光啟：《辨學章疏》。
72 徐光啟：《利瑪竇二十五言跋》。
73 徐光啟：《熊三拔泰西水法序》。
74 李之藻：《渾蓋通憲圖說序》。
75 李之藻：《同文算指序》。
76 李之藻：《代疑篇序》。
77 參見《熹宗實錄》卷十五。

儒、釋、道「三教合一」思想，也必然使他們對待西方傳教士抱著寬容乃至欣賞的態度。

當表示容納天主教的士大夫一再上疏、撰述，要求對西方傳教士採取寬容的態度時，一些保守的士大夫也用同樣的形式表述相反的排斥意見。這些意見有來自堅持理學立場的，有來自佛教徒的，有來自封建衛道士的。他們排擊、批判的方面各有側重：有的從理論方面，有的從信仰方面，有的從政治方面；而最終成果則是崇禎十二年（1639 年）由徐昌治訂正印行的《聖朝破邪集》及崇禎十六年（1643 年）續刻的《破邪集》。

從傳統儒學立場攻擊天主教理論的代表有鍾始聲、黃貞、陳侯元、許大壽等人。他們排斥天主教的根本目的，是擔心千年的儒學道統會被來自西夷的「天學」所取代：「夷固不即滅儒也」，但是當其「爪牙備，血力強，一旦相與蹲素王之堂，咆哮滅之，予小子誠為此懼」[78]。為了捍衛道統，他們紛紛動筆對傳教士的理論進行討伐，與利瑪竇、艾儒略等西方傳教士展開論戰。鍾氏曾寫有《天學初徵》、《天學再徵》，黃氏寫有《尊儒亟鏡》，陳氏寫有《西學辯》，許氏則寫有《佐闢》等著作。

排斥論者與傳教士論爭的一個共同特點是，堅持以傳統儒學的綱常理論反對天主教理論，否認作為超驗性實體的上帝的存在和上帝創世說。例如針對利瑪竇等傳教士引證《詩經》、《易傳》、《中庸》等儒家經典，牽強地論證上帝存在的理論，鍾氏駁斥道：「吾儒所謂天者有三焉：一者望而蒼蒼之天，所謂昭昭之多及其無窮者是也；二者統御世間主善罰惡之天，即《詩》、《易》、《中庸》所稱上帝是也，彼惟知此而已，此言天帝，但治世而非生世……三者本有靈明之性，無始無終，不生不滅，名之為天，此乃天地萬物本原，名之為命。」「苟能於一事一物中克見太極易理之全者，在天則為上帝，在鬼神則為靈明，在人則為聖人……倘天地未分之先，先有一最靈最聖者為天主，則便可有治無亂，有善無惡，又何俟後之神靈聖哲為之裁成輔相？而人亦更無與天地合德，先天而天弗違

78 黃貞：《尊儒亟鏡序》。

者矣。」[79]此外，排擊天主教的士大夫，還對天主教的靈魂不滅、魂有三品、天堂地獄和贖罪等學說概念，從儒學的立場逐一予以批判。

從政治方面排擊天主教的士大夫，以沈漼、黃貞、林啟陸等最有代表性。他們認為傳教士「不奉召而至，潛入我國中，欲以彼國之邪教，移我華夏之民風，是敢以夷變夏」[80]，而天主教在中國的道統、治統之外，居然「別有所謂天主之說，別有所謂事之之法」[81]，其目的就是要「變亂治統，覷圖神器」[82]。如果放任這種「邪教」「奪人國土，亂人學脈」，「流惑天下，蔓延後世」[83]，勢必釀成篡奪「中國君師兩大權」[84]的巨禍。萬曆四十四年（1616 年），沈漼接連三次上疏明神宗，要求毀教堂、驅教士，他在奏章中說：「惟皇上為覆載昭臨之主，是以國號大明，何彼夷亦曰大西？且既稱歸化，豈可為兩大之辭以相抗乎？……本朝稽古定制，每詔誥之下，皆曰奉天；而彼夷詭稱天主，若將駕軼其上者然，使愚民眩惑，何以適從？」[85]明神宗於是在當年年底下詔禁教，並將龐迪我、熊三拔、曾德昭、王豐肅四位傳教士驅逐境外。

二、耶、釋、老三氏論戰

上述容納與排斥天主教兩派，雖然對西方傳教士持截然相反的意見，但兩派之間幾乎沒有發生什麼面對面短兵相接的論辯，而傳教士與佛、道之士之間的爭論則有很大的不同，不僅論辯白熱化，而且雙方面面相斥，唾液相擊，可以說是明代文化論爭中最為激烈的場面之一。

耶穌會傳教士與中國的佛、道之所以發生激烈的衝突，與其傳教策略有著密

79 鍾始聲：《天學再徵》。
80 張廣湉：《闢邪摘要略議》。
81 黃貞：《尊儒亟鏡序》。
82 林啟陸：《誅夷論略》。
83 黃貞：《破邪集自序》。
84 黃貞：《尊儒亟鏡序》。
85 沈漼：《參遠夷疏》。

切的關係。萬曆十一年（1583 年），利瑪竇肩負著耶穌會的重托，踏上「文明鼎盛」而又神秘莫測的中國國土。在研究中國文獻和語言的同時，他敏銳地發現儒學和士大夫階層在中國社會中的重要地位，遂改變前一年進入中國時認同佛教的做法，改行穿儒服、行儒禮的所謂「合儒」、「超儒」，排斥釋、老的傳教路線。此後利瑪竇傳教活動的順利展開，說明這是一條成功的道路。但這種做法，卻將天主教擺在與釋、道二教對立的位置，不可避免地要引發傳教士與僧徒道眾的宗教之爭。按照利瑪竇的說法，這就是「所是所非，皆取憑於離合，堯、舜、周、孔皆以修身事上帝為教，則是之；佛教抗誣上帝，而欲加諸其上，則非之」[86]。

最早的天主教與釋、老間的大論戰，爆發在雙方代表人物集中的杭州和福州。

為了附會儒家，攻擊佛教，以利瑪竇為代表的傳教士不惜編造神話，曲解歷史。例如利瑪竇編造說：「考中國之史，當漢明帝時，嘗聞其事（天主教），遣使西往求經，使者半途誤值身毒之國，取其佛經，流傳中國，迄今貴邦為所誑誘，不得其正道，大為學術之禍，豈不慘哉！」[87]教徒們更是公開以排佛闢道為己任，聲稱：「縉紳亦好習其（佛、道）者，徒以生死之際，孔子未嘗明言……雖欲驟折之，而無辭焉。豈知教從天來，二氏不奉天，即非正教，妄自主教，即為褻天，此易折耳。若夫（天主教）治世既不離君臣父子之經，而修性又詳通生死幽明之理，得非至大至公正之道乎！」[88]

面對傳教士的攻擊，佛、道二教人士發起反擊。當時一位著名的和尚袾宏（雲棲），就曾先後寫過《辨天四說》攻擊天主教，天主教方面遂有託名利瑪竇的《辨學遺牘》進行反駁。據有關文獻記載，有個叫張廣湉的佛教徒反對天主教十分積極，他見到一位法號圓悟的和尚，寫了篇攻擊天主教的文章《辨天初說》在武林（杭州）到處張貼，卻不見天主教徒有什麼反應，便手持此文闖入教堂，要和傳教士或教徒辯論。傳教士傅汎際接待他後，卻拒絕當時辯論，只是答應易

86 《辨學遺牘・利先生覆虞詮部書》。
87 利瑪竇：《天主實義》第八篇。
88 張能信：《焒迷四鏡序》。

日再論。三天後，張廣湉再赴教堂，然而令他驚異的是，「司閽者拒之不復使入，乃曰：『此僧（指圓悟）去歲曾來會中與辯不勝，發性而去，今又何必來辯？』」事後圓悟氣憤地寫道：「夫余往天童不審甬東者五載，其去歲不過武林，江南北人塗知矣，豈來會中與辯不勝，發性而去者乎？」[89]辯白自己前一年根本就不在武林，怎麼會有「與辯不勝，發性而去」的事發生？這件事不僅說明天主教勢力與佛、道間矛盾的尖銳，也說明傳教士的狡詐。

從爭論的情況看，袾宏等佛教徒的主要論點是：（一）天即理，所以不能成為世界的主宰；（二）靈魂是輪迴的，而不是不滅的；（三）孔孟的學說已經很完滿了，所以不再需要天主教的學說補益。[90]針對佛教徒的發難，傳教士的答覆要點是：（一）天主是神，不是理，所以他是一個創造者和主宰者；（二）靈魂是不滅的，但不是輪迴的，而且即使是承認靈魂輪迴，理論上也首先必須承認靈魂不滅；（三）天主教的目的正是要發揚孔、孟之學，因為自從秦火和佛、道二氏出現之後，孔孟聖學已經「殘缺」了。[91]此後耶、釋、道間的長期辯論大都是按照這種方式和性質繼續的。清代的紀昀，曾從正統儒學的立場，就耶、釋的爭論評議說：「利瑪竇力排釋氏，故學佛者起而相爭，利瑪竇又反唇相譏，各持一悠謬荒唐之說，以較勝負於不可究詰之地，不知佛教可闢，非天主教所可闢，天主教可闢，又非佛教所可闢，均所謂同浴而譏裸裎耳。」[92]

89 參見圓悟：《辨天二說》，載《破邪集》卷七。
90 參見《竹窗三筆》附袾宏《天說》、《天說餘》。
91 參見託名利瑪竇的《辨學遺牘》。
92 《四庫全書總目提要》。

第四章

絢麗多姿的少數民族文化與各族文化的交流

明王朝是由我國的主體民族漢族建立的最後一個封建王朝。它不僅基本實現了中國眾多民族的統一，而且進一步強化了封建專制的集權制度，大大加強了中央對地方的統治，使國家的統一局面維持了二百多年的時間。國家的統一和穩定，為各民族的發展和彼此之間的聯繫提供了有利的條件。我國境內的少數民族文化又有了新的發展和進步，各族之間的文化交流也比以往更加頻繁和密切。它們彼此交融，互相促進，使明代的文化呈現出一派花團錦簇、爭奇鬥豔的繁榮景象。

第一節．

少數民族文化的發展

一、蒙古、滿族文化的發展

蒙古族文化的發展　蒙古族是明朝北方勢力最大的少數民族。洪武元年（1368 年），明朝的北伐軍攻克元大都後，以元順帝為首的蒙古貴族退到漠北草原，仍然控制著東自松花江、腦溫江（今嫩江）和遼河流域，西至天山、衣烈河（今伊黎河），北抵也兒的失河（今額爾齊斯河）、謙河（今俄國葉尼塞河），南臨明朝北部防線的大片土地，當時的蒙古族主要就分布在這個地區。另外還有幾十萬蒙古人，仍然留居在明朝內地、西北和南方各地。

元順帝北撤後，繼續保留元朝的國號，史稱北元。北元曾多次出兵南下，圖謀重新進入中原，恢復元朝的統治。明太祖則實行「威德兼施」[1]之策，力圖運用政治招撫與軍事打擊相結合的手段，消滅北元勢力，實現全國統一。因此雙方戰爭不斷，烽火連天。由於對明朝的戰爭連遭敗績，北元皇帝權威衰落，群雄並

1　《明太祖實錄》卷一四九。

起，蒙古地區逐漸陷於分裂。洪武二十一年（1388 年），活動於今鄂嫩河、克魯倫河流域及貝加爾湖以南地區的兀良哈部歸附明朝。明朝於其地設立朵顏等三個羈縻衛所，封其首領為衛所長官，隸屬大寧都司，後改隸奴兒幹都司。活動於東蒙古地區的韃靼與西蒙古地區的瓦剌，繼續與明朝為敵，而彼此又互爭雄長，攻殺不休。永樂元年（1403 年），非元室後裔的鬼力赤依靠韃靼大封建主阿魯臺的支持，自立為可汗，廢棄了北元國號。明成祖利用蒙古內部的矛盾，採取抑強扶弱，「以夷制夷」的方針，於永樂五年（1407 年）敕封瓦剌大封建主馬哈木為順甯王、太平為賢義王、把禿孛羅為安樂王，隨後親統大軍北征，擊敗韃靼，迫使阿魯臺貢馬求和，於永樂十一年（1413 年）封其為和寧王，許其通貢、互市。但是，蒙古各部並未真正臣服明朝。明成祖死後，仁、宣二帝無力堅持抑強扶弱之策，也就無法繼續控制蒙古。瓦剌勢力逐漸崛起，馬哈木之孫也先出兵攻明，於正統十四年（1449 年）在土木堡（在今河北懷來境內）俘獲明英宗。旋又進攻北京，被於謙率北京軍民擊退。景泰二年（1451 年），也先自立為「大元天聖可汗」，統一了蒙古各部。但不久，也先就在一場內訌中兵敗被殺，瓦剌隨之衰落，蒙古地區再次陷於分裂的狀態。成化年間，元室後裔達延汗即位，擊敗異宗權臣，征服瓦剌，再度統一蒙古。他重新分封了領主和領地，自領左翼三萬戶，而命三子巴爾斯博羅特統率右翼三萬戶。達延汗死後，右翼三萬戶中的土默特萬戶迅速發展壯大，其首領俺答汗很快便稱雄於蒙古。他看到自元室北徙後，蒙古與明朝互相對立，大大小小的戰爭已持續二百多年，無法進行正常的通貢互市，不僅明朝邊塞人民飽嘗兵燹之苦，就是蒙古地區也飽受戰爭破壞，「爨無釜、衣無帛」[2]，「日無一食」[3]，人口銳減，決心與明議和。經過一段時間的努力，明廷於隆慶五年（1571 年）敕封俺答汗為順義王，俺答汗發誓「永不犯中國」[4]。「俺答封貢」後，明廷又授予許多蒙古領主以各種官職，自此「馬市互易，邊疆無警，畿輔晏然」[5]，明蒙之間長期的戰爭終告結束。俺答汗死後，其夫人三娘子主政三十年，也積極維護與明朝的通貢互市關係，明廷封她為「忠順夫人」。

2 瞿九思：《萬曆武功錄·俺答列傳下》。

3 李東陽：《西北備邊事宜狀》，《明經世文編》卷五十四。

4 王士琦：《三雲籌俎考·封貢考》。

5 《明神宗實錄》卷三十三。

明代的蒙古文化雖然歷經戰亂的破壞，但仍在曲折之中取得一定的發展。特別是俺答封貢後，與明朝建立和平的通貢互市關係，隨後又將西藏的黃教引進蒙古，進一步加強蒙古與中原、西藏及鄰近地區的聯繫，廣泛吸收各民族文化的養料，蒙古經濟和文化的發展更為顯著。

在蒙古地區，蒙古人主要仍從事傳統的畜牧業。手工業在明中後期日趨發達，主要是經營為畜牧業服務的畜產品加工、生產工具和生活用具及武器的製造。俺答汗時期，由於大量引進漢藏的工匠，城堡、宮殿、寺廟建築業也在興起，並製造犁、鏵、鋤、鎬、鐮刀、磨臼等農具和糧食加工工具，編織、刺繡、首飾加工等也得到進一步的發展。農業生產在明初受到戰亂的嚴重破壞，只有兀良哈三衛、吐魯番、哈密以及天山以南地區，仍有部分蒙古人在從事耕作。嘉靖年間，俺答汗招引大批漢族農民和反明士兵進入土默特地區，使漠南蒙古的農業獲得了長足的進步，「耕種市廛，花柳蔬圃，與中國無異」[6]。

蒙古地區在元代除固有的薩滿教外，由於統治階級對各種宗教採取寬容與尊禮政策，佛教、道教、伊斯蘭教、基督教、猶太教也紛紛傳入。至明代，薩滿教又復盛行於東西蒙古，除進入天山以南的蒙古人信奉伊斯蘭教外，其他宗教皆趨於衰落。嘉靖年間，俺答汗多次率兵進入青海，征服當地的蒙古人、撒里畏兀兒人（今裕固族）和一些藏族部落，並令其子丙兔率部留居青海。青海是藏傳佛教後弘期的復興基地，格魯派（黃教）的祖師宗喀巴就是在那裡誕生的。俺答汗開始與黃教發生接觸，並在萬曆六年（1578 年）在察卜齊雅勒（在今青海共和縣）的仰華寺與索南嘉措（第三世達賴喇嘛）會見，將黃教引入蒙古。此後，黃教逐漸取代薩滿教的主宰地位，成為蒙古人普遍的宗教信仰。

蒙古地區的教育，在明初隨著經濟的衰落而衰退，明中期以後又隨著經濟的發展而漸趨復甦。十六世紀時，在中原漢文化的影響之下，東蒙古地區出現了私塾。教師名曰「榜什」，學生稱作「捨畢」，「捨畢之從榜什學也，初則持羊酒，行叩首禮，後雖日見，日叩其首，必至書寫已成，然後謝以一白馬、一白衣，或

6　顧祖禹：《讀史方輿紀要．山西六》。

布或段，惟隨貧富制之，無定數也」[7]。據史書記載，當時各部「榜什頗為殷眾」，說明這種私塾不在少數。黃教傳入蒙古後，一些大寺院也仿效西藏的做法設置廟學，教習童僧學習蒙、藏文字，傳習佛學和醫學、天文、曆法、占卜等。有的還選派童僧前往西藏學經。如衛拉特（瓦剌）的拜巴噶斯等，一次就選送二百三十餘名童僧入藏學習。

隨著教育事業的發展，學術文化也日趨發達。這個時期出現了一批歷史著作，開創了蒙古史學的新體例。如切盡黃臺吉（庫圖克臺徹辰洪臺吉）的《十善福白史》，簡稱《白史》，是據忽必烈時代的《白史》與元末畏兀兒人必蘭納識裏衛征國師的舊抄本校勘、增補而成。該書記述了元代的行省制度、佛教教規、明代蒙古僧俗職位名稱和黃教的傳播等，成為其曾孫薩囊徹辰撰寫《蒙古源流》的重要依據之一。無名氏的《阿勒坦汗傳》（又稱《俺答汗傳》），蒙文原本題為《名為寶貝彙集之書》，約成書於一六〇七至一六一一年，它以編年體例，用押頭韻的四行詩的基本形式簡要記述了俺答汗一生的政治、軍事與宗教活動，是現存有關明代蒙古的最早一部蒙文史學著作。無名氏的《蒙古黃金史綱》，也稱《小黃金史》，全名《諸汗源流黃金史綱》，約成書於一六〇四至一六二七年間，記敘了自蒙古古代至明末林丹汗時代,二百七十多年的蒙古歷史和諸汗源流。其後半部分比較系統地記載了十四至十六世紀蒙古的重大歷史事件及東、西蒙古之間的鬥爭，對達延汗的活動記載尤詳，是研究這個時期蒙古歷史的重要資料。無名氏的《大黃史》，又稱《大黃冊》、《黃冊》、《蒙古黃史》等，全名《古蒙古汗統大黃史》，其內容從世界成因、蒙古起源一直敘述到十七世紀末蒙古諸部的王公及其世系，對喀爾喀封建主的系譜記述尤詳。康熙元年（1662 年）成書的《蒙古源流》在卷末曾提到利用過《大黃史》一書，可見此書的主要篇章當寫成於《蒙古源流》之前，而清初部分當為後人所增補。

這個時期，蒙古族創作了大量文學作品，包括英雄史詩、抒情詩、敘事詩、小說和薩滿教的歌詞等。《江格爾》是蒙古英雄史詩的傑出代表作。它是西部蒙

7　蕭大亨：《夷俗記．尊師》。

古族的傳統史詩，經過民間的長期流傳，不斷得到發展、充實和提高，至十五世紀逐漸完善和定型。它描寫以部落聯盟首領、「博克多」（聖者）江格爾為首的六〇一二名勇士，為保衛「沒有戰亂」、「沒有孤獨」、人人安居樂業的天堂般的家園，向各種來犯的敵人展開頑強鬥爭的故事。詩中塑造了眾多的英雄形象，充滿著大無畏的英雄氣概和樂觀主義精神。篇章結構具有遊牧民族說唱藝術的特點，每一章以酒宴開始，也以酒宴結束，說唱一個故事。開頭各章各以一個人物為中心，後幾章則每章說唱一次戰鬥或一個事件，而以江格爾和紅色雄獅洪古爾等主要人物貫穿全詩，保持故事情節的連續性。這部史詩反映了蒙古社會生活的各個方面，成為研究蒙古族文學、歷史、藝術、民俗和語言的寶貴資料。有蒙古文、托忒文的各種抄本流傳。經今人整理出版的蒙文本有十章、十三章、十五章、八十章等不同版本，漢文編譯本《洪古爾》也有十三章及十五章等不同本子。此外，還被譯成俄、日、德、烏克蘭、格魯吉亞等多種文字，引起各國學者的矚目，被稱為世界著名的史詩之一。《烏巴什洪臺吉》是一篇散文詩式的著名小說，大約創作於十六世紀末至十七世紀初，通過對和碩特部七歲的貧苦牧童與喀爾喀封建主烏巴什洪臺吉的鬥爭，揭露烏巴什洪臺吉的貪婪和殘暴，歌頌了牧童的機智勇敢和堅貞不屈的英雄氣概。主題鮮明，語言流暢，具有濃郁的民族風格。蒙古族創作的薩滿教歌詞，包括祭詞、贊詞、禱詞和歌謠等，以口頭或書面形式在民間廣泛流傳。黃教傳入後，往往以佛教的教義改編這些薩滿教的歌詞，藉以傳播佛教。此外，蒙古族這個時期的史學著作，如《阿勒坦汗傳》，本身也是文學作品，具有很高的文學價值。

蒙古族人民酷愛歌舞，也能歌善舞。岷峨山人的《譯語》記載說：當時蒙古「女好踏歌，每月夜群聚，握手頓足，操胡音（原注：有聲無字為樂）」。「虜中有胡笳，聲最淒婉，有懷者更不忍聞。亦有篪拔思兒，近傳其制於中國。」該書還記載說，蒙古的首領到普通牧民家，牧民進酒招待至醉後，「或吹胡笳，或彈琵琶，或說彼中興廢，或頓足起舞，或抗音高歌以為樂」。李實的《北使錄》，也記載他奉明廷之命出使瓦剌，也先宰馬備酒招待，以歌助興的情景說：「令十餘人彈琵琶，吹笛兒，按拍歌唱歡笑。」

在工藝和美術方面，蒙古族也達到較高的水準，主要表現在他們的服飾、馬鞍、箭筒等物品上。明朝中後期，隨著蒙古與漢、藏文化的交流，蒙古族的工藝美術進入了嶄新的階段，取得了突出的成就。如庫庫河屯弘慈寺的釋迦牟尼像，流傳至今，是一件珍貴文物；萬曆八年（1580 年）俺答汗進獻給明神宗的《貢馬圖卷》，是一件精心繪製的工筆立體繪畫長卷，藝術價值極高。

滿族文化的發展　滿族源出女真。元代女真人以大分散、小聚居的形式分布在東抵日本海，西至遼河及嫩江一線，南達遼東半島、朝鮮半島北部，北抵黑龍江下游流域包括庫頁島在內的廣大地區。入明之後，他們先後歸附明朝，隸屬於遼東都司與奴兒幹都司。居住在遼東都司轄境之內的女真人，由於長期與漢人雜居，已逐漸漢化。隸屬於奴兒幹都司的女真各部從明初起逐漸南下，形成建州、海西、「野人」三大部。南下之後，社會經濟逐步得到發展，內部聯繫加強。萬曆十一年（1583 年），建州女真的首領努爾哈赤以父、祖的十三副遺甲起兵，經過三十多年的征戰和招撫，到萬曆四十四年（1616 年）基本統一了女真各部，建立大金國，史稱後金。在統一女真的過程中，努爾哈赤在女真原有的狩獵和軍事組織「牛錄」的基礎上，參考金朝的猛安謀克制，建立「以旗統人，即以旗統兵」[8]的軍政合一的組織，於萬曆二十九年（1601 年）正式設立黃、紅、藍、白四旗，四十三年（1615 年）增設鑲黃、鑲白、鑲藍、鑲紅四旗，合為八旗，組建了一支精銳的八旗軍。萬曆四十六年（後金天命三年，1618 年）為了反抗明朝的民族壓迫及其對女真統一的阻撓，他統率兩萬八旗步騎兵征明，一舉攻占撫順，接著又於次年四月在薩爾滸擊潰杜松率領的明軍。從此，明軍在遼東由進攻轉入防禦，後金則由防禦轉向進攻。遼東的形勢發生了根本的轉變。崇禎八年（後金天聰九年，1635 年）努爾哈赤的後繼者皇太極改女真族名為滿洲，翌年改大金國號為大清。崇禎十七年（清順治元年，1644 年）乘李自成農民軍攻占北京、推翻明朝統治之機，清軍在降清明將吳三桂的引導下入關占領北京，奪取了全國的統治權，滿族也從此成為全國的統治民族。

女真人在明初以後的南遷過程中，由於不斷接受先進的漢文化和朝鮮文化，

---

8 《清朝文獻通考》卷一七九。

經濟和文化的發展非常迅速。在生產技術方面，南下之前，各部均以漁獵、畜牧和採集為主，只有極少數人兼事農業。南下之後，逐步向農業經濟過渡。遷入遼東東寧衛、安樂州、自在州和其他衛所的女真人，都已從事農耕，兼營狩獵和採集人參。移居到大同江兩岸和婆豬江流域的建州女真，則「樂住種，善緝紡，飲食服用皆如華人」[9]。到十六世紀後期，建州女真生產的穀物已能自給有餘。海西女真的情況大體相似，也是「俗尚耕稼」[10]，「頗有室屋耕田之業」[11]。「野人」女真的農業也有一定程度的發展，如居住在牡丹江至綏芬河一帶的「兀狄哈」(野人之意）女真人，在十五世紀末已能「作大櫃盛米，家家有雙砧，田地沃饒，犬豕雞鴨，也多畜矣」[12]。手工業生產技術也有了提高，已能「貿大明鐵自造」鐵器[13]，並懂得使用風箱向爐內鼓風以提高火溫，懂得將打製的鐵箭鏃趁熱放入水中冷卻，使之變得更為「強勁」[14]。明中葉以後，女真人又有了自己的冶鐵業。萬曆二十七年（1599 年）建州女真便開始「炒鐵，開金銀礦」了。[15]另外，女真人還用自己種植的麻紡織麻布，有些麻布還運到遼東的市場上出售。由於技術的進步，生產力的提高，女真社會開始出現貧富分化，進而跨進到奴隸制社會的門檻。

創製本民族的文字，是女真文化發展的一個重大標誌。女真各部在明初一直通行女真語，使用金代創製的女真文字。但到明中期，女真文字已逐漸為蒙古文字和漢字所取代，「凡屬書翰，用蒙古字以代言者，十之六七；用漢字代言者，十之三四」[16]。這樣，在實際運用中，就產生了語言與文字的矛盾，正如努爾哈赤所指出的：「漢人念漢字，學與不學者皆知；蒙古人念蒙古字，學與不學者皆知；我國之言，寫蒙古之字，則不習蒙古語者，不能知矣。」[17]這種現象，與明

---

9 魏煥：《巡邊總論．遼東邊夷》，《明經世文編》卷二四八。
10 同上。
11 瞿九思：《萬曆武功錄．王臺傳》。
12 朝鮮《李朝成宗實錄》卷二五九。
13 朝鮮《李朝睿宗實錄》卷二。
14 朝鮮《李朝成宗實錄》卷二五五。
15 朝鮮《李朝成宗實錄》卷一五九。
16 福格：《聽雨叢談》卷十一。
17 《清太祖實錄》卷二。

末的滿族社會極不協調。於是，萬曆二十七年（1599 年）努爾哈赤命額爾德尼與噶蓋創製滿文，即「以蒙古字，合我國之音，聯綴成句」，稱為無圈點的老滿文。由於老滿文缺點較多，以至「上下字雷同無別」，「若人名、地名，必致錯誤」[18]，因此皇太極於天聰六年（崇禎五年，1632 年）命精通滿、漢文的達海對老滿文加以改進。經達海改進的滿文稱「有圈點滿文」，也稱為新滿文。滿文的創製，對滿族的形成和發展產生了積極的作用。

隨著滿文的創製，為便利滿族子弟學習漢文典籍，皇太極創設文館，「命巴克什達海同筆帖式剛林、蘇開、顧爾馬渾、託布戚等四人翻譯漢字書籍」[19]，並規定滿族王公子弟十五歲以下、八歲以上者，俱令就學讀書，「使之習於學問，講明義理，忠君親上」[20]，大力推行文化教育。皇太極本人也愛讀書，他將一些漢文典籍翻譯成滿文[21]，並將滿文譯本《四書》和《三國演義》頒賜大臣，讓他們從中學習治國之道。正由於皇太極及其後繼者的大力提倡，清代的滿族才能從漢文化中汲取大量營養，進而促進滿族文化的發展，使之迅速地提高到一個新的水準。

由於長期在白山黑水之間從事漁獵生活，滿族人都擅長騎射。兒童初生時，即懸弓箭於門前，象徵著他未來將長成一名好射手。孩子長到六七歲，就教他們用木製弓箭練習射鵠，稍長又教他們佩上弓箭，騎上駿馬，飛馳於高山密林之中。女子執鞭策馬，也不亞於男子。滿族還由漁獵生活中演化出各種歌舞及體育活動。如舞蹈「喜起舞」係由身強力壯的男子，穿上豹皮，以簫鼓伴奏，邊唱邊舞；「隆慶舞」則由兩隊舞者共舞，一隊裝扮成虎、豹等猛獸，一隊騎上假馬追射。又如體育活動「跳馬」，要在馬匹飛奔之時，橫躍馬身；「跳駱駝」，要求從後面躍上駝背；還有「跑冰鞋」，最初是將獸骨縛在腳下，滑行於冰面之上，後來則改用鐵條嵌在鞋底滑冰。適應漁獵生活的需要，滿族的衣冠服飾也獨具特色。男子薙髮留辮，即將頭頂四周的頭髮剃去寸餘，只留頂後中間長髮，編成辮

18 《國朝耆獻類徵．達海傳》；《清太宗實錄》卷十一。

19 蔣良騏：《東華錄》卷二。

20 《清太宗實錄》卷十。

21 《俘臣仇震奏本》，《明清史料》丙編，第 1 節。

子，垂於肩背。[22]穿馬蹄袖袍褂，因為努爾哈赤建立八旗制度後，它成為旗人特有的裝束，後人便稱它為「旗袍」，滿語稱作「衣介」。冬天穿棉袍或皮袍，夏季穿單袍。旗袍一般是無領、大襟、束腰、左衽、四面開叉，以方便騎射。在窄小的袖口處還接有一截上長下短的半月形袖頭，狀似馬蹄，俗稱馬蹄袖。平時綰起，冬季行獵或作戰時放下，使之罩住手背，既可禦寒又不妨礙拉弓射箭，故又稱「箭袖」，滿語稱作「哇哈」。旗袍外面，還習慣加上一件對襟小褂，長只及股，袖只到肘。因為它最初是騎射時穿用的，故稱為「馬褂兒」。婦女盤髻於頭頂，佩戴耳環，穿寬大的直筒旗袍，天足，著花鞋。進入遼沈後，滿族的衣冠服飾趨於等級化，入關之後推行於全國。其中婦女穿用的旗袍，至今仍為許多女子所喜愛。

二、維吾爾、回族文化的發展

維吾爾族文化的發展　維吾爾族在明代文獻中被譯作「畏兀兒」或「畏吾兒」等，分布在嘉峪關以西和天山以南的廣闊地域內，以哈密、吐魯番、別失八里（今新疆吉木薩爾之北）、火州（今新疆哈喇和卓）、柳城（今新疆魯克沁）、於闐（今新疆和田）、哈實哈兒（今新疆喀什）等地最為集中。元代他們大部分受察哈臺汗國統治。明洪武三年（1370 年），察哈臺汗國發生分裂，「地大者稱國，小者止稱地面」[23]，各自割據一方，互不統屬。至洪武二十二年（1389 年），察哈臺後裔黑的兒火者被擁為汗，建立東察哈臺汗國，又稱「蒙兀兒斯坦」，明朝稱之為「別失八里」國（後稱亦力把裏國）。東察哈臺汗國內部仍矛盾重重，外部又屢遭撒馬兒罕（帖木兒帝國）、衛拉特、乞兒吉斯的攻擊，並與明朝、衛

22 鄭天挺：《清入關前後幾種禮俗之變遷》，《探微集》，81 頁，北京，中華書局，1980。
23 《明史．西域傳四》。

拉特反覆爭奪哈密[24]，正德九年（1514 年）遂分裂為統治東部地區的察哈臺王朝與控制西部和南部的葉爾羌王朝。葉爾羌王朝不斷向外擴張勢力，終於在嘉靖四十四年（1565 年）占領東部的吐魯番、哈密等地，統一了整個汗國。葉爾羌汗國的上層統治階級雖是察哈臺的後裔和蒙古朵豁惕部的貴族，但他們都狂熱追隨伊斯蘭教，無論是宗教信仰，還是生活習慣、心理特點和文化特徵都逐漸與畏兀兒人接近，於是逐漸融入了畏兀兒族之中。葉爾羌汗國統一的時間不長，內外戰亂又起，至清朝的康熙十七年（1678 年）為衛拉特蒙古準噶爾部的噶爾丹渾臺吉所滅，天山以南地區便成為準噶爾的屬地。就在察哈臺汗國和東察哈臺汗國統治時期，畏兀兒人逐漸改宗伊斯蘭教。

明代的畏兀兒人雖然飽受各汗國統治者壓迫剝削和長期戰亂之苦，但他們仍以自己的智慧和辛勤勞動，並廣泛與周圍各族展開經濟文化交流，努力發展自己的經濟和文化。他們在哈密、吐魯番、火州、柳城及南疆的哈實哈兒、葉爾羌、於闐等地的綠洲從事耕作，並大力發展園藝，培育出各種葡萄（如甘甜無核的鎖子葡萄等）、桃、杏、李、棗、胡桃、石榴、甜瓜、葫蘆等優良的瓜果品種。別失八里即亦力把里（今新疆伊寧）一帶的畏兀兒人從事遊牧，其他農業區的畏兀兒人也飼養大量牲畜，以供食役和對外交換。手工業也得到較大的發展，有農林果品的加工；有麻、棉、絲、毛的紡織，能織出胡錦、花蕊布、白疊布和各種氈毯，然後加工成各種漂亮的衣帽與臥具；有採礦和冶金以及皮革和玉石加工，所產玉石和硇砂等大量輸往明朝內地；還有製香業，於闐出產的木香、安息香、雞舌香、乳香等尤為有名。畏兀兒人擅長經商，既有常住各城鎮的「坐商」，也有往來於各城鎮的「行商」，有的還進入到明朝內地、甘青、西藏、喀爾喀蒙古、衛拉特蒙古等地去進行交易，甚至還遠至印度、喀什米爾、撒馬兒罕、波斯、阿拉伯等地去從事貿易。

---

24 明朝曾於洪武十三年（1380 年）兵逼哈密，迫使統治哈密的故元肅王兀納失里遣使入明朝貢。洪武二十四年（1391 年）明軍攻占哈密。永樂二年（1404 年）明成祖敕封哈密蒙古首領為忠順王，四年設哈密衛，與關西七衛共同構成明朝的西北屏藩。正統年間，衛拉特勢盛，也先控制了哈密等衛。後衛拉特發生內亂，明朝再度控制哈密。成化年間，吐魯番崛起，向東拓展勢力，侵占哈密，哈密部分部眾退居苦峪（古瓜州，今甘肅安西）。嘉靖八年（1529 年）明朝放棄復興哈密，忠順王世系遂告斷絕。

隨著經濟的發展以及與周圍各族經濟文化的頻繁交流，畏兀兒文化也獲得了重大的發展。在畏兀兒地區，出現了專門製造書寫工具的作坊，成批生產以桑皮、麻縷、棉絮為原料的紙張，以畜毛或人髮做筆頭、用細木杆或竹子做筆管的筆，用鍋底煙灰、煤粉摻和油麵做成的墨，為人們書寫著述提供了方便的條件。

畏兀兒地區在東察哈臺汗國時期通行多種文字。東部的吐魯番、哈密等地，大多使用回鶻文，這是唐代大和元年（827 年）回鶻西遷後通行的文字；吐魯番以西的突厥語族（包括畏兀兒語）諸民族，書面文字多使用察哈臺文、阿拉伯文和波斯文；而在基督教聶斯脫里派教徒（元代稱他們為也里可溫）中，則通行古敘利亞文或用古敘利亞字母拼寫的突厥文。察哈臺文是從以阿拉伯字母為基礎的哈喀尼亞文（喀喇汗文）演變而來的，共有三十二個字母（28 個阿拉伯字母，4 個波斯字母），從右至左橫寫，字母有單寫、詞首、詞中、詞末四種形式。字母與字音的關係複雜，正字法也較複雜。維吾爾族直到二十世紀三十年代實行維吾爾文改革之前，都一直使用這種文字。在明代，他們用這種文字寫下了大量著作。

在東察哈臺汗國時期，湧現了賽卡克、魯特菲、納瓦依、泰福塔札尼等一批著名詩人和學者，用察哈臺文寫下了大量著作，並將許多阿拉伯、波斯的著作譯成察哈臺文。賽卡克是畏兀兒人，不僅詩歌創作很有成就，而且在修辭學、邏輯學和哲學等方面也很有造詣，可惜他的大量著作均已失傳，後人已無法了解其內容。魯特菲是喀什喀爾籍詩人，他利用當時流行的十四行詩體「噶札立」、四行詩體「魯巴依」以及用同音異字詞押韻的四行詩體「圖伏克」寫下了許多詩歌作品，其著名長詩《花朵與春分》後來被納瓦依譽為「語詞之王」。納瓦依是著名的文學家，他受到賽卡克和魯特菲的薰陶和影響，先後創作了《五部詩集》、《四部詩集》、《阿札木史綱》、《賽依德．哈桑．阿爾希爾傳》、《麗人之會》、《韻律的標準》、《詞語之分析》等著作，享有很高的聲譽。泰福塔札尼也是著名的文學家，曾將波斯文巨著《綠洲之頌》譯成察哈臺文，還翻譯了大量其他作品。畏兀兒的民間文學在這個時期也有進一步的發展，膾炙人口的《阿凡提的故事》就是在這個時候形成的。

葉爾羌時期，畏兀兒的史學和文化藝術，成就尤其突出。《拉失德史》是一部關於東察哈臺汗國和葉爾羌汗國的重要史著。作者米爾咱·馬黑麻·海答爾出生於蒙古朵豁剌惕部，祖上是察哈臺汗國的軍事貴族，叔父是葉爾羌汗國的開國元勳，他本人也身居高位，是薩亦德汗的親信。拉失德汗即位後，打擊他的家族，他被迫流亡到喀什米爾。這部史書就是在喀什米爾寫成的。它由兩編組成，第一編是正史部分，為東察哈臺汗國編年史，第二編寫作者自己的經歷和他的時代的歷史。第二編比第一編篇幅大一倍，內容也更豐富，保存了許多有關當時社會生活、政治活動、軍事鬥爭的重要資料。此書原用波斯文寫成，曾被兩次譯成突厥文，在中亞地區廣為流傳。《編年史》則是一部專寫葉爾羌汗國的史著。作者沙·馬哈木·楚剌思也是葉爾羌汗國的開國元勳。該書用波斯文撰寫，前半部摘編《拉失德史》；後半部為作者自己編寫，上接《拉失德史》，一直寫到葉爾羌汗國滅亡的前幾年為止，成為研究這個時期葉爾羌汗國歷史的重要資料。沙·馬哈木·楚剌思還留傳下另一部著作，專門記述葉爾羌汗國一些伊斯蘭教宗教首領的業績以及黑山派與白山派的鬥爭情況。此書也是用波斯文寫成的，後來由葉爾羌的阿布·滿速兒譯為察哈臺文，書名叫做《尋找真理者之友》。

葉爾羌汗國統治階級中的一些代表人物如薩亦德汗、拉失德汗和沙·火者都喜歡寫詩。據馬黑麻·海答兒說，薩亦德汗的詩作「雄勁有力」，沙·馬哈木·楚剌思也稱讚拉失德汗「擅長寫詩」。不過，他們的詩集都沒有流傳下來，只有《編年史》、《喀什噶爾史》中錄載了他們的一些詩篇。

畏兀兒的音樂舞蹈在葉爾羌汗國時期得到了空前的發展。薩亦德汗和拉失德汗都通曉音律、精通樂器，對葉爾羌汗國音樂舞蹈的發展起了很大的推動作用。這個時期音樂舞蹈的最重要成果，是《十二木卡姆》的整理和定型。木卡姆是集音樂、舞蹈、文學三位一體的古典文藝，它源於新疆土著的民族文化，又受到阿拉伯文化的影響。據十九世紀中期毛拉·伊斯木吐拉的《藝人簡史》記載，當時的許多著名的畏兀兒歌舞藝術家曾參與《十二木卡姆》的整理與演出，而以拉失德汗的妻子阿曼尼莎的貢獻最為突出。阿曼尼莎既是一位詩人，著有詩集《精美的詩篇》、《美麗的情操》和詩歌、音樂、書法理論著作《心靈的協商》，又是一位元傑出的音樂大師，不但會演奏木卡姆，而且能編寫優美的歌詞。據考證，正是她為《十二木卡姆》的定型做出了歷史性的功績。「十二木卡姆」就是十二支大麴，每支大麴由若干小曲組成。歌詞或採用著名詩人的作品，或由演唱者即興創作，多以愛情為題材，反映了人民對封建統治的憎恨和對光明幸福的追求。《十二木卡姆》通常是在婚禮的晚會或節日的盛會上演唱，由樂師們敲擊鐵鼓，吹起嗩吶，彈奏各種樂器，一人領唱，眾人相和，邊唱邊舞，節奏歡快，場面熱烈，充分表現了畏兀兒人勤勞、聰明、樂觀、幽默的民族性格。

畏兀兒族的舞蹈種類繁多，善於運用頭部和手腕的動作，通過移頸與豐富多樣的手腕動作、雙腿的跳躍，加上昂首、挺胸、立腰等姿態，以及眼神的配合，使舞蹈色彩更加濃郁，表現出人物的性格和內心的情感。畏兀兒的樂器品種豐富，有嗩吶、沙塔爾、卡龍、手鼓、鐵鼓、熱瓦甫等，吹奏、拉弦、彈撥、打擊樂器俱全。鳴絃樂器熱瓦甫又稱「拉瓦波」、「喇叭卜」，創造於十四世紀，音色圓潤渾厚，清脆明亮。

明代畏兀兒族的建築，隨著其宗教信仰的改變與伊斯蘭教的興起，逐漸受到阿拉伯伊斯蘭教建築的影響，形成獨特的民族風格。最能體現這種風格並代表其建築工藝成就的，當推喀什噶爾的阿巴和加麻紮（墓）與喀什艾提朵爾清真寺。阿巴和加麻紮始建於一六四〇年（崇禎十三年）左右，其核心建築麻紮近似長方形，底部橫長三十九米多，四角各建有一座半嵌在牆體裏的巨大磚砌圓柱，柱頂又各建有一座筒形小召喚樓，上豎彎月。麻紮通高二十六米多，從底到頂基本上都用蔥綠色的琉璃磚貼面，並雜有繪製著各種花紋、圖案或寫有波斯、阿拉伯文古代警句的黃、藍瓷磚。麻紮的頂部中央是一半球狀的磚結構大穹隆，圓拱直徑達十七米，穹隆上也建有一座筒形小樓和彎月。整個建築莊嚴肅穆，精美絕倫。艾提朵爾清真寺亦名加滿禮拜寺，處於喀什市中心的艾提朵爾廣場，它始建於十五世紀中葉，後經幾次擴建，至一九八八年始形成今日的形制與規模。該寺占地總面積約十五畝，由寺門、庭院、淨手地、禮拜大殿和教經堂幾個部分組成。高大的寺門用黃磚砌就，以白石膏勾縫，大門兩側各建有半嵌在牆體裏的磚砌圓柱形尖頂高臺召喚塔，高約十八米，後面連著圓形過庭。裝飾的圖案非常精緻，美觀大方。大寺的正殿全長一百六十多米，進深十六米。寬敞的廊簷裡，由呈網狀排列的一百多根雕花木柱支撐著頂棚。頂棚上裝飾著木雕和彩繪的各種圖案，製作精美，顏色鮮豔。這是新疆迄今為止最大的清真寺，以其宏大的規模和高超的建築工藝馳名於中亞。[25]

畏兀兒族改宗伊斯蘭教後，逐漸採用阿拉伯曆法，即希吉來曆，俗稱回曆。這種曆法為太陽曆，以伊斯蘭教創始人穆罕默德由麥加遷至麥迪那之年為紀元，以該年阿拉伯太陰年歲首（622 年 7 月 16 日）為元年元旦。每年十二個月，單月三十日，雙月二十九日。以每三十年為一週期，分別設置八個閏日，置於十二月末（隔二三年設一個閏日）。平年三百五十四日，閏年三百五十五日。以日、月、火、水、木、金、土七曜紀日，每七曜為一周。

回族文化的發展　回族，明朝史籍又稱之為「回夷」。回族在明代有很大的發展。當時的新疆及其以西地區，由於長期戰亂，許多信奉伊斯蘭教的居民大量往東移居到甘青及內地；不少中亞、阿拉伯半島的信奉伊斯蘭教的商人前來中國經商，也長期居留未返；還有許多漢、蒙古、畏兀兒、藏和其他少數民族的人與回族通婚，信奉伊斯蘭教，融入了回族；而宋元以來進入中國開封等地的猶太人，其後裔與回族通婚，也改宗伊斯蘭教，融入回族之中。因此，明代回族的人口大量增加。此時的回族，分布範圍更廣，已散布到全國各地。其中以西北（今陝西、甘肅、寧夏、哈密、柳城、吐魯番）、雲南與大運河兩岸等地人口較多，而西北的河西走廊、隴右和陝西則是回族最大的聚居區。回族通行漢語與漢字。

隨著回族人口的大量增殖，回族村屯大量出現和發展，這成為明代回族經濟生活中的一大特點。他們一般都是農牧結合。他們的農業生產，在與漢族雜居地區基本與當地的漢族大同小異，而在少數民族地區則顯得先進得多。他們的手工業，還保留許多從西亞帶來的特殊工藝而獨具特色，如製香、製藥、製瓷、製革、染織、礦冶和清真食品的製作。他們的製香和製藥業往往與經營來自海外的香料與藥材相結合，銷售的乳香、沒藥、安息香、龍涎香、犀角、硼砂、海狗腎等，被中醫廣泛採用。北京「香兒李家」、福建泉州、德化、永春等地「蒲家」的製香業都是遠近聞名，產品很是暢銷。回族醫藥有其獨特的療效，很受群眾的

---

25 《維吾爾族簡史》，192 頁，烏魯木齊，新疆人民出版社，1991。

歡迎。回族人經營的製藥業，生產能治療一些疑、難、頑症的回族醫藥，在中國的醫藥界享有盛譽。北京馬思遠藥錠等膏藥、丸、錠、散更是暢銷於全國。回族人民燒製的瓷器，繪有阿拉伯的文字和幾何圖案，很有民族特色。回族人民還以善於經商而著稱，他們不僅坐鎮於市肆，而且深入到偏遠的農村、山區、草原和荒漠地區去做買賣，有的還組織商隊通過絲綢之路從事中西貿易，或建立船隊從事海上貿易。如泉州李贄的父、祖，就是數代從事海外貿易而成為富甲一方的鉅賈；泉州的金、丁、馬、迭、夏五大回姓，也都是靠經營海外貿易起家的。

隨著回族經濟的發展，回族的教育也有很大的發展。在明代，根據明朝政府對伊斯蘭教採取寬容政策，清真寺的數量不斷增加，而懂得阿拉伯語、波斯語的人又較少，能讀懂阿拉伯原文《古蘭經》者更少的情況，一些清真寺開始設學培養宗教職學人才，興起了一股經堂教育的熱潮。到明中葉，伊斯蘭學者胡登洲集各地經學教育之大成，著手建立一套完備的教學體系，使中國伊斯蘭教的經堂教育開始走向制度化。這種經堂學校稱為「回文大學」，是一種私塾式的宗教教育。學校就設在清真寺裡面，由阿訇招收若干學員，稱為「滿拉」，或稱「海里凡」，傳授伊斯蘭教經典和功課。課本無統一規定，學制也長短不同，四五年至七八年不等。學員學到一定年限後，經開學阿訇、管寺鄉官共同舉行「穿衣掛幛」典禮，即可結業，或應聘到各地清真寺當阿訇，或到經堂任教。後來，在經堂教育上又逐漸形成兩大派別。以胡登洲及其初傳弟子為代表的陝西派，注重學問的專精；以常志美及其弟子為代表的山東派，則強調學識的廣博。兩派互相競爭，彼此促進，對經堂教育的發展起了積極的推動作用。除了經堂教育，許多地方還開設了私塾性質的書房、學館，從《三字經》、《百家姓》、《千字文》一類啟蒙課本教起，直到講授《四書》、《五經》。如永樂十九年（1421 年）河南沙城回民馬氏家族開辦了「馬家書房」，由馬家世代執教，有眾多的生徒入讀，其中不少人後來考中了舉人、貢生、秀才。嘉靖年間，雲南回民馬一龍辭官還鄉，在尋甸修建「玉華山館」，一邊著述，一邊教書，有不少回漢子弟入館求學。還有許多回民，到各府州縣學讀書，直讀到京師的國子監，並參加科舉考試。僅雲南保山閃氏一姓，在明末就出了二十一名舉人、貢生和進士。明代著名的政治家馬文升、孫繼魯都考中過進士，海瑞、李贄也考中過舉人。因此，明代的回民不僅知識分子較多，而且還湧現出一批著名的思想家、學者、詩人和科學家，對伊斯蘭文化乃至祖國文化的發展做出過重要貢獻。

明代伊斯蘭文化發展的一個重大成果，是伊斯蘭教的中國化。明代是中國伊斯蘭教發展的鼎盛時期，清真寺在各地如雨後春筍般地湧現，其數量之多，規模之大，可算是空前的。但是，從唐代直至明中葉，「即從七世紀到十五世紀，這八百年間伊斯蘭教在中國教義不明，教名未定，不見典籍及著作，亦無漢文譯著，是個僑民的宗教，或外來民族的宗教」[26]。明中葉以後，隨著經堂教育的興盛，一些回族宗教學者開始用漢文譯著伊斯蘭教義經典，在以南京為中心的江南地區興起了一場「以儒詮經」的伊斯蘭文化運動。這些宗教學者既通曉漢文，又精通阿拉伯文和波斯文，既精通伊斯蘭教義，又通曉儒、佛、道的思想，這就為「以儒詮經」提供了必要條件。首先揭起「以儒詮經」旗號的是伊斯蘭教的著譯家和經師王岱輿。其先祖為天方（今阿拉伯）人，世代精通回曆，明洪武賜居南京，任職於欽天監。王岱輿自幼承繼家學，熟讀伊斯蘭教典籍，並廣泛研讀諸子百家與釋道之書，「學通四教」（指伊斯蘭教、儒、釋、道）。後專攻伊斯蘭教教義，立志用漢文介紹、宣揚伊斯蘭教。他長期潛心著譯，晚年曾到北京講學。他既從正統派伊斯蘭教神學出發，認為世界萬物都是真主創造的，從而建立自己的本體論。但又將宋代理學家張載、程顥、程頤、朱熹關於理、氣、天命之性、氣理之性及天理人欲的一系列學說移植到「認主獨一」的伊斯蘭教思想體系之中，從而開創了中國伊斯蘭教漢文學派。安徽宣城人詹應鵬，自少秉承其父詹沂家學，通儒家經典。萬曆四十四年（1616 年）中進士，官至浙江右參政。從政之暇，精心鑽研伊斯蘭教典籍，搜集有關伊斯蘭教的漢文譯著或漢文記載的資料，編成《群書匯輯釋疑》一書，並撰寫跋文，逐一指正所收資料的失真欠妥之處。他也「以儒詮經」，用孔孟之道、程朱理學解釋伊斯蘭教的教義，認為敬真主與盡人倫有著密切的關係，兩者互為表裏，相互補充。山東掖縣人張忻，天啟五年（1625 年）中進士，崇禎時官至刑部尚書，清初被授為兵部左侍郎兼右副都御史，後罷官。他精研伊斯蘭教的教義和教史，從哲學的高度解釋伊斯蘭教，運用

26 楊兆鈞：《中國伊斯蘭教歷史分期問題》，《伊斯蘭教與中國文化》，132 頁，銀川，寧夏人民出版社，1995。

程朱理學「無極」、「太極」的概念闡述宇宙萬物的生成，宣揚「清真一教，獨出諸家之上」，為中國伊斯蘭教的漢文學派奠定了哲學基礎。經過這批回族學者的研討闡發，將伊斯蘭教的教義與中國的傳統思想結合起來，從而實現伊斯蘭教的中國化，這就更便於在中國的傳播。

明代回族在文學藝術方面有突出的成就，曾湧現出一批很有影響的詩人和文學家，如丁鶴年、海瑞、李贄、金大車、金大輿、孫繼魯、馬繼龍等。丁鶴年是明初回族詩歌創作成就最大的詩人。其父、祖在元代世代為宦，元末戰亂，家道中落，他漂泊不定，備嘗艱辛。入明後，丁鶴年終身不仕，寄時光於書海，抒胸臆於詩文。一生曾寫下大量詩文，因戰亂漂泊多遭遺失，後人輯為《丁鶴年集》與《丁鶴年詩集》（後改為《丁孝子集》）。丁鶴年「好學洽聞，精詩律」[27]。他的詩作真實地再現了當時的社會生活，反映了當時勞動人民的困苦，表現了結束戰亂、安居樂業的願望。詩情真切，而又多用口語，生動含蓄，「清麗可喜」[28]。除詩歌外，他對繪畫、書法、醫學、數學也無不通曉，可謂多才多藝。著名史學家陳垣稱讚他說：「薩都剌而後，回族詩人首推丁鶴年。」[29]被譽為「金陵二金」的金大車、金大輿兄弟，因為家境貧寒，仕途受阻而接近下層人民。分別著有《子有集》與《子坤集》，大多反映民間疾苦，針砭時弊，語言樸實，意境幽深。孫繼魯「學博才高」，著有《破碗集》與《松山文集》，詩文雄古遒勁。馬繼龍官至南京兵部車駕司員外郎，著有《梅樵集》，其中有些篇章描繪西南邊陲險要而綺麗的風光，氣象渾厚，格調高昂，洋溢著深厚的愛國之情。散文創作則以海瑞與李贄成就最高，影響也最大。海瑞為官清正不阿，人呼為「海青天」。他主張寫作應棄絕陳詞濫調，抄襲模仿，反對歌功頌德，阿諛奉承。著有《海瑞集》和《備忘錄》，針砭時弊之作，不留情面。其《治安策》一文，公開對明世宗的醜行進行大膽的揭露與抨擊，被譽為「直言天下第一事疏」。李贄的著述十分豐富，有《李氏文集》二十卷、《李氏叢書》十五種傳世。他的散文充滿新穎的見解，分析深刻，語言犀利，充分反映出其疏狂的性格與憤世嫉俗的稟性。他在

27 《明史·文苑傳一》。
28 戴良：《九靈山房集·高士傳》。
29 陳垣：《元西域人華化考》。

《童心說》等文中提出的文學主張，對後世的文學創作產生了很大的影響。而最大的文學貢獻，則是對《水滸傳》、《三國演義》、《琵琶記》、《西廂記》、《拜月記》等的評點，首開了評點小說、戲曲之先河，從而有力地推動了中國小說戲曲的發展。在書畫方面，丁鶴年、馬子英善於畫梅，丁錫精於山水，女詩人馬守貞專長畫蘭，海瑞、楊應奎、李贄擅長書法，在當時的書畫界也頗有影響。

明代有許多回族學者對回曆深有研究，曾為明朝曆法的頒訂做出過重要貢獻。早在洪武元年（1368 年），明太祖改吳元年（1367 年）所設的太史院為司天監時，即設置回曆司天監。洪武三年（1370 年）改司天監為欽天監，設立天文、刻漏、大統曆、回曆四科。在欽天監任職的有阿都剌、黑的兒、阿答兒丁、馬哈麻等回族天文學家。回民大師馬沙亦黑在翰林院任編修，也在欽天監兼職，鄭阿裏也曾參與欽天監的工作。洪武十五年（1382 年）秋，明太祖認為「西域推測天象最精，其五星緯度又中國所無」[30]，命翰林李翀、吳伯宗和回民大師馬沙亦黑翻譯「回曆」。黑的兒、阿答兒丁、馬哈麻等通曉阿拉伯語與漢語的回民天文學家都參加了這項工作。他們「相與切摩，達厥本指，不敢有毫髮增損」，完滿地完成了全書的翻譯。終明一朝，「回曆」一直與《大統曆》參用，並行二百七十餘年之久。後來這種曆法傳入日本，日本以它為基礎製作《貞亨曆》，使用了很長的時間。

此外，被看作「異端之尤」的李贄在哲學思想和史學上的貢獻，回族航海家鄭和遠航的成就以及跟隨他遠航的回民馬歡、費信、鞏珍等所著《瀛涯勝覽》、《星槎勝覽》、《西洋番國志》在地理學上的價值，將在本書其他章節介紹，這裡從略。

三、藏族文化的發展

藏族在明代主要分布在今西藏地區以及青海、甘肅、四川、雲南的部分地

30 《明史・曆志七》。

區。最初稱吐蕃，後改稱西蕃。明朝建立後，明太祖遣使進入藏區招諭，藏族的僧俗首領相繼率部歸附。明廷先後設立羈縻性質的烏思藏和朵甘兩個都指揮使司，下設若干行都指揮使司、萬戶府、千戶府、百戶府及宣慰使司、招討使司、萬戶府、千戶所、百戶所等軍事、行政機構，任命當地藏族首領擔任這些機構的長官，將藏族地區納入了其統治範圍。同時，鑒於藏族人民信仰藏傳佛教，而且教派眾多、各霸一方的特點，又採取多封眾建、尚用僧徒的政策，先後敕封一系列宗教領袖為法王、王、西天佛子、大國師和國師、禪師等，賦予部分地方行政權力，令其管束人民，「率修善道，陰助王化」[31]。明朝中央便通過這些俗官和僧官對藏族地區實行間接的管轄，並利用貢賜和茶馬貿易加以籠絡，增強他們對中央的向心力，從而維護了國家版圖的統一。

由於明王朝的政策較為穩妥，藏區在明代基本上保持著安定的局面，農牧業和手工業生產都得到了發展。青海、朵甘以及烏思藏澤當地方的農業區，不斷擴大開墾，種植小麥、粟米或者青稞，青海地區還逐年獲得豐收。烏思藏和朵甘地區，大部分藏民主要從事畜牧業，飼養馬、綿羊和犛牛，用犛牛和黃牛交配而生的 牛是當地最具耐勞、耐寒、耐饑餓的優良品種。手工業已達到較高水準。手工毛紡織品氆氌既是藏民日常衣著、被蓋的主要原料，也是向朝廷進貢和藏漢交易的主要物資。此外，所產的腰刀、盔甲、鐵甲、馬鞍、木碗及金、銀、銅、玉石、珊瑚裝飾品，也是進貢和民間貿易的常見之物。雅魯藏布江上的鐵索橋，據說是生活在十四世紀末至十五世紀初的僧人湯東傑布通過演戲募捐集資並親自主持修建的，共一百〇八座。這些橋梁都是用鐵索懸空吊在河流的兩岸，上面鋪以木板，構成簡單的橋面。今存的九座，以拉孜縣彭措林的一座保存最為完整。它由兩根粗壯的鐵鏈構成，鐵鏈用扁鐵鍛接的鐵環銜接而成，全長約一百八十一米。橋下建有四個橋墩，兩個呈螺旋柱狀，兩個呈長方形狀，全部用石塊砌成，中間夾有豎木或橫木，用以固定鐵鏈和加固橋墩。四個橋墩將橋分為三段，南北兩段供夏季漲水時使用，中間一段常年皆可通行。由於中間一段跨度較大，還加設三道木夾加以固定，以減少鐵鏈晃動的幅度。這些鐵索橋的修建，反映出當時

31《明太祖實錄》卷二二六。

的藏區已具有相當高的生產技術和冶煉水準。

明代藏族的文化也獲得了顯著的發展，尤以史學、文學、藝術、藏戲等最為突出。

藏族的史學在這個時期取得了重大成就，湧現出一批重要的歷史著作。如《西藏王統記》，又名《藏王世系明鑒》，薩迦派僧人索南堅贊著，成書於洪武二十一年（1388 年），用佛教的觀點敘述吐蕃王統的歷史，尤詳於松贊干布、赤松德贊、赤祖德贊三個贊普生平事蹟的記敘。《新紅史》，成書於嘉靖十七年（1538 年），主要記敘藏傳佛教各教派的歷史以及藏漢的民族關係史。此書係藏族學者索南紮巴根據元代蔡巴·貢噶多吉所作的《紅史》改訂而成，故名《新紅史》。《智者喜宴》，噶瑪噶舉派僧人巴臥·祖拉陳哇著，成書於嘉靖四十三年（1564 年）。全書共十七章，主要記敘吐蕃王室的傳承與佛教在藏族地區傳播弘揚的歷史，還涉及藏族社會歷史的各個方面和內地及周邊各古國的史事。《西藏王臣記》，五世達賴著，成書於崇禎十六年（1643 年），主要記敘藏族的古代史，對元、明兩代衛、藏地區的歷史特別是對薩迦派和帕木竹巴噶舉派的興衰歷史記述尤詳。

在明代，藏族出現了大量的傳記文學作品，僅目前已見於著錄的就達到四百多種。其中以噶舉派僧人桑吉堅贊所寫的《米拉日巴傳》最負盛名。該書成書於弘治元年（1488 年），以問答的形式引出噶舉派第二代祖師米拉日巴一生的坎坷經歷，展現了十一二世紀戰亂不斷、紛爭不息的藏族社會生活。作者雖然對佛教的唯心主義多所推崇鼓吹，但也暴露了當時貧富兩大陣營的矛盾和鬥爭，抨擊了豪門巨富兇殘貪婪的本性和某些宗教上層人物虛偽卑劣的嘴臉。作品採用當時盛行的散文體裁寫作，中間插入一些歌詞，使形式更加活潑，文筆樸實，語言通俗，生動流暢，很受讀者的歡迎。它不僅在藏區廣泛流傳，而且還出現了漢文譯本和蒙文譯本，並傳到國外，出現了英、法、日文的譯本。

明代藏族的繪畫、雕塑和寺塔建築尤為發達。以江孜地區為代表的繪畫、雕塑，在堅持藏族傳統的基礎上，既吸收漢族藝術的精華，又融合尼泊爾、喀什米爾、印度的藝術元素，形成了獨特的風格。

十五世紀建成的西藏五大寺和十六世紀建成的青海塔爾寺，集中反映了明代藏族文化的成就。西藏五大寺包括白居寺、甘丹寺、哲蚌寺、沙拉寺和紮布倫寺。白居寺坐落在江孜城的西端，寺的全稱為吉祥輪上樂金剛魯希巴壇城儀軌大樂香水海寺，簡稱班廓德慶，即吉祥輪大樂寺，一般人叫它班廓曲策，即吉祥輪寺的意思。永樂十二年（1414 年）由格魯派創始人宗喀巴的大弟子克珠傑（即一世班禪）和薩迦派江孜法王饒登·貢桑帕共同主持修建，歷經十年而成。它是一座藏傳佛教各教派共存的寺院，規模宏大，共有十七個紮倉，分屬薩迦、噶舉、格魯三個教派。主寺措欽大殿有三層，一層中間的佛堂掛滿各種風格的唐卡（卷軸畫），二層有造型逼真的十六尊泥塑羅漢像，四周牆上繪有精美的壁畫。在寺院中心、主寺之旁，則是白居寺的主要建築白居塔，藏名叫白闊曲登。塔共九層，總高四十米。塔內有一百〇八道門、七十七間佛殿、神龕和經堂，供奉著泥、銅、金質的塑像三千餘尊，加上壁畫和唐卡上的所有佛像，號稱十萬尊（幅），此塔因此又稱「十萬佛塔」。塔由塔座、塔瓶、塔頂三個部分組成。塔座底層占地二千二百平方米，呈四面二十角形，高四層，逐層向上收攏。塔瓶為直徑二十米的圓柱形，共五層，有四面八門，門上雕有飛龍、跑獅、走象等浮雕。塔頂採用早期佛塔的形制，比較粗壯。登上塔頂，隨風傳送的鈴聲，飄然而過的年楚河，仿佛把人帶入夢幻中的仙境。佛塔的形制，融合了八種佛塔建築的特點，寺內的建築藝術和雕刻、繪畫則吸收了內地以及印度、尼泊爾、喀什米爾等外來佛教藝術的特點，體現了江孜特有的藝術風格。甘丹寺坐落在拉薩東面汪古日山上，是由帕竹噶舉首領紮巴堅贊及其屬下貴族資助，於永樂七年（1409 年）修成的，建築異常宏偉。哲蚌寺坐落在拉薩西郊，是由帕竹乃棟宗本施捨修建的，殿宇聯結，規模宏大，層次錯落有致，是藏傳佛教最大的寺院。沙拉寺也坐落在拉薩郊區，永樂十六年（1418 年）由宗喀巴弟子釋迦也失利用明廷的賞賜修建，寺內佛像高大，其中彌勒佛和菩薩像尤為精細古樸。紮布倫寺坐落在日喀則，為宗喀巴弟子根敦朱巴即一世達賴在正統十二年（1447 年）修建，後經歷四代班禪擴建，成為曆世班禪的駐錫之地。占地總面積達三十萬平方米。寺內大強巴殿內的大銅佛高二十六點五米，是僅次於四川樂山石雕大佛的大佛像。塔爾寺坐落在宗喀巴誕生地青海湟中縣，是萬曆十一年（1583 年）由三世達賴建成的，為漢藏結合的建築形式。

藏族的歌舞和戲劇舉世聞名。而藏戲則形成於明代。民間傳說湯東傑布為募集建橋資金，曾邀請西藏山南地區窮結縣內一戶叫百納家的七姊妹到各地巡遊演出。演出時由二人扮演獵人，二人扮演王子，二人扮演仙女，一人擊鈸伴奏，並融合一些佛教故事和民間故事的內容，由之形成了最初的藏戲。《雲乘王子》劇本的作者在序言中曾追述道：「昔我雪域之最盛成就自在唐東傑白（即湯東傑布）赤列尊者，以舞蹈教化俗民，用奇妙之歌音及舞蹈，如傘蓋覆蓋所有部民，復以聖潔教法及偉人之傳記，扭轉人心所向，而軌儀殊妙之『阿佳拉莫』遂發端焉。」又說湯東傑布經常使用書、畫、說、唱等方式傳教，後來就發展成為藏戲。至今藏戲藝人仍奉湯東傑布為祖師。藏戲的演出將歌、樂、舞融合在一起，唱腔高昂嘹亮，多拖腔，並有合聲伴唱。一般唱完一段，便跳一段與劇情相結合的舞蹈，演員不塗臉譜，而是戴著面具，不用布景，也很少使用道具，可以隨地演出。劇本一般都很長，有的連續演出幾天也演不完。

四、南方少數民族文化的發展

明代南方各省的民族成分非常複雜，居住著苗、瑤、僮（壯）、黎、東番（高山）、土家、羅羅（彝）、仲家（布衣）、水、侗、仡佬、仫佬、民家（白）、百夷（又叫擺夷，今傣族）、麼些（納西）、栗粟（傈僳）、阿昌、怒、蒲人（布朗和德昂）、和泥（哈尼）、哈瓦（又叫嘎剌、古剌，今佤族）、毛難（毛南）、攸樂（基諾）、越（京）、佘、倮里（拉祜）、俅人（獨龍）、巴苴（普米）、山頭（又稱「野人」，今景頗）以及藏、回、蒙古等眾多少數民族。在明代，他們都已形成穩定的民族共同體。明朝統一南方後，除設置行省、府、州、縣和都司、衛、所等行政與軍事機構，由中央委派官員直接進行治理外，還在雲南、貴州、四川、廣西、湖廣和廣東瓊州（今海南省）等少數民族聚居的地區推行土司制度，任命當地少數民族豪酋擔任土司、土官，實行間接的羈縻統治。國家的統一以及明朝比較溫和的羈縻政策，為南方各族文化的發展創造了必要的條件。

南方民族地區儒學教育的興盛　明朝建立後，明太祖及其後繼者積極興辦教育，在中央設立國子監，在地方遍設府、州、縣儒學，並把這套教育體制推行到邊疆地區特別是戰亂較少的南方民族地區。

為了推動南方民族地區教育的發展，明王朝採取了一系列措施。第一，大力興辦儒學，設置書院，開科取士。在南方民族地區，除了開設府、州、縣儒學、衛所儒學、社學及陰陽學、醫學等之外，還設有土司儒學。

明朝肇建之初，明軍剛剛平定雲南，明太祖即於洪武十六年（1383 年）正月發布榜文，規定：「府州縣學校，宜加興舉，本處有司選保民間儒士堪為師範者，舉充學官，教養子弟，使知禮義，以美風俗。」[32]第二年，統兵鎮守雲南的沐英即「建諸衙門（布政司、都司、按察司）及儒學」[33]，在靠近內地的一些府、州、縣建立了學校。洪武二十五年、二十六年和二十七年，貴州宣慰司、雲南元江府和貴州普定衛也相繼開辦儒學。[34]洪武二十八年（1395 年），明太祖根據戶部知印張永清的建議，又下詔規定：「邊夷土官，皆世襲其職，鮮知禮義，治之則激，縱之則玩，不預教之，何由能化？其雲南、四川邊夷土官，皆設儒學，選其子孫、弟侄之俊秀者以教之，使之知君臣父子之義，而無悖禮爭鬥之事，亦安邊之道也。」[35]接著，監察御史裴承祖言：「四川貴、播二州、湖廣思南州宣慰使司及所屬安撫司州縣、貴州都指揮使司平越、龍裏、新添、都勻等衛、平浪等長官司諸種蠻夷，不知王化，宜設儒學，使知詩書之教」，又詔「從之」[36]。此後，在南方少數民族聚居區「宣慰、安撫等土官，俱設儒學」[37]。明中後期，隨著全國書院熱潮的興起，南方民族地區也辦起了許多書院。如王守仁即在貴州創辦龍岡書院與文明書院，講學授徒。雲南到萬曆年間，共辦起三十多所書院，僅大理府就有蒼山、源泉、桂林、龍關四所書院，澄江府也有澄心、桂香、點蒼、敬一四所書院。[38]

---

32 張紞：《雲南機務抄黄》。
33 萬曆《雲南通志・沿革大事考》。
34 參見陳梧桐：《洪武皇帝大傳》，567 頁，鄭州，河南人民出版社，1993。
35 《明太祖實錄》卷二三九。
36 《明太祖實錄》卷二四一。
37 《明史・職官志四》。
38 天啟《滇志・書院》。

據不完全統計，在明代二百餘年間，雲南共設立府、州、縣學及書院一百〇六所。[39]正如方國瑜先生所指出：「雲南自元代建立儒學，明代尤盛，清代繼之。」[40]其他各省，情況也大體相似。廣西共設府、州、縣學六十九所，另外還在桂林設立武學一所，培養軍事人才。[41]這六十九所府州縣學，除明王朝陸續修復以前各朝設立的學校外，有二十餘所是在明代先後創立的。四川共設立府州縣學和書院一百四十四所[42]，其中在少數民族最為集中、地理環境最為惡劣的今阿壩和涼山自治州也設有五所儒學。貴州儒學的數量也不在少數，在十二個府、二十四個衛、十個州、二十個縣中，共設有四十七所儒學，其中府學十二所、州學四所、縣學八所、衛學二十所，還有宣慰司學三所。此外，還有十七所書院。[43]在土家族聚居的湘鄂川邊界的群山中，明代也建立了不少學校。如洪武三十二年（1399 年），巴東、長陽等縣設立儒學[44]，永樂六年（1408 年）設立酉陽宣慰司學。此外，如卯洞安撫使向同廷在該司署地及新江等處也設立學校，就地招集土官子弟「延師課讀」[45]；彭元錦任永順土司時在老司城設立「若雲書院」。還有不少土家族土官及其子弟到附近州縣求學，如正德年間永順土司彭明輔就學於辰州，萬曆年間彭元錦、彭象乾就學於酉陽，施州（今恩施）地區的土司將其子弟送往荊州就學。

在開辦各類學校的同時，明朝還在南方邊疆民族地區開科取士。洪武三年（1370 年）全國首行科舉，鄉試的地點就包括南方少數民族聚居或人數較多的湖廣、廣東、廣西，洪武五年（1372 年）又增加四川鄉試。雲南各府、州、縣的考生，洪武二十二年（1389 年）命赴應天府（南京）鄉試，永樂九年（1411 年）改在雲南開科舉行鄉試。[46]貴州各府、州、縣的考生，永樂十四年（1416 年）命

---

39 據天啟《滇志》、《新纂雲南通志》記載統計。
40 方國瑜：《雲南史料目錄概說》第 3 冊，1159 頁，北京，中華書局，1984。
41 《廣西通志·教育志》。
42 據嘉慶《四川通志》記載統計。
43 周春元、王燕玉等：《貴州古代史》，262-266 頁，貴陽，貴州人民出版社，1982。
44 《大明一統志》卷六十二。
45 同治《來鳳縣志》卷三十。
46 乾隆《雲南通志·選舉志》。

赴雲南參加鄉試，洪熙元年（1425 年）令就試湖廣，宣德二年（1427 年）考慮到貴州距湖廣路途遙遠，仍令改赴雲南，嘉靖十四年（1535 年）「令貴州另自開科」[47]，兩年後設立貢院，正式開科取士。[48]原先教育非常落後的雲南、貴州，先後湧現了一批進士、舉人。據統計，自洪武十八年至崇禎十六年（1385-1643 年），雲南就出了二百一十一名進士、二千三九十名舉人[49]，貴州也出了一〇一名進士、一千五百八十三名舉人。[50]有些少數民族的大姓，如雲南白族中段、高、楊、趙、李、董、王、張等，其家族成員還屢屢中舉。

第二，鼓勵土司子弟讀書。明政府一面鼓勵土司子弟及其他士民進入明朝最高學府國子監深造；一面制定嚴格的制度，命令土司子弟必須上學讀書，「如不入學者，不准承襲」[51]。

洪武十五年（1382 年），西南剛平定不久，四川普定軍民府知府者額進京朝拜，明太祖特諭之曰：「今爾既還，當諭諸酋長，凡有子弟皆令入國學受業，使知君臣父子之道、禮樂教化之事，他日學成而歸，可以變其土俗同於中國，豈不美哉！」[52]第三年，者額即「遣其子吉隆及其營長之子阿黑子等十六人入太學」。他們除同內地的國子監生一樣享受免費供應的伙食和按季節發給的服裝外，明太祖還「命賜袭衣、靴、襪」，以示鼓勵。[53]洪武二十一年（1388 年）八月，「雲南囉囉土官祿肇遣其二子入監讀書，上從其請」[54]。第二年七月，命「禮部召祿肇子阿聶、阿智，給予夏衣」，有「青苧布圓領、綠苧布褡褳、白苧布貼裡衫褲各二件，白綿布臥單二條，黑牛皮靴、鞋各二對，皆工部所製」。十月，又「賜阿聶、阿智及雲南生尹葆等六人冬衣、靴」，並「賜房以居」[55]，這種種優惠條件

---

47 萬曆《大明會典》卷七十七。
48 乾隆《貴州通志・選取志》。
49 據天啟《滇志》等記載統計。
50 據康熙《貴州通志》記載統計。
51 《明史・湖廣土司傳》。
52 《明太祖實錄》卷一五〇。
53 《明太祖實錄》卷一六二。
54 黃佐：《南雍志・事紀一》。
55 同上。

是其他地區漢族學生所沒有的。從此，土司子弟要求上國子監讀書的人數不斷增加，明廷都照例給予特殊的照顧，甚至發給回家探親的往返路費。

對於「不通經學，難以考試」的土司子弟，明政府還酌情准予免試入學。例如，洪武二十六年（1393 年）三月，「四川土官永寧宣撫司選貢生員楊惠告不通經學，難以考試，上命勿試，即送監讀書」[56]。此後，各地紛紛請求免試入學，明政府總是酌情允准。有些土著士民文化基礎較差，入學後常常跟不上學習進度，因而輟學。為此，明王朝要求教官「善訓導之」，激發其學習興趣。明太祖曾多次面諭國子監教官：「今西南諸夷土官各遣子弟來朝，求入太學……爾等善為訓教，俾有成就，庶不負遠人慕學之心。」[57]

此外，明政府還制定嚴格的制度，命令土官子弟必須上學讀書。弘治十四年（1501 年），明孝宗進一步規定：「土官應襲子弟，悉令入學，漸染風化，以格玩冥。如不入學者，不准承襲。」[58]嘉靖元年（1522 年），貴州巡撫都御史湯沐在奏議中又一次重申：「土官應襲年三十以下者得入學習禮，不由儒學者不得起送承襲。」[59]嘉靖二十六年（1547 年）題准，「歸順土官子孫，照舊例送學，食廩讀書」[60]。

明朝在南方民族地區廣設學校、書院，開科取士，促進了當地教育的發展。雲南在景泰年間，已是「賢臣哲士之生於其鄉仕於他地，讀書禮樂之教養其人，於是道德即同而風俗丕變矣」[61]。弘治、正德以後，更是「人才輩出，炳炳琅琅，與中州人士並埒」[62]。這對推動南方各少數民族文化的進步產生了深遠的影響。

南方少數民族文化的發展　南方少數民族的社會經濟發展極不平衡，即使是同一民族發展也不同步。明代以前，居住在邊遠地區、叢林地區和高寒山區的少

56 同上。
57 《明太祖實錄》卷二〇二。
58 《明史・湖廣土司傳》。
59 《明世宗實錄》卷二十。
60 萬曆《大明會典》卷七十八。
61 萬曆《雲南通志》卷十五，附鄭顒：《重修雲南志序》。
62 謝聖綸：《滇黔志略・雲南・學校・明》。

數民族，因為交通閉塞，與其他民族特別是生產技術先進的漢族往來較少，生產水準仍很低下，有的還是繼續傳統的刀耕火種，廣種薄收，而以打獵和採集作為補充；有的還處在農奴制或奴隸制階段，甚至停留在原始公社階段，階級分化很不明顯；文化也較落後，有的還以結繩或刻木記事。而平壩和交通便利的地區，農業、手工業和商業較為發達，民族之間的交往較為頻繁，其社會經濟已進入了封建領主經濟階段。

明朝統一南方後，在平壩和交通方便的地區廣泛開展屯田。其中，既有衛所士卒的軍屯，也有來自內地移民的民屯，在西南地區還有商人從內地招徠勞動力開展的商屯。屯田的興起，使內地漢族先進的生產技術不斷傳播開來。此外，明朝還在貴州等部分地區實行改土歸流，破其割據，除其陋規，加強當地與周邊各族的經濟文化交流。再加上教育事業的發展，這些地區的社會生產便以更快的速度向前發展。平壩和交通便利地區生產的發展，又逐步影響、帶動了周圍比較落後地區生產的發展，從而使南方少數民族的社會經濟都得到不同程度的提高和進步。

南方各少數民族均以農業生產為主。壯族在宋代時，耕作方式仍很落後，即便是比較先進的桂林地區，牛耕也不普遍。到了明代，不僅牛耕已很普遍，而且普遍使用流水灌溉、分秧易栽、施肥、殺蟲等先進技術。如橫州壯族地區，到正德年間，每年二月「布種畢，以牛耕田。令熟秧二三寸即插於田」。又建「蓄水塘高於田，旱則決塘竇以灌；又有近溪澗者，則決溪澗」灌田，並已掌握了「鍛石為灰」[63]，在水田中施放石灰以改良土壤、防治病蟲害。右江下游的思恩府，實行改土歸流後，「四野寬曠，軒割秀麗。石山起伏蜿蜒，敷為平原，兩水繞山合流而入巨浸。江水既通，商貨輻湊，益比內地。」[64]土家族在平壩地區，也攔河築壩，開溝引水，以灌稻田，或在河邊安裝水轉筒車，從河中汲水灌溉，並已普遍使用牛耕。居住在河谷和丘陵地帶的瑤族，已知「疏溝架槽，引以灌

63 王濟：《君子堂日詢手鏡》。
64 蘇浚：《廣西郡縣志》。

溉」[65]，或者用戽斗、水車從水塘、水溝中汲水澆灌禾田。黔南一帶的苗族已普遍使用牛耕。貴陽境內的苗民，已能根據地勢的高低，或攔河挖渠，或修築水塘，引水灌溉；在一般情況下，上等田每畝可收穀子二點五石，中等田可收二石，下等田也可收一至一點五石。布依族在河谷間的小塊平壩，均已開成一塊塊水田，「源水浸浸，終於不竭者，謂之濫田；濱河之間，編竹為輪，用以戽水者，謂之水車田；平原築堤可資蓄池者，謂之堰田；地居窪下，溪澗可以相灌者，謂之冷水田；積水成池，旱則開放者，謂之塘田；山泉泌湧，井汲以資灌者，謂之井田；山高水乏，專待雨澤者，謂之乾田，又稱望天田；坡陀層遞者，謂之梯子田；斜長詰曲者，謂之腰帶田」[66]。白族地區在明代由於屯田的興起，不僅修建了許多水利工程，耕作技術也有很大提高，以往「二牛三夫」的耕作方式已變為一牛一夫或二牛一夫的耕作方式，效率大增，耕作面積幾乎比以前擴大了一倍。僅洱海地區的耕地，就由明初的四十二萬畝增至明末的八十多萬畝。素稱貧困的雲南縣（今祥雲縣）至明末已經變成富饒之鄉，因而有「雲南熟，大理足」的謠諺。隨著糧食的增產，糧食加工也由人工舂碓改用水力推動的水碓和水磨，人稱「舂碓用泉，不勞人力」[67]。傣族聚居的百夷地區，由於屯田的發展，也興修了一批水利工程。到萬曆年間耕作已由「鋤耕」演變為牛耕，稻穀已由「一歲一熟」變為「一歲兩獲」。車裏宣慰司所產的「普洱」茶，已暢銷到雲南各地。當然，高寒山區和邊遠地區的少數民族，在明代大多還是刀耕火種，但生產技術也在緩慢地進步。如雲南有些少數民族已開始放棄刀耕火種，「即夷人亦漸習牛耕」[68]。廣西鎮安府各州縣，雖地處僻遠，但當地的壯族也已普遍連接水筒引泉水以灌溉田地了。

南方各少數民族的手工業技術同樣也在不斷地進步，並創造出許多具有民族特色的著名產品。如廣西壯族生產的紵布，夏涼離汗，暢銷全國。他們用彩色麻線與原色麻線交錯織出具有各種花紋圖案的壯錦，也遠近聞名。他們還能「冬編

65 王濟：《君子堂日詢手鏡》。
66 愛必達：《黔南識略》卷一。
67 嘉靖《大理府志》卷二，楊士雲：《蒼洱圖說》。
68 檀萃：《滇海虞衡志．志獸》。

鵝毛雜木葉為衣」[69]，生產羽絨被服，據說當時「南蠻豪家以鵝毳毛為被，溫麗勝於純綿」[70]。廣西古田的民窯，還出產青花瓷器。侗族出產侗布、侗錦，特別是黎平府（今貴州黎平縣）用五色絲絨織成的侗錦，有花木、禽獸等各種圖案，「精者甲他郡」，被列為貢品而馳譽京師。土家族的土錦，「或經緯皆絲，或絲經緯棉。用一手織緯，一手挑花，遂成五色」，亦遠近聞名。苗族的「苗錦大似紵布，巾帨尤佳。其婦女衣緣領袖，皆綴雜組、藻彩、雲霞，謂之花練，土俗珍之。」[71]苗族的蠟染工藝也很高超，各地苗族的蠟染圖案雖不相同，但都充滿濃厚的生活氣息，古樸雅致。湘西的苗族還能造載重千斤以上的篷船，取代用楠木製造的獨木舟，不論是載重量、航行距離與安全性都大有提高。布依族染製的蠟染布早在宋代即已馳名，明代生產的地區更加擴大，民國重修《貴州通志》引《嘉靖圖經》提到明代清平衛（治今貴州凱里）的仲家「女務紡織」，又提到永寧州（治今貴州關嶺自治縣境）屬頂營長官司的仲家善藝木棉，歲取崖蜂之蠟「製作蠟染布」。白族的手工業更為發達，洱海衛出產的「洱海紅」布，暢銷雲南各地。大理出產的清紙，不僅紙質細膩，而且久藏不蠹；鶴慶出產的棉紙，則光滑柔韌，不易折斷，因而皆為世所寵。白族的漆器，藝術造詣很高。明代政府所用的高藝漆工，大都從雲南挑選。白族還大量開採金、銀、銅、鐵等礦，據說當時浙江等八省所產的白銀，合計「不敵雲南之半」[72]。雲南銅礦，由「硐頭」雇傭「義夫」開採，「其先未成硐，則一切工作公私用度之費皆硐頭任之，硐大或用至千百金者。及硐已成，礦可煎驗矣，有司驗之。每日義夫若干人入硐，至暮盡出硐中礦為堆，畫其中為四聚瓜分之：一聚為官課，則監官領煎之以解藩司者也；一聚為公費，則一切公私經費，硐頭領之以入簿支銷者也；一聚為硐頭自得之；一聚為義夫平分之。其煎也，皆任其積聚而自為焉。」[73]這種經營方式，已帶有資本主義萌芽的性質。傣族的紡織、金銀銅鐵器及玉石生產也很發達，所產白疊布、毛纓被、干崖錦、絲縵帳、桐花布、火麻布、闌干細布也很受歡迎，

---

69 田汝成：《炎徼紀聞．僮人》。
70 陸次雲：《峒溪纖志》。
71 光緒《湖南通志》卷九十。
72 宋應星：《天工開物．五金》。
73 王士性：《廣志繹．西南諸省》。

其中千崖錦、絲縵帳還被列為貢品。所產金、銀、銅、鐵、瑪瑙、玉石等裝飾品，琳琅滿目，遠銷至江浙、四川等地。在農業和手工業發展的基礎上，南方少數民族的商業也日趨繁榮。廣西、雲南、貴州等地興起了大批城鎮和集市。雲南歷史上以貝（俗稱肥子）為貨幣，至天啟、崇禎年間已逐漸為白銀所取代。廣西一向比較落後的田州，此時城東已有「市廛盈百」，思恩「亦在丹良築城取稅」[74]。海南由於商業的興盛，除原有的海口港更為繁榮外，又新闢瞭望樓、桐棲、畢潭等許多港口。隨著生產力的發展，一些南方少數民族的社會經濟形態也在發生變化。海南黎族地區在明中葉基本確立了封建制度，雲南夷族的封建領主經濟到明中後期已經逐漸走向衰落和崩潰，白族的領主經濟更在明中期趨於瓦解而逐漸為地主經濟所取代。

明代南方眾多的少數民族當中，彝、傣、納西等民族有自己的文字。彝族的彝文，又稱「爨文」或「倮倮文」、「韙書」。筆形複雜，除點、橫、豎、折外，還有弧、圓、捲曲線等。彝文雖是獨創的，但借用了許多漢字，不過字形有所改變。書寫形式不一，有的自右向左橫寫，有的從上到下直寫，向右提行。關於彝文的性質，一種認為是表意文字，有的認為是音節文字。它究竟始創於何時，有說是東漢，有說是唐代，而集大成於元末明初。在明代，彝文已經得到廣泛的應用，成為記載歷史、文學、醫學和進行交際的重要工具。現存的一批彝族的史學、文學作品都是用彝文記錄下來的。嘉靖十三年（1534 年）雲南祿功、武定一帶鳳氏土司立的《鳳詔碑》，是用彝文鐫刻的。嘉靖二十年（1541 年）貴州水西安氏土官立的《千歲衢碑記》則是用彝、漢文字對照鐫刻的。傣族的傣文，過去很長時期人們稱為「緬字」，而將真正的緬甸文字稱為「莽子字」。傣文有傣仂、傣納、傣倗、傣瑞四種文體，以前兩者最為重要。傣仂文主要通行於今西雙版納自治州，稱為西傣，傣納文主要通行於今德宏自治州，又稱德傣。西傣與德傣皆脫胎於古印度的巴厘文，但形體不同，西傣是圓形字母，德傣是方形字母。二者都是從左到右橫寫。傣仂文有五十六個字母，四十八個聲母，八個母音，常用韻母有五十六個，聲母分高音與低音兩組，各與三個聲調相拼，但三個聲調只

74 《明武宗實錄》卷八。

用 2 個字母表示，另一個自然顯示。傣納文有十九個輔音字母，四十五個常用字母，聲母不分高低音組，沒有聲調符號。傣仂文產生較早，約有千年左右的歷史。西傣編年史《泐史》始記於南宋淳熙七年（1180 年），為現存最早的文獻。傣納文晚出，約產生於十四世紀。用傣仂文刻寫的貝葉佛經數量很大，寫在構皮樹造的棉紙上的史學、文學、天文、水利、占卜書籍數量也很多。納西族巫師用來書寫納西語的圖畫符號稱為東巴文，用東巴文寫的經書叫東巴經。東巴文是一種表形文字，共有一千三百個字以上。另外，四川西部舊稱西番的普米族巫師使用一種畫圖文字寫經，叫沙巴文。沙巴文與東巴文從圖像到表音方式都很相似，通行地區相距不遠，而東巴經與沙巴經的宗教內容又基本相同，學者猜測兩者系同出一源。納西族除使用東巴文，還有哥巴文，它是從東巴文派生出來的一種音節文字，字形更加簡化，但沒有統一的規範，而且只標音而不標調，既難讀又難懂，僅流行於麗江平壩地區、南山、巨甸、魯甸及維西等地的少數納西族巫師之間。東巴文和哥巴文都留下了大量經書文獻，成為研究納西族歷史文化的寶貴資料。

明代南方的少數民族，百夷地區的傣族信仰上座部佛教（即小乘佛教）。《明史・雲南土司傳二》載，「初，平緬俗不好佛。有僧至自雲南，善為因果報應之說，（思）倫發信之。」但當時民間還不信佛。直至明中葉才有「人民詣佛寺面對佛像、佛經、住持宣誓」[75]的記載。明中葉以後，不僅官方信仰佛教，民間也普遍信佛，如八百大甸「喜事佛，寺塔極多，一村一寺，每寺一塔，殆已萬計，號慈悲國」[76]。不過，民間除了信佛，仍普遍信仰傳統的巫教雞卜，「若占吉凶，用雞肋插竹簽打雞卦決之」[77]，「無醫卜等書……有事惟雞卜是決。……病甚，命巫祭鬼路側，病瘧者多愈，病熱者多死。」[78]納西族民間主要信仰東巴教，同時也信奉藏傳佛教中的寧瑪派（紅教）和大乘佛教、道教及天地、山川、祖先等多種神祇。東巴教是一種巫教，奉丁巴什羅為始祖。據傳說，丁巴什羅是十一世

75 《泐史》，《雲南史料叢刊》第 24 輯，159 頁。
76 謝肇淛：《滇略》卷四。
77 雍正《景東府志》卷三。
78 錢古訓：《百夷傳》。

紀中葉即宋仁宗時代的人，原為藏傳佛教僧人（一說本教祖師之一），曾在拉薩附近居住，因在一次鬥法大會上敗給寧瑪派僧人，便來到今雲南中甸縣北地村創建東巴教。東巴教信仰多神，對佛教的釋迦牟尼、觀音菩薩、道教的張天師、呂洞賓乃至原始宗教的天地、山川、樹木、石頭等都加以崇拜。它沒有系統教義與寺廟，也沒有統一的組織和教主，唯法力高強者是尊。巫師是世襲的，不脫離生產，沒有任何特權，平時主要是替人祭告天地、求雨消災、選擇吉日、占卦、驅鬼、治病等，向當事者收取一定報酬。

南方少數民族因社會發展水準不同，與其他民族關係的密切程度不一，有的民族曆法較為落後，有的比較進步，有的已與其他民族的曆法融為一體或接受其他民族的曆法。其中，以傣族的曆法較有代表性。傣族曆法的起源可上溯至周秦以前，不過它在百夷地區流傳不廣，一般百姓直至明初還沒曆書，也未使用曆法，「不知四時節序，惟望月之出沒以測時候」[79]。明中葉以後，由於佛教的傳入和漢文化影響的加強，經過傣族人民的改革，吸收漢曆與印度曆法的某些成分，逐步形成了通行傣曆，傣語稱「祖臘薩哈」，意即小曆。它採用漢族夏曆的干支紀時方法，以十天干配十二地支，得六十個數首尾循環，用以紀年和紀日，用十二地支紀月，並使用十二屬相以紀年歲。傣曆紀元時間起自六三八年三月二十一日，即唐貞觀十二年閏二月初二辛巳日（車里第一世叭真入主車里的時間），這一天定為傣曆零年七月一日。一年分為三個季度，每月分上、下兩個半月。這是一種以太陽年和朔望月相結合的陰陽合曆。

明代南方許多少數民族如傣、納西、白、彝、苗族的醫藥學也很有成就。白族在明代就出現了不少名醫和醫學著作。如趙州（今雲南鳳儀）趙良壁與鶴慶周思廉善治狂犬病，趙州楊世賓與楊宗儒精於兒科。趙州陳洞天撰述的《洞天秘典注》和李星煒著作的《奇驗方書》、《痘疹保嬰心法》等都是很有見解的醫藥學專著。彝文的第一部彝醫著作《元陽彝醫書》完成於明代，計記錄病症六十八個，動植物藥二百多種，還記錄了一些簡單的外科手術。《滇南本草》則完成於

---

79 李思聰：《百夷傳》。

明中葉，收錄了不少彝族的醫藥經驗和藥物名稱。《雙柏彝書》也成書於明中葉，比李時珍的名著《本草綱目》尚早十二年，全書約五千字，詳細記述了多種疾病的治療和用藥方法。苗族醫藥學歷史悠久，自成體系。一些苗藥具有獨特的療效，李時珍的《本草綱目》就收有苗藥二十多種，其中的「菊花」一藥直接注明苗人名曰「華華」。

在明代，南方少數民族的房屋建築基本可分為竹木結構的「干欄」式和土木磚瓦結構的四壁著地式兩種形式。壯、布衣、傣、苗、侗、仫佬、毛南、水、黎、佤等族，繼續保持傳統的「干欄」建築形式，建造竹木結構的二層樓房，上面住人，下面飼養牲口家禽或堆放柴草。如傣族「惟編木立寨，貴賤悉構以草樓，無窗壁門戶，時以花布障圍四壁，以避風雨而已」[80]。壯族是「緝茅索綯，伐木架楹，人棲其上，牛羊豕犬畜其下，謂之麻欄」[81]。黎族的房屋也是干欄式的，「凡深村黎，男婦眾多，必伐長木，兩頭搭屋各數間，上覆以草，中剖竹，下橫上直，平鋪如樓板，其下則虛焉。登涉必用梯，其俗呼曰欄房。」[82]原氐羌系統的彝、白、哈尼、傈僳、拉祜等民族，則在他們傳統建築形式的基礎上，吸取漢族建築技術，而一些原百越族系和百濮族系或某些民族的部分地區也受到漢族建築形式的影響，改變其傳統的建築形式，出現了土木磚瓦結構的四壁著地式建築。如白族的住宅和居屋，多建成與漢族相似的四合院，富裕人家有二三進的院落，並建有漂亮的門樓。納西族木氏知府的宅院，也仿照中原建築工藝而建，從東到西有好幾個院落，正門和住宅北側建有高大的石牌坊和木牌坊，最後一個院落外面還建有層疊高大的門樓。屋頂和樓角大多層甍勾角，上蓋銅瓦，玉砌雕欄，巧奪天工，壯麗堂皇。南方少數民族建築中，侗族的鼓樓別具一格，馳名中外。它究竟始於何時已難考察，但在明代已經大量存在。如乾隆《玉屏縣志》記載該縣的鼓樓：「南明樓，鼓樓，明永樂年間建。」乾隆《沅州府志》載張扶翼《鼓樓記》也云：「（沅州）邑治舊有鼓樓，創自弘治年間，規模巨集壯，巍然為一。」明代侗族鼓樓的式樣，據《赤雅》的記載為：「以大木一株埋地，作獨腳

80 錢思訓：《百夷傳》。
81 鄺露：《赤雅》。
82 顧玠：《海槎餘錄》。

樓，高百尺，燒五色瓦覆之，望之若錦鱗矣。（鋪）板。男子歌唱飲啖，夜歸，緣宿其上，以此自豪。」這種鼓樓，當時亦名「羅漢樓」。

明代一些南方少數民族的史學相當發達。白族的歷史學者寫出了一批具有較高水準的史學著作，如楊鼐的《南詔通記》、李元陽的萬曆《雲南通志》、李元陽與楊士雲合撰的嘉靖《大理府志》、楊士雲的《郡大記》、吳懋的《葉榆檀林志》、何邦漸的《浪穹縣志》、艾自修的《鄧川州志》、趙淳的《趙州志》、高奣的《雞足山志》等。土家族的永順土司第二十代宣慰使彭世麟在正德年間撰寫的《永順宣慰司志》，則成為後世修撰永順方志的藍本。彝族也用本民族的彝文寫出了許多史學著作。相傳伊阿伍創造彝文後，就用彝文寫下《阿底世系的起源》一書。另外，彝文的《洪水氾濫史》、《洪水前後軼事》、《阿者的後裔遷徙考》、《水西傳全集》、《吳三桂入黔記》、《德布氏史略》、《水西制度》、《西南彝志》等史書，成書年代不詳，但皆記敘明清時期甚至在這以前的史事或故事傳說，亦可視為明清時期的史學著作。此外，傣文與東巴文、哥巴文文獻中，也留下了許多有關傣族、納西族歷史的資料。

明代南方少數民族的文學，以民間文學最盛。它們的內容極為豐富，包括神話傳說、故事、史詩、寓言、諺語等，以口頭文學的形式在民間世代相傳，廣泛流播。至於書面文學，由於南方的少數民族大多沒有自己的民族文字，即使有本民族的文字，也因歷史上與漢族關係密切，受漢族影響較大，因而絕大多數是用漢文創作的。在明代，由於儒學教育的發展，南方少數民族湧現出了許多漢文化造詣頗深的知識分子，用漢文寫作的書面文學作品數量大增，超過了以往任何朝代。在白族中，有著名的學者和詩人楊士雲、楊鼐、楊黼、李元陽、高桂枝等。楊士雲於正德十二年（1517 年）考中進士，選翰林庶起士，授工部給事中，後還鄉隱居。他除與李元陽同修《大理府志》，還著有《楊弘山先生存稿》十二卷。他的《紫筍茶》，表達了對茶農的同情和對剝削者的痛恨。楊鼐於弘治二年（1489 年）中舉，官至黃州通判。他的《南詔通記》錄載了本民族的許多傳說，既是史地著作，也是文學作品。楊黼博學多聞，著有《桂樓集》等。他以方言創作了數十首《竹枝詞》，今存的《詞記山花・詠蒼洱境》因刻於碑石，被後人稱為《山花碑》，仿白族「七七七五」調的形式，四句一首，二十首聯為一篇，共八十句，在白族文學史上占有極重要的地位。李元陽為嘉靖進士，累官至御史，既是史學家，也是文學家，著有《豔雪臺詩》、《中溪漫稿》等，今存《中溪子傳彙編》十卷。他的詩內容廣泛，既反映社會現實，也描繪自然山水。高桂枝為明末庠生，清初曾任姚安知府。一生著述多達八十一種，為「一州著作之冠」。他的詩作有《畸庵草》一卷，從今存十餘首來看，多為傷時感世、同情民眾之作。在納西族中，木氏土司先後湧現出不少用漢文寫作的文人、詩人，木氏土司的六世孫木泰寫有《兩關使節》詩，描寫了木氏土司與明廷的密切關係。八世孫木公，著有《雪山始音》、《隱園春興》、《庚子稿》、《萬松吟卷》、《玉湖遊錄》、《仙樓瓊華》六部詩集共千餘首，其中《題雪山》一首曾廣為流傳，膾炙人口。十三世孫木增著有《雲薖集》、《嘯月函》、《山中逸趣集》、《芝山集》、《空翟居錄》、《光碧樓選草》、《雲薖淡墨》七部集子，其中的《山中逸趣集》包括詩、賦、散文，《雲薖淡墨》則是讀書筆記，餘皆為詩集。詩作共有千餘首，無論是寫作技巧和創作數量都很可觀，堪稱是木氏土司作家群中的佼佼者。壯族當中，嘉靖年間的醫生鄧鏟，在行醫中「酌酒吟詩」，著有《半村詩集》，人稱「半村先生」。土家族中，容美土司田世爵的第六子田九齡，是已知鄂西土家族最早的一位詩人，他寫的《竹枝詞》，獨創土家詩體。田世爵的玄孫田玄，也著有《金潭集》、《意筆草》、《秀堂詩集》。也是土司世家出身的田宗文，著有《楚騷館詩集》，他的詩不僅意境開闊，情辭俱美，而且立意遣詞也匠心獨運，頗有藝術感染力。彝族當中，明末土司祿洪文武雙全，著有詩集《北征集》。

南方少數民族歷來能歌善舞。明代的侗、傣、黎、苗、瑤、納西、哈尼、彝、佤及壯族等，民歌聲調豐富，樂器品種繁多，舞蹈形式多樣。如壯族的民歌，流行於自稱「布壯」即南丹溪峒的叫「壯歌」，流行於土司統治區域的叫「俍歌」，兩者語言、歌曲的格式、體例、結構均相一致，分為五言四句、七言四句與不定式句三種。明代的著作曾記述當時壯族傳唱的盛況說：「俍人之歌，五言八句，唱時疊作十二句。多用古韻，平仄互押，或隔越跳葉，曲折婉轉，喃喃呢呢」[83]；「侗女於春秋時，布花果笙簫於名山，五絲刺同心結百紐鴛鴦囊。選侗

83 張祥訶：《粵西偶記》。

中之少好者伴侗官之女，名曰天姬隊，餘則三三五五，採芳拾翠於山椒水湄，歌唱為樂。男亦三五成群，歌而赴之。相得則唱和竟日，解方結帶相贈以去。春歌正月初一、三月初三，秋歌中秋節。三月之歌曰浪花歌。」[84]

第二節．

漢族與少數民族的文化交流

明代東北、蒙古、西北、西南及南方各地的少數民族，由於社會狀況的不同，宗教文化習俗的差異，經濟發展的不平衡，與漢族的文化交流也呈現出區域性與民族性的特色。

一、漢族與滿族、蒙古族的文化交流

漢族與滿族的文化交流　明代滿族文化的形成與發展，與漢文化對其影響是密不可分的。就文字而言，明代前期，從金代沿襲下來的女真字，仍在女真地區使用。但漢字在女真人中廣為流行，「凡屬書翰……用漢字代言者，十之三四」[85]。努爾哈赤本人就通女真、蒙古、漢三種語言，掌握蒙古、漢兩種文字。皇太極也精通漢語。在努爾哈赤和皇太極的努力下，一些精通女真、蒙、漢

84 鄺露：《赤雅》。
85 福格：《聽雨叢談》卷十一。

等語言的女真學者主要參照蒙文，「又照漢字，增造字樣」，先後創製了老滿文和新滿文。清朝統一中國後，新滿文與漢文並行，通行於全國。

由於漢字在女真人中廣泛流傳，因此熟悉漢文化的女真人越來越多，特別是後金興起前後，隨著與明朝和漢族的交往增多，迫切需要一批通漢文的滿族統治人才。為此，努爾哈赤和皇太極延請大量漢族知識分子講授漢文，令滿族學者將漢文典籍譯成滿文，並於天聰四年（1630 年）設置同文館，專門從事翻譯工作。著名的滿族學者達海完成了《刑部會典》、《三略》、《萬寶全書》等書的翻譯，未完成的有《孟子》、《三國演義》、《資治通鑒》、《六韜》、《大乘經》等。這些漢文典籍的翻譯，方便了滿族子弟學習漢文化，如達海的三個兒子就因「勤習漢書」[86]受到皇太極的重獎。

除漢字和漢文典籍外，漢文化對滿族文化的影響還體現在繪畫、建築、禮俗、宗教、祭祀、舞樂等方面。如瀋陽故宮各個宮殿，飾以綠剪邊。大政殿八角重簷建築、周圍廊式、大木結構、五彩斗拱、殿內頂部天花降龍藻井等，都吸收運用了明代漢族建築所固有的風格。努爾哈赤葬身的東陵，所植松木，所立石獅、石象、石虎、石馬、石駝，仿效了漢族自古沿襲的山陵建制。滿族古老的宗教薩滿教，到明代時也已融入漢文化的成分，在他們所祭祀的諸神中，已有關帝這種明顯帶有漢文化色彩的神。

但滿漢兩種文化的交流不是單向的，在漢文化對滿族文化施以影響時，滿族文化也對漢文化產生了一些影響。有的論者認為「滿族文化（包括音樂）對東北漢族及其他鄰近民族的影響不可低估」[87]。清在入關前，滿族文化對遼東漢人的影響是不小的，福格的《聽雨叢談》中曾記載內務府漢人「從滿洲禮者，十居七八」，漢軍中「從滿洲禮者，十居一二」。此時滿人卻無從漢人禮者。「總的趨勢是以滿族的影響為主」[88]。明末清初的燕京語（南城漢語）和遼南語（內城漢

86 《滿文老檔》太宗、天聰卷五十九。

87 袁炳昌：《中國少數民族樂器談藪》，陳梧桐、徐亦亭主編：《中國文化雜說．民族文化卷》，351 頁，北京，北京燕山出版社，1997。

88 袁炳昌：《中國少數民族樂器談藪》，陳梧桐、徐亦亭主編：《中國文化雜說．民族文化卷》，351 頁。

語），由於滿語腔調和辭彙的撞擊、融入而發生變異，進而導致新的北京話的產生。以北京話為基礎方言的普通話，汲取了許多滿語的辭彙，如「妞兒」、「餑餑」、「薩其馬」，等等。具有滿族文化特點的各種土特產品，像各種細毛皮張和人參、木耳、蘑菇、松子、榛子等山貨，也深受漢族人民喜愛。其他如海東青、黑狐等則成為漢族上層的寵物。

漢族與蒙古族的文化交流　終明之世，明廷與蒙古族之間持續了多年的戰爭，但由於雙方經濟的互補和互相依賴，通貢、互市仍然持續不斷。在通貢和互市中，漢族和蒙古族人民進行著廣泛的文化交流。蒙古族的入貢品中，有金裝銀飾的馬鞍和箭囊等精美的手工藝品，連豪華的明廷也視為珍品。在馬市上，漢族人民能買到具有濃郁牧區特色的手工製品。通過通貢和互市，漢族地區的紙張大量傳入蒙古，不僅用來抄寫佛經，也促進了蒙古各項文化事業的發展。同時，由於大量漢族移民遷入蒙古地區，特別是一些漢族工匠的移入，為蒙古族人民帶去了發達的工匠技藝和先進的漢族文化，使蒙古族的手工業、建築業有了一定的發展。有學者統計，「到十六世紀末，移居土默特地區的漢族人口就達十幾萬以上」[89]。而蒙古族人民遷往漢地的也不在少數。這種相互間移民、通貢和互市，無疑促進了漢、蒙文化的交流，推動了兩個民族文化的發展。

明代漢族與蒙古族之間的文化交流，打著深深的時代烙印。在蒙古族達延汗以前，明蒙多年交戰，雙方的文化都印著戰亂的痕跡。達延汗以後，社會趨向穩定，特別是俺答封貢以後，雙方的文化交流急劇增多。

以音樂為例，明代初期在戰亂頻仍的社會環境中，蒙古族產生了一批優秀的武士思鄉曲，表達了蒙古人民渴望和平生活的強烈願望。[90]而到明朝中期以後，蒙古音樂在漢族和其他民族音樂的影響下，出現了復興的局面。如草原長調牧歌，這是蒙古族草原音樂文化的最高形態，也是蒙古音樂民族風格的基本標誌，在達延汗時期趨於成熟和定型，使整個蒙古音樂進入了一個以長調風格為主的歷

89 楊紹猷：《明代民族史》，94 頁，成都，四川民族出版社，1996。
90 參見袁炳昌、馮光鈺主編：《中國少數民族音樂史》上冊，153 頁，北京，中央民族大學出版社，1998。

史時期。而蒙古族特有的民族樂器火不思[91]，在明代也傳入了內地。據史載，正統十四年（1449 年），「也先每宰馬設宴，必先奉上皇（明英宗）酒，自彈虎撥思兒，唱曲，眾達子齊聲和之」[92]。到明中後期，中原漢族地區也盛行彈奏火不思了。同時，漢族人民中比較流行的樂器琵琶，在明代蒙古音樂中也多有使用。如明景泰元年（1450 年），瓦剌部也先太師招待明使李實，歌舞助興之時即「令十餘人彈琵琶」[93]。

在語言文字方面，明代蒙古族已通行改革過的蒙古字，即現在使用的蒙古字。由於紙張的傳入，十七世紀初在察哈爾林丹汗組織下，根據藏文並參考漢文，譯出了一百〇八函的藏傳佛教經典《甘珠爾》。蒙古族著名的口頭文學，如《江格爾》、《烏巴什洪臺吉》等，也得以用蒙文或托忒文記錄下來。

在史學方面，由於受漢族史學和藏傳佛教的影響，大約從十六世紀下半葉開始，蒙古族的史學家編纂了一批重要的史學著作。明廷則在洪武年間組織蒙、漢、回族學者，將元太宗時期成書的《蒙古秘史》（蒙古語稱為《忙豁侖・紐察・脫卜察安》）譯成漢文，稱作《元朝秘史》，並用漢字逐字音譯出來，使這部名著得以完整地保存下來。

在醫藥方面，蒙古族有傳統的醫學，但較之漢族醫學則大為落後。明初由於戰亂，蒙古醫藥短缺，不得不從明朝求取醫藥。後來，蒙古人通過互市，從內地購買藥物。蒙古封建主則利用向明朝朝貢的機會求取醫藥。永樂五年（1407 年），「北虜阿魯臺遣回民哈費思來朝，且奏求藥。命太醫院使如奏賜之」[94]。蒙古有時還要求派醫生前往治病。景泰元年（1450 年），明朝曾派「醫士」曾輝、羅顯祖去瓦剌「公幹」，給蒙古族人治病。成化年間，「迤北虜酋孛來以其知院苦塞患病，遣人舁至邊，乞醫調治。上命太醫院遣醫士往療之。」[95]而一些移居

91 在明朝文人筆下，火不思又被譯為虎撥思兒、琥珀槌等。

92 袁彬：《北征事蹟》。

93 李實：《北使錄》。

94 《明太宗實錄》卷五十四。

95 《明憲宗實錄》卷十三。

蒙古的漢人，也帶去醫藥知識，如白蓮教徒「周元治扁倉術」[96]。蒙古人患痘瘡，「調護則付之漢人」[97]。俺答封貢以後，明廷更是「每賜之醫藥」[98]，內地醫生進入蒙古的也越來越多。嘉靖三十三年（1554 年），俺答「方病在兩腿，患甚」，趙全毛遂自薦，「言我善治，惜無藥」，俺答派他「匿應州城中，買乳香、地黃、良姜諸藥材」，帶回蒙古為其治病。[99]此外，史載王廷輔也曾給賀彥英治「心病」。萬曆十二年（1584 年），宣大山西總督鄭洛派一名姓郭的醫官，到歸化城為第二代順義王黃臺吉治過病。[100]同時，蒙古族中醫術很高的絭失列來到北京行醫，得到漢族人民的讚揚。他還培養徒弟，將自己的醫術傳授給徒弟惠岩。[101]北京雙寺胡同內的廣濟寺立有記載絭失列在北京行醫事蹟的石碑。

在天文曆法方面，明代蒙古族使用的曆法突出地表明瞭蒙漢文化的交流。兩種《蒙古黃金史》和《俺答汗傳》所使用的蒙古紀年曆法，比元朝時《蒙古秘史》所使用的蒙古曆法前進了一大步，即在十二生肖前加了青、紅、黃、白、黑五色，有的還分公母（陰陽），說明蒙古曆的紀年是使用陰陽五色與十二生肖依次搭配，組成循環序列[102]，這與漢曆的干支紀年法是相同的。而且這種現象不僅出現在這三部書中，幾乎所有明代蒙古族的著作中都採用了這種干支紀年法，由此可見漢曆對蒙古曆所產生的影響。明廷還給蒙古贈送了《大統曆》。蒙古人貢的表文有時也有明朝皇帝的年號和紀年，如《俺答謝表》。明朝中後期，許多漢族兵民進入豐州灘，從事農耕，將中原地區的天時、節氣方面的知識帶入蒙古地區。他們同時也兼營畜牧業，向蒙古族牧民學到了草原地區的節氣知識。

在蒙、漢文的翻譯方面，雙方都做了大量工作。明洪武年間，為適應對北元政策的需要，明太祖朱元璋非常重視蒙漢文翻譯，大力培養專業翻譯人才，並專門設置了四夷館。洪武十五年（1382 年）「命翰林侍講火原潔等編類《華夷譯

96 瞿九思：《萬曆武功錄．俺答列傳下》。
97 蕭大亨：《夷俗記．禁忌》。
98 蕭大亨：《夷俗記．葬埋》。
99 瞿九思：《萬曆武功錄．俺答列傳中》。
100 參見曹永年：《呼和浩特市萬部華嚴經塔明代題記探討》，《內蒙古大學學報》，1981 年增刊。
101 參見田繼周等：《少數民族與中華文化》，271 頁，上海，上海人民出版社，1996。
102 參見珠榮嘎譯注：《阿勒坦汗傳．附錄四》，373 頁，北京，民族出版社，1984。

語》」[103]，作為規範化的蒙漢翻譯課本。永樂五年（1407 年），四夷館內設蒙古、女真等八館，「置譯字生、通事，通譯語言文字」[104]。這些譯字生、通事中有很多是蒙古人，他們為溝通蒙、漢兩個民族做了大量工作。正統六年（1441 年），瓦剌朝貢，明廷賜物中有「夷字《孝經》一本」[105]。正德四年（1509 年），亦孛來入套，總兵馬昂與之交戰，曾繳獲「番文三本」[106]。從中可以窺見當時蒙、漢翻譯工作的情形。

在建築、繪畫等藝術方面，俺答汗時修築的庫庫和屯（今呼和浩特），其建築設計和施工，基本上是仿照內地城堡式建築，分內外城，城內的宮殿、宅第，是漢地宮殿式建築。俺答汗致明朝皇帝的《俺答謝表》，附圖是一件巨大的繪畫精品，描繪俺答汗及其后妃、近侍、騎從、馬匠、貢使沿著城牆行進前往北京的場面，在構圖和筆法上明顯反映了漢族畫師的影響。

散居在明朝內地的蒙古族，同樣也對蒙漢文化交流作出了重要貢獻。十四世紀末，蒙古族學者參與了明廷組織的《蒙古秘史》的翻譯工作。一些蒙古族學者和文人在明廷任職，從事文化工作。如錦衣衛指揮同知徐晟，原名七十五，自永樂初被召見，一直擔任翻譯工作。鴻臚寺右丞七十，是元朝故臣，通蒙古文書，在明朝從事教習和翻譯工作。羽林前衛帶俸達官指揮石忠，後期在四夷館教習蒙古文書。此外，從十四世紀末至十七世紀初，內地的蒙漢學者共同努力，編印了多種蒙漢對照的辭彙集。除了十四世紀末編纂的《華夷譯語》之外，一些論述明朝邊政的著作，如《盧龍塞略》、《登壇必究》、《武備志》、《三雲籌俎考》等書都附載了蒙漢對照的名詞、術語，是研究當時蒙古語言和歷史的重要工具，有利於蒙漢民族的文化交流。

---

103 鄭曉：《今言》卷四。
104 《明史·職官志三》。
105 《明英宗實錄》卷七十五。
106 《明武宗實錄》卷五十八。

二、漢族與藏族的文化交流

在明代，藏族與漢族之間的文化交流是通過朝貢、互市和移民等方式而實現的。例如，大量藏僧入貢並留居京師和內地，不僅將藏傳佛教傳入內地，而且將藏族的佛寺建築和雕塑藝術也傳入內地。還有著名的藏醫藥學，傳入內地後，成為中醫藥中獨樹一幟的瑰寶。明朝也在四夷館中設立「西番館」，這對溝通藏漢文化也起了一定作用。

更重要的是，通過藏漢文化交流，先進的漢文化對藏族文化的發展起了積極的作用，對藏族地區產生了廣泛的影響。岷州、松州在十四、十五世紀開設了儒學。天全六番招討司曾於永樂時派遣子弟入國子監讀書。景泰年間在疊溪、嘉靖年間在汶川均設置學校，景泰時還贈給董卜韓胡宣慰司《御制大誥》、《周易》、《尚書》、《毛詩》、《小學》等漢文典籍。漢文史書有關吐蕃歷史的記載被譯成了藏文。在威州，由於儒學的設置和漢文化的影響，藏族地區社會風貌為之改變。據記載：「崔哲之以進士調官來威，重建文廟，興學校，相與遣兄弟子員，歲增二十餘人，番亦聞風歸化，大、小姓亦遣子弟入學、與諸生相率唯謹，揖遜從事俎豆，彬彬然有齊魯之風。」[107]從十三、十四世紀開始，由於受漢族史學的影響，藏族學者興起著書立說之風，撰寫了許多歷史、宗教、文學、天文、曆法等著作，如《西藏王統記》、《新紅史》、《智者喜宴》、《西藏王臣記》等。這些著作的刊印流傳，則有賴於從漢地傳入的紙張和木刻印刷術。如前所述，正是由於大批紙張流入藏族地區以及藏族人民掌握了木刻印刷術，許多藏文著作才得以印製流傳。

明代藏族的建築、繪畫、雕塑、戲劇等，也吸收了許多漢族藝術的特點。青海塔爾寺就是漢藏結合的形式，在一些藏族的建築物中，將吐蕃式傳統的建築藝術同漢式屋頂、斗拱巧妙地結合起來，形成了獨特的風格，既實用又美觀。青海地區的藏族還興建了「城郭廬室」。十五世紀初葉，在江孜等地的繪畫、雕塑中，已經融進了漢族的技藝，使這些藝術達到了新的境界。越到後來，漢文化的

107 同治《理番廳志・藝文》。

影響就越加明顯。再如明代興起的藏戲，在演出過程中，臺上演員唱完一段，臺後便有多人伴唱，類似川劇的幫腔，這可能是受到川劇的影響。[108]

三、漢族與白、彝、壯等族的文化交流

漢族與白族的文化交流　歷史上，白族一直具有直接吸收漢族文化的傳統。元朝時，張立道在白族地區「首建孔子廟，置學舍，勸土人子弟以學，擇蜀士之賢者，迎以為弟子師」[109]。到明代，由於明王朝統治的深入，在白族地區遷入大量漢族移民，駐屯墾闢，興辦學校，為白族學習漢文化提供了良好條件。白族的漢文化水準逐步提高，已基本與漢族趨於一致。正德《雲南志．大理府．風俗》說：「郡中漢、僰人，少工商而多士類，悅其經史，隆重師友，開科之年，舉子恒勝他郡。」天啟《滇志》卷三十說：「白人，迤西諸郡強半有之。習俗與華人不甚遠，上者能讀書。」康熙《大理府志．風俗門》也有類似記載，說大理府為「故河蠻域」，「迨明郡縣其地，詩出其人……中國之名家大姓，又多遷徙於其間，薰陶洗濯，故舉其平日之語言、衣食，悉恥其陋而革之，以游於禮教之域，以故人文科第……理學名儒項背相望」。

由於白族士子使用漢文，進漢人學校，與漢族知識分子一樣參加科舉考試，因此白族與漢族的文化交流非常廣泛而頻繁。如嘉靖、萬曆年間著名的白族文人李元陽，與同時期在全國負有盛名的漢族知識分子楊慎有密切的詩文交往。楊慎中過狀元，學問淵博，他大半生均在雲南度過，在雲南影響巨大，為人所敬，至有「迄今三百年，而婦人孺子無不知有楊狀元者」[110]。在雲南期間，楊慎與張含、李元陽、楊士雲、胡廷祿、王廷表、唐琦等人以詩文相唱和，切磋砥礪，使滇南詩壇名聞全國，人稱「滇南七子」，又稱「楊門七子」。其中楊士雲、李元陽就是白族學者。《明滇南詩略》序說：「迄於有明，盡變蒙、段舊習，學士大

---

108 參見楊紹猷：《明代民族史》，520 頁。
109 《元史．張立道傳》。
110 師范：《滇系．人物》。

夫多能文章，嫻吟詠。一時名流蔚起，樹幟詞壇，滇詩始著。」這正是白族與漢族文化交流的生動寫照。白族學者楊士雲還用漢文寫過一部歷史著作《郡大記》，在明代已被採入嘉靖《大理府志》中，也是萬曆《雲南通志·沿革大事記》之底本。

白族與漢族密切的文化交流，直接造就了歷史上著名的明代白族學者、作家群，其中為我們熟知的有楊士雲、楊鼐、楊黼、楊南金、李元陽、高桂枝、吳懋、何邦漸、艾自修等人。白族的史學、文學也因此出現了一個輝煌時期，取得了較高的成就。一些漢族的學者，也在這個時期寫下了一批有關白族史地的著作，如張洪的《南夷記》、彭汝實的《六詔紀聞》二卷、蔣彬的《南詔源流紀要》一卷、楊慎的《滇載記》一卷、《滇程記》一卷、倪輅的《南詔野史》一卷、謝肇淛的《滇略》十卷、郭棐的《炎徼瑣言》二卷、程本立的《雲南西行記》一卷，還有陳文纂修的景泰《雲南圖經志書》十卷、周季鳳修纂的正德《雲南志》四十四卷，為後人研究白族及雲南各族明代及此前的歷史留下了寶貴的資料。

此外，值得一提的是，明初在內地興起的在音樂上以「其節以鼓，其調喧」為基本特點的弋陽腔，流入雲南白族和彝族地區後，即發展為吹吹腔。[111]在當時祖國的西南邊陲，竟出現了「滇歌僰曲相應和，社鼓漁燈樂未央」[112]的樂種繁榮局面，生動地反映了白族與漢族的文化交流已滲透到社會生活的各個角落。

漢族與彝族的文化交流　明朝在彝族聚居地區設置了衛所，如洪武二十四年（1391 年）在今雲南宜良縣設立宜良千戶所。在設立衛所的同時，明政府通過軍屯、民屯、商屯等形式向彝族地區派駐大量漢族移民，此外還有許多從內地自發遷來的漢族移民。彝漢雜居一處，彼此互相依存，正如當時涼山彝族中流行的成語所說：「彝人離不得漢人，漢人離不得彝人；彝人離不得鹽巴，漢人離不得皮貨。」[113]進入彝族地區的漢族人民，不僅帶去了先進的生產技術，而且帶去了先進的漢文化。在彝族地區掀起了學習漢文化的熱潮，如雲南武定府境內的彝族

111 參見袁炳昌、馮光鈺主編：《中國少數民族音樂史》上冊，383 頁。

112 楊慎：《觀軒兒遷》。

113 參見方國瑜：《彝族史稿》，561 頁，成都，四川民族出版社，1984。

「延師教子習讀經書，自是民多慕之，陋俗少革，而近府鄉民，習漢字者亦多」[114]。彝族的文化水準也因之不斷得到提高。雲南武定府多彝族，「俗尚強悍難治，松皮覆屋，蓑氈蔽耳，交易用鹽。自建學校之後，舊習漸遷。」[115]楚雄府定遠縣（今雲南牟定縣）之「撒摩都」（彝族）者，「衣服飲食，亦同漢、僰，更慕詩書，多遣子弟入學，今亦有中科第者」[116]。

隨著彝族文化水準的提高，其與漢族的文化交流又日漸加深。嘉靖二十年（1541 年），貴州水西安氏土官用彝、漢文字對照的辦法，鐫刻了一塊《千歲衢碑記》。[117]而彝文史書上一些常見的人物傳記，如仲牟由、慕齊齊等，在明人宋濂等編纂的《元史・地理志》中已有記載，說明當時一些彝文史書已引起漢族學者的注意，從一個側面反映了明代彝、漢文化的交流。

漢族與壯族的文化交流　明朝在壯族地區設置衛所後，隨著漢族軍隊的進駐和移民的進入，形成了壯、漢雜居的局面。加上各級儒學及書院的興辦，大大改變了壯族地區原先落後的文化和習俗。據《天河縣舉人題名碑》說，天河壯人「素不知學」，洪武間「皆忻然相率，遣子弟入學，拜師聽誨，受命典教」[118]。嘉靖間，平樂知府龍大一次就「招致」壯人三十多名，「送入社學」[119]。萬曆初，詹景鳳「移攝梧州」，親自深入壯族聚居地，「擇少年美姿儀、識文字者，以鼓樂旗幟導而謁學官，與衣冠俎豆之士相周旋，習禮容」[120]。從這些記載中可以看出，明代壯族人民中已有不少人會使用漢語，能看懂漢文典籍，「微通文義者」[121]、「識『之乎』者」[122]不在少數。萬曆時右僉都御史魏浚又下令：「粵西學臣敕內，獨有教習僮童一款，令州、縣立社置傅，歲以教成者聞，頗諳文理者

114 正德《雲南通志・武定府》。
115 天啟《滇志・地理志・風俗志》。
116 景泰《雲南圖經志書・楚雄府》。
117 參見丁文江編：《爨文叢刻》甲編。
118 《粵西文載》卷四十二。
119 黃佐：《泰泉集・廣西圖經》。
120 嘉慶《廣西通志・宦績錄・明・詹景鳳》。
121 蘇浚：《學校志序》，《粵西文載》卷五十二。
122 歐陽東鳳：《素風集》附《歐陽太僕傳》。

收之饗序。」[123]

隨著漢文化對壯族人民影響的加深，壯族子弟爭相入學。如隆慶間古田壯民「願子受學」[124]；萬曆間岑溪壯族首領潘積善「願從其子附學宮受書」[125]；平樂壯人對於學習漢文化者「豔之，歲遣子弟入郭從師」[126]。壯族的上層人士更是多博通經史之人，有些壯族生員還能中舉、中進士。如著名的田州岑氏土官，有好幾代都博通經史，能詩善文。其第八代土官岑永通「積學工詩書，著作甚佳」；其弟岑永貞亦「聰穎好學，孝友篤行，博覽群書，尤精性理」；明末曾任明軍指揮使的岑漢貴，也是「博通經史，善詩文」[127]。明代著名的壯族學者李璧曾中弘治乙卯科（1495 年）舉人，正德年間又舉進士，工於詩詞，有多部著作傳世。

除研習漢族詩詞和儒學外，明代壯族還借鑒漢族傳統的兵法書籍，結合本民族特點，創造了一套「土司兵法」（又稱「岑氏兵法」）。據說壯族土司首領瓦氏夫人率壯族士兵，奔赴東南沿海同倭寇作戰時，就採取這種戰法，結果接連獲勝。

特別值得一提的，是明代壯漢音樂的交流。壯族民間傳說中的歌仙劉三姐，據《蒼梧縣志》載，她「生於明季」，與當時漢族知識分子張偉望曾互相切磋歌藝。另外，壯族說唱音樂「唐皇」（又名「堂煌」），早在明中後期就已在某些地區傳唱。據說它是嘉靖三十三年（1554 年）瓦氏夫人從浙江抗倭勝利班師回家時，將正德年間由兵將所編的《劉文龍菱花鏡》等劇碼帶回田州，並運用田州山歌發展潤腔而成的。因其內容是說唱唐朝皇帝李世民、薛家將、武則天、薛剛反唐以及李旦與鳳嬌戀愛的故事，故而得名「唐皇」。

---

123 魏浚：《諸夷慕學》，《粵西文載》卷六十一。
124 吳桂芳：《恢復古田縣治議處善後疏》，《粵西文載》卷八。
125 方孔炤：《全邊略記》卷八。
126 萬曆《廣西通志．學校志》。
127 參見《田州岑氏源流譜．列傳》。

四、漢族與其他少數民族的文化交流

明代漢族除與上述這些少數民族進行較多的文化交流外，和其他少數民族也不斷進行著直接或間接的文化交流。

維吾爾族居住的地區，曾是漢唐「絲綢之路」的重要通道，明王朝仍然與之有著頻繁的經濟貿易往來。善於經商的畏兀兒人利用和明朝的朝貢貿易，將馬、駝、玉石、香料等運到漢地，又將漢地的布匹、綢緞、絲綢、銀器、藥材等運回販賣，以此獲利。通過這種往來頻繁的貿易關係，畏兀兒和漢族之間進行了廣泛的文化交流。漢族地區的紙張大量輸入畏兀兒，促進了畏兀兒文化的發展。畏兀兒人與明廷也多有文書往來。當時，畏兀兒人所在的哈密、亦力把里等地頭人呈交明朝的文書多使用回鶻文書寫。具有濃郁民族風格的文化也傳入內地，畏兀兒的民間文學也有了進一步發展，如膾炙人口的《阿凡提的故事》不僅在畏兀兒人民中廣為流傳，而且也傳入內地，受到包括漢族在內的其他民族的喜愛。

傣族在明初時尚「無中國文字，小事則刻木為契，大事則書緬字為檄」[128]。隨著明朝在傣族地區的大量移民，以及各類學校的興建，到明中期以後已是「學校聲教，漸遷其俗」[129]。明前期傣族地區尚不知時節，沒有曆書，明中葉以後才有「小曆」的出現，這種傣曆吸收了漢族夏曆的許多成果。

明代的納西族，也吸收了大量漢文化的成果。麗江木氏土司的木公、木高、木東、木旺、木青、木增等土官均有較高的漢文學造詣，都有漢文詩作傳世，史稱「木氏六公」。《明史》對其評價很高，稱：「雲南諸土官，知詩書好禮守義，以麗江木氏為首云。」[130]木氏知府宅院的建築，也是仿照明代中原的建築工藝。納西族地區的寺廟建築，也多仿照明朝或西藏的廟宇建築。另外，東巴繪畫藝術中的大型著色布卷畫「恒丁」《路神圖》，從內容到形式，均是吸收漢、藏文化的產物。納西族著名的大型古典樂曲《麗江古樂》也是在明代漢族的佛教與道教

128 江應樑：《百夷傳校注》，昆明，雲南人民出版社，1980。
129 萬曆《雲南通志・景東府・風俗》。
130 《明史・雲南土司傳二》。

音樂傳入後產生的。它糅進納西族自己的民族音樂素材後，成為具有漢族和納西族聲樂藝術互相融合的獨特風格的音樂。

明代哈尼族的上層子弟，也積極學習漢文，讀書識字者日益增多，程度不斷提高。永樂十一年（1413 年），八寨長官司土官龍者寧入貢京師，曾隨從明成祖參加京城的端午節盛會，深受感染。返鄉後，他仿照京都漢族的做法，每年五月初五在六詔山區舉辦端午節大會。這是漢族與哈尼族文化交流的生動例證。此外，萬曆年間，八寨土官龍上登赴京受職，他在京遍訪名師，學習漢文經典，返鄉後「興學校，建文廟」，並親自為文廟撰寫碑文。[131]從此，一批漢文學校在六詔哈尼山區紮下了根，為哈尼族培養了不少士子。

據史書與方志記載，明代布依族地區已建起不少學校。如永樂十五年（1417 年）在今貴州盤縣建立了普安州學；宣德八年（1433 年）在今都匀市建立了都匀衛學，後改為都匀府學。隨著教育的發展，布依族也多「通漢人文字」[132]，「多有讀書識字者」[133]。

明朝在苗族地區也設立了不少學校，為苗族人民學習漢文化提供了便利條件。有些苗族學子經過學習，考上了舉人、進士。此外，苗族醫藥學歷史悠久，內容豐富，對漢族及其他民族產生過影響。李時珍編撰的《本草綱目》收入苗藥二十多種，就是突出的例證。

明朝在川西北羌族聚居區設置土司後，在有條件的地方也開設儒學。如永樂九年（1411 年），明政府在漢羌雜居的茂州設立儒學。隆慶年間，張化美擔任茂州知州，又建社學兩所，「擇弟子員貧而好學者給以館谷，俾司訓課」[134]。其他地區如松潘、龍州也都設了儒學，並由明政府派出儒學訓導。

明朝在土家族地區也設立了不少學校，如永樂六年（1408 年）明政府在四

---

131 乾隆《開化府志・風俗》、《開化府志・龍馬山遺碑》。
132 弘治《貴州圖經志書・貴州宣慰司・風俗》。
133 乾隆《貴州通志》卷七。
134 道光《茂州志・政績》。

川酉陽建立酉陽司學，入學者多為土家族土官及其子弟。其中不少人後來工詩詞、通經史，成為精通漢文化的士子，有的還中舉、中進士，有的著書立說，有詩文傳世。如四川酉陽（土家族）冉氏土司從天順年間的冉之開始著有詩集，其後世襲酉陽宣撫使的冉舜臣、冉儀、冉元祖孫三人都有詩作。萬曆時冉御龍，崇禎時冉天育、冉玉岑也有詩作。萬曆年間，容美司土官田九齡還開創了田家詩派，世代相傳，歷久不衰，時人稱其為「才超楚國」的俊才，與他來往唱和者，多為當時名士，其中不乏漢族學者。此外，還有一些接受漢文化教育的土官在自己家鄉辦學校，傳播漢文化。如萬曆年間，永順宣慰司彭元錦就學於酉陽司學，學成回鄉並承襲永順司宣慰使後，立即仿照酉陽司建立學校的辦法，在永順司治建立若雲書院。卯峒司安撫使向同廷也在司治及新江等地建立學校。再如四川石砫土司馬宗大，是明末著名土家族女土官秦良玉的玄孫，他建學校，延師儒，教育子弟及民間俊秀，當地文風因之日盛。可見，這些接受過漢文化教育的土家族上層人士，成了連接漢族與土家族的文化橋梁，積極推動著土家族與漢族的文化交流。

明代瑤族中也有不少識漢字、熟讀詩書的士子，有的還參加科舉考試。明人魏浚在《諸夷慕學》一文中記載：「富川、桂平多瑤種，來試者謂之瑤童。」[135]今廣東羅定縣在明代瑤族很多，明政府曾在此「立社學以教瑤童，廣廩額以資多士」[136]。另外，明政府對一些歸降明軍的瑤族起義首領「乃貸其死，並與其子弟入學」[137]。因此，明代瑤族的文化教育水準有了較大提高，有的史書和方志提到瑤族時，往往都說他們「識漢字，通漢語」。此外，瑤族豐富的中草藥知識對漢族人民也很有幫助。包汝楫《南中紀聞》曾提到瑤人「善識草藥，取以療人疾，輒效」。

明代高山族與漢族的文化交流，又有了進一步的發展。黃佐《南雍志．事紀》曾列舉許多高山族的上層分子及其子弟到國子監學習，受到明政府照顧的事

---

135 載《粵西文載》卷六十一。
136 《羅定州志》卷八。
137 《明史．廣西土司傳一》。

例。一些從大陸赴臺灣的漢族士大夫，也設館教授高山族子弟。如明末沈光文曾「結茅羅漢山中……山旁有目加溜灣者，番社也，於其間教授生徒，不足，則濟以醫」[138]。由於漢文化在高山族人民中有了一定的基礎，因此在弘光元年（1644年），「臺灣領事集歸化土番之長老，設評議會，以布自治」[139]。這說明當時高山族已有了一些歸化的原住民，他們接受了漢文化，因而能按照漢文化的組織方式進行「自治」。

此外，明代的回族也與漢族進行過頻繁而密切的文化交流。這些在前面論述回族文化的發展時已有反映，此不贅述。

第三節．少數民族之間的文化交流

明代除少數民族與漢族之間有著廣泛的文化交流外，各少數民族之間也經常進行各式各樣的文化交流。

138 全祖望：《埼鮚亭集》卷二十七。
139 連橫：《臺灣通史．開闢紀》。

一、藏傳佛教對蒙古、滿、納西等族文化的影響

元代自八思巴起，藏傳佛教中薩迦派的歷代傳人都為元室帝師，藏傳佛教流傳很廣。藏族也與蒙古族建立了更親密的關係。洪武元年（1368 年）元室北遷後，藏傳佛教在蒙古地區的影響仍然很大。在各種史籍記載中，隨處都能找到藏傳佛教喇嘛活動的影子。如洪武七年（1374 年），駐和林的北元國師朵兒只怯烈失思巴藏卜，曾遣其講主汝奴汪叔至明朝進表，獻銅佛、舍利、白哈丹布（哈達）以及元所授玉印、圖書等物。[140]

為了和明朝爭奪西域地區，蒙古族各部首領不斷向藏族聚居區擴張勢力，又增加了其與藏族和藏傳佛教接觸的機會。據《阿勒坦汗傳》記載，嘉靖三十七年（1558 年）俺答汗征討殘敵，途中俘虜眾多土伯特即青海藏族商人，心發慈悲就地釋放了一千名喇嘛。俺答汗的侄孫庫圖克臺徹辰洪臺吉（明譯切盡黃臺吉）更是皈依佛教，成為「兼通番、漢、佛經」，「博通內典」的著名佛學家。[141]他曾勸說俺答汗迎請西藏黃教首領索南嘉措來蒙古族地區傳教。

黃教，是藏傳佛教中格魯派的俗稱，創始人為宗喀巴。因格魯派喇嘛戴黃帽、著黃衣，故稱黃教。十五世紀，格魯派在西藏迅速崛起，標誌著藏傳佛教發展到了一個新階段。它集以往各教派組織制度之大成，形成了最完備、最典型的藏傳佛教的寺院僧侶組織制度。其代表性的寺院有拉薩三大寺（甘丹寺、哲蚌寺、沙拉寺）、日喀則的紮什倫布寺、青海的塔爾寺和甘肅的拉卜楞寺。

隆慶五年（1571 年），俺答汗首次接觸黃教，就「懷念嚮往，晝不能忘而夜不成眠」。萬曆二年（1574 年），俺答汗派使者前往西藏迎請索南嘉措。萬曆六年（1578 年），索南嘉措經過千里跋涉，到達青海湖濱，並在青海湖畔的察卜齊雅勒廟（即仰華寺）與俺答汗會晤。當時，「漢人、土伯特、蒙古、衛果爾（畏兀兒）、喇嘛等聚集十萬餘人」[142]，目睹了這次歷史性的會見。俺答汗贈與索南

140 《明太祖實錄》卷八十七。

141 瞿九思：《萬曆武功錄·俺答列傳下》；《萬曆武功錄·切盡黃臺吉列傳》。

142 薩囊徹辰：《蒙古源流》卷七。

嘉措「聖識一切瓦齊爾達喇達賴喇嘛」的尊號，西藏黃教寺院集團的上層僧侶立即將索南嘉措定為第三世達賴喇嘛。為保證黃教在蒙古地區的傳播，雙方在會見中還宣布了一系列命令。這次會見，還有一大批蒙古貴族由三世達賴喇嘛剃度為僧。據《阿勒坦汗傳》記載，蒙古貴族中有一百〇八人成為班第（小喇嘛）、脫因（和尚）。

這次會見以後，格魯派迅速傳遍全蒙古，給整個蒙古歷史帶來極為深遠的影響。

首先，是風俗習慣和日常生活方面的影響。據蕭大亨《夷俗記》記載，蒙古族「比款貢以來，頗尚佛教。其幕中居恆祀一佛像，飲食必祭，出入必拜，富者每特廟祀之，請僧諷經，捧香膽拜，無日不然也。所得市銀，皆以鑄佛鑄浮圖。自虜王以下至諸夷，見佛見喇嘛無不五拜五叩首者，喇嘛惟以左手摩其頂而已。且無論男女老幼，亦往往手持念珠而不釋也。又有以金銀為小盒，高可二三寸許，藏經其中，佩之左腋下，即坐臥寢食不釋也。」「從前蒙古人等死後，則盡力宰殺駝馬殉葬以為盤費，自此力改，竭力奉行經教，按年逐月，並按八節持戒誦經。」「每月持齋三日，禁止殺牲漁獵。」[143]在黃教傳入前，蒙古族中流行人畜殉葬制度。自黃教傳入後，俺答汗首先廢除人畜殉葬制度，而實施藏族的火葬法。黃教傳入後，蒙古族中的禁忌也更多了，「一舉動，僧曰不吉，則戶限不敢越也」[144]。

蒙古許多文學、歷史著作也受黃教的影響，如著名的《大黃史》、《蒙古源流》等均以佛教思想貫穿全書，甚至篡改歷史事實以適應佛教理論。

蒙古的翻譯工作，也因黃教傳入而有了新的發展。俺答汗從西藏請來幾百名喇嘛，讓他們翻譯藏文和漢文的佛教經典。十七世紀初藏傳佛教經典《甘珠爾》全部被譯成蒙文，稱得上是蒙古翻譯史上的空前壯舉，是蒙、漢、藏各族學者共同努力的結果。在翻譯過程中，許多藏文辭彙為蒙文所吸收，豐富了蒙文的辭

143 同上。
144 蕭大亨：《夷俗記．禁忌》。

彙。

為了維護藏傳佛教的崇高地位和上層喇嘛的利益，蒙古族各部首領還制定法律、法規，如著名的《俺答汗法典》和一六四〇年的《蒙古一衛拉特法典》就肯定了佛教和達賴喇嘛的神聖地位。

隨著黃教在蒙古地區的傳播，藏醫、藏藥也隨之傳入蒙古族地區。著名喇嘛咱雅班第達還將藏醫的《四部醫典》譯成托忒文。由於吸收了藏醫、藏藥和漢醫、漢藥，蒙古醫學取得了巨大發展，形成了新的蒙古醫學。因此，研究蒙古醫學史的學者，都把明代作為蒙古醫學史的新時期。

此外，黃教傳入以後，在蒙古興建了不少佛寺。其中，在庫庫和屯和鄂爾多斯地方所建築的佛寺，以及在鄂爾渾河上游建造的額爾德尼昭，都受到西藏建築藝術的影響。

藏曆也對蒙古族產生了很大影響。《大黃史》開頭就使用佛曆紀年。《阿勒坦汗傳》也有幾處使用於藏曆紀年，有的地方則使用蒙古曆、藏曆混合紀年，如「白蛇年十二年十九虎日雞時」，其中年代使用蒙古曆，紀日則使用藏曆。

緊鄰蒙古的滿族，也與黃教發生了聯繫。天命六年（天啟元年，1621 年），努爾哈赤曾將在蒙古傳教的藏族喇嘛斡祿打兒罕囊素請到後金，「敕建寺，賜之莊田」[145]。後來，皇太極欲征服蒙古各部，聯絡西藏，更加重視利用佛教。天聰三年（崇禎二年，1629 年），他特為已經去世幾年的斡祿打兒罕囊素喇嘛建塔立碑。天聰八年（崇禎七年，1634 年），察哈爾的墨爾根喇嘛帶著元朝的護法金佛歸降後金，皇太極即將他迎入盛京（今瀋陽），為之建立實勝寺（黃寺）及四座塔進行供奉。天聰十年（崇禎九年，1636 年），皇太極改國號為大清，改年號為崇德。不久，在呼和浩特地區活動的班禪額爾德尼的弟子、蒙古族僧人內齊托因率門徒三十人到盛京會見皇太極，受到皇太極的重視，另有格魯派的東科爾活佛（三世達賴喇嘛派往呼和浩特的高僧）在鄂爾多斯的轉世滿珠習禮也與皇太極建

145 《遼陽縣志·壇廟志》。

立了聯繫。這些聯繫，成為格魯派與清朝建立關係的開端。[146]

納西族居住的麗江地區，自唐以來即與吐蕃接觸頻繁，明代木氏土司的統治勢力不僅囊括中甸、維西、德欽，而且直達巴塘、理塘，以藏傳佛教為代表的藏族文化因之進入麗江地區。從各種歷史記載來看，明代麗江地區與藏族地區經濟、文化的交流是比較頻繁的。如萬曆八年（1580 年），三世達賴索南嘉措「倡建理塘寺，雲南麗江木氏土司予以贊助」[147]。據《徐霞客遊記》的記載，萬曆三十八年（1610 年），西藏地區的佛教領袖「二法王」（二寶法師）曾來到麗江，並由麗江轉到雞足山朝拜。據麗江地區的傳說，二寶法師受到了麗江土司的歡迎，在歸途中收了六個教徒帶去西藏。後來，這六個教徒回到麗江，即修建喇嘛寺傳播藏傳佛教，麗江地區的五個紅教（寧瑪派）喇嘛寺（福國寺、指雲寺、文峰寺、普濟寺、玉峰寺）的修建，都與西藏二寶法師、四寶法師有關。[148]據余慶遠《維西見聞錄》的記載，當時維西五個紅教喇嘛寺，約有紅教喇嘛八百人，都遵守四寶法師的教規。《徐霞客遊記》還說，當時納西族「頭目二三子，必以一子為喇嘛」。土司木增的一個通事是個「居積番貨」的商人，麗江北界番地也有販商。[149]麗江喇嘛教徒都以入藏朝參、學習藏典為生平大願。

由於納西族信仰藏傳佛教，因此明代麗江境內建有很多佛教寺院。如徐霞客所到的芝山解脫林，就是後來著名的福國寺。雲南名勝雞足山悉檀寺為萬曆年間土司木增所建，天啟年間土司請求敕頒的《大藏經》就存放在那裡。悉檀寺經木增之子「重加丹堊，宏麗精整，遂為一山之冠」。徐霞客游滇時，木氏迎請他住於悉檀寺，修了《雞足山志》，「創稿四卷」[150]。

著名的麗江木氏土府廟宇壁畫[151]，其題材多為宣傳宗教的內容（藏傳佛教、道教等）。其中尤以嘉靖二年（1523 年）建成的大寶積宮的孔雀明王、法會圖等

146 參見丹珠昂奔主編：《歷輩達賴喇嘛與班禪額爾德尼年譜》，73 頁，北京，中央民族大學出版社，1998。
147 同上書，45 頁。
148 參見洛克：《中國西南古納西王國》第 3 篇第 3 章。
149 徐弘祖：《徐霞客遊記》卷十四。
150 同上。
151 參見李偉卿：《麗江木氏土府廟宇壁畫初探》，《文物》，1960 年第 6 期。

壁畫，散發的藏畫氣息最為濃烈。

在談到藏傳佛教對其他少數民族文化的影響時，值得一談的還有藏族長篇英雄史詩《格薩爾王》的影響。隨著藏傳佛教在周圍民族中的擴展，很多民族都產生了自己的格薩爾，如蒙古族的《格斯爾》，土族的《格薩爾》，納西族的《格薩爾》，裕固族的《蓋瑟爾》，還有普米族和傈僳族等不同版本的《格薩爾》，足見格薩爾本身的不朽魅力和藏族文化的強大影響力。

二、蒙古族文化對滿、藏、維等族文化的影響

明代，除漢族文化外，蒙古族文化對滿族社會也有著深刻影響。

首先來看語言文字方面的影響。如前所述，明代女真族懂女真文字的越來越少，對外交往、日常生活中均大量使用蒙文。據朝鮮人李民寏記載：「胡中只知蒙書，凡文簿皆以蒙字記之，若通書我國時，則先以蒙字起草，後華人譯之。」[152]靠近松花江下游的玄城衛指揮撒升哈等人曾向明廷奏請：「臣等四十衛，無識女真字者，乞自後敕文之類，第用達達字（即蒙古文）。」[153]成化十九年（1483年），朝鮮國官員問建州衛使者：「我殿下今送諭書與汝衛，有識字者乎？」使者答：「朝鮮文字或不知，蒙古書則多有知之者。」[154]現存明代四夷館《高昌館課》中，還保留了許多當時女真人用蒙古文所上的奏文。努爾哈赤崛起後，由於女真使用自己的語言和蒙古的文字，在實際生活中產生諸多矛盾，特別是「文移往來，必須習蒙古書，譯蒙古語通之」[155]，給滿族內部生活和對外交往造成了很多麻煩，「兩國語言異，必須移譯而成文，國人以為不便」[156]。於是在萬曆二十七年（1599 年）令額爾德尼和噶蓋，仿照女真人熟悉的蒙古字母，拼寫女

152 李民寏：《建州聞見錄》。

153 《明英宗實錄》卷一一三。

154 吳晗輯：《朝鮮李朝實錄中的中國史料》第 2 冊，692 頁，北京，中華書局，1980。

155 《滿洲實錄》卷三。

156 《清史稿．額爾德尼傳》。

真字句，創制了最初的滿文。其實在語言上，蒙語對滿語也有較大影響，這主要體現在辭彙方面，因為辭彙「是直接反映社會生活、經濟、文化和世界觀的一切變化的」[157]。從現存滿文的歷史文獻來看，滿語詞彙中有很多是從蒙語中借用過來的，如努爾哈赤建立後金前後，官職名稱、封號及人名幾乎都採用蒙古語。此外，著名的蒙古史學家額爾登泰先生，曾從《蒙古秘史》裡輯錄出了保留在滿語裡的一百六十條古蒙語[158]，有力地說明了蒙語對滿語的影響。

政治文化方面，女真受蒙古文化的影響也相當深。努爾哈赤崛起前，海西女真的哈達部王臺曾建立起女真最初的政權，貴族們都有蒙古稱號，如葉赫仰加奴子稱金臺失（金臺吉）、烏拉部布占太下的兀巴海有「把土魯（巴都魯）」稱號、拉布泰有「紮兒胡七（紮魯忽赤）」的官職稱號等。努爾哈赤崛起時，他所在的建州女真對蒙古文化有了一些直接接觸，同時又通過海西女真間接地接受蒙古文化。

努爾哈赤初起兵，輔佐他的文人巴克什（蒙古語老師或師傅之意）都是海西人，或蒙古人。如額爾德尼巴克什，納喇氏，世居都英額，兼通蒙古、漢文。尼堪，納喇氏，世居松阿里烏喇（松花江），歸附努爾哈赤後，賜號巴克什。武納格，蒙古博爾濟特氏，「其先蓋出自蒙古，而居於葉赫。太祖創業，武納格以七十二人來歸，有武略，能蒙、漢文，賜號巴克什。」希福，「赫舍里氏，世居都英額，再遷哈達。太祖既滅哈達，希福從其兄碩色率所部來歸。居有頃，以希福兼通滿、漢、蒙古文字，召直文館。屢奉使蒙古諸部，賜號『巴克什』。」[159]還有與額爾德尼合作創製老滿文的噶蓋紮爾固齊，也是一個來自海西的重要人物。他們都是蒙古文化的傳播者。萬曆十一年（1583 年）努爾哈赤起兵，建立政權初期基本模仿海西的政權形式。據漢文史籍和朝鮮史籍記載，建州三衛始祖都有蒙古官號，後來接受明朝官職後，就以都督等官職相稱，在達罕時三衛雖有執事官，但是還沒有什麼具體官稱。[160]努爾哈赤初起兵時，在蒙古、海西等部影

---

157 〔蘇〕阿巴耶夫：《語言史和民族史》。

158 額爾登泰：《滿語中的〈蒙古秘史〉辭彙》，《蒙古語文研究文集》，西寧，青海民族出版社，1982。

159 參見《清史稿》卷二二八《額爾德尼傳》、《尼堪傳》，卷二三〇《武納格傳》，卷二三二《希福傳》。

160 吳晗輯：《朝鮮李朝實錄中的中國史料》第 2 冊，760 頁。

響下，建州各級官員都使用蒙古官稱，如國初大都、扈爾漢為「達拉哈轄」（即蒙古達爾罕恰），費英東、噶蓋為紮爾固齊。努爾哈赤時期，從他本人直至子弟都有蒙古稱號，他自己接受喀爾喀蒙古貴族所上的昆都倫汗之號，他的弟弟及子孫有打喇漢把都魯、卓里克圖貝勒、阿兒哈兔土門、古英巴圖魯等稱號，諸子皆稱臺吉，這些無一不反映出蒙古的影響。

萬曆二十七年（1599 年），努爾哈赤令額爾德尼等以蒙古文字母創制滿文，有了自己的文字。此後設牛錄，建八旗，四十四年建立後金政權，設五大臣、十紮爾固齊，開始自成體系。但是仍未完全擺脫蒙古文化的影響，五大臣及紮爾固齊官名都保留著舊稱。[161]

明代蒙古族文化對藏族和維吾爾族也產生了一定的影響。

明代蒙藏交流非常密切，蒙古文化也給予藏族一定的影響。如萬曆三十年（1602 年），西藏三大寺派出正式代表前往蒙古，承認蒙古俺答汗之曾孫為三世達賴的轉世靈童，並迎請入藏，這就是四世達賴雲丹嘉措，他是歷輩達賴喇嘛中唯一出身於蒙古族家庭的達賴喇嘛。萬曆四十四年（1616 年），年僅二十八歲的四世達賴雲丹嘉措突然圓寂。對於他的暴亡，當時西藏社會各界一般認為是第悉藏巴地方政權的建立者彭措南傑派人下的毒手，因為當時第悉藏巴的勢力已深入前藏，而且為限制已與蒙古建立良好關係的格魯派勢力的發展，在四世達賴圓寂後，下令禁止尋找他的轉世靈童。後來，在四世達賴的管家索南饒丹等人的請求下，蒙古和碩特部固始汗率兵入藏，與格魯派聯合攻滅第悉藏巴政權。固始汗與格魯派聯合掌握西藏政權，五世達賴因而成為西藏地方政治、宗教首領之一。

明代，有大批蒙古族進入維吾爾族農業區，長期與維吾爾族雜居共處，有的被同化於維吾爾族之中。如葉爾羌汗國的上層統治階級中有不少是蒙古朵豁剌惕部的貴族，但他們都是伊斯蘭教的狂熱追隨者，其信仰、生活習俗、心理特點和文化特徵日益接近維吾爾族，於是就逐步融入維吾爾族中。

---

161 參見達力紮布：《明代漠南蒙古歷史研究》，262-264 頁，呼和浩特，內蒙古文化出版社，1997。

三、南方各少數民族之間的文化交流

南方各民族經過長期的歷史發展，到明代時已基本形成了大雜居、小聚居的分布格局，這種格局有利於其經濟、文化的交流。

明代有很多白族農民、手工業者四出勞動，商人八方做買賣，活動於雲南各民族地區。他們帶去了先進的生產工具、生產技術和精美的手工藝品，傳播了先進的生產經驗。同時，白族人民也不斷學習其他少數民族的先進生產技術和優秀文化。直到現在，蘭坪、碧江等地傈僳族人民犁田叱牛的語詞，還是較古老的白語；而住在那裡的白族人民則大多學會了傈僳族語言，接受了傈僳族的習俗和服飾。白族人民把建築和製鐵技術傳到彝、傣、納西、阿昌等民族地區；而白族人民也吸取了不少彝、傣、納西、阿昌等民族的文化，如廣泛流傳於巍山彝族人民中的《神笛》故事，也流傳於白族人民之中。

此外，分布在西雙版納及其周圍地區的哈尼、景頗、拉祜、基諾、傈僳等族因長期與傣族交往和共處，受到其建築文化及生活習俗的影響而採用干欄式樓居。居住在貴州雷山和臺山一帶的苗族，因長期受周圍侗族的影響，將他們的鼓樓建築形式，結合當地的山地環境，創造出具有特色的吊腳樓建築形式。廣西的瑤族由於受壯族影響而喜歡高腳樓居。湘西的苗家住居與相鄰的土家族大致相同，多用岩石壘砌而成，石牆、石瓦、石桌、石椅，形成獨具一格的石屋。

第五章

形式多樣的
中外文化交流

第一節·

中國與周邊國家的文化交流

明代中國與周邊朝鮮、越南、日本和緬甸的文化交流，較之宋元時期又有了進一步的發展。由於自身文化的優勢地位，明代向外輸出的文化具有先進性與多樣性的特徵。與此同時，明朝也輸入鄰國異域的文化，為自身的發展注入新的活力。

一、與朝鮮的文化交流

明初統治者，鑒於元朝對日本等國用兵的失敗，吸取前朝教訓，立足於穩定國內統治，不輕易對外用兵。明太祖在《明皇祖訓》中明確規定一些不征之國，他認為「四方諸夷，皆限山隔海，僻在一隅，得其他不足以供給，得其民不足以使令」，告誡其子孫不要向外擴張。[1]同時積極開展與周邊國家的政治、經濟與文化交流。洪武元年（1368 年），即遣使出訪高麗，通報他已即位改元，取代元朝統治，希望與高麗重新建立外交關係。洪武二年，高麗國王遣使入明，請封爵。洪武二十五年（1392 年），大將李成桂推翻高麗王朝，自立為王，經明朝承認改

1 朱元璋：《皇明祖訓·祖訓首章》。

國號為朝鮮。明與朝鮮友好相處，關係密切，經濟文化交流都優先於其他國家。當時中國向朝鮮輸出絹、布、藥材等物，朝鮮向中國輸出耕牛、馬匹、紙張和苧布。永樂二年（1404 年），朝鮮一次就贈送中國耕牛一萬頭之多。政治上的友好關係和經濟上的相互支援，促進了中朝兩國的文化交流。

明朝科舉對朝鮮的影響　洪武三年（1370 年）明太祖向高麗遣使，頒布科舉程式，准許高麗、安南、占城的士子參加本國鄉試後，可以前來明朝京師參加會試，優先錄取。李朝建立後，朝鮮繼續實行科舉制度，規定《四書》、《五經》、《通鑒》以上各史為基本教材，應試時必須寫作表章古賦，使漢文學成為朝鮮文士學習的範本。因此，朝鮮便大量採購中國的圖書。朝鮮使者、商人到中國後，都備有中國舊典、新書、稗官小說的書目，按照書目找書，不惜花費重金購買，帶回本國。李朝印刷業十分發達，成宗李娎時，不但朝廷大量印刷諸子百家書籍，廣泛流傳，而且下令各地刊印書冊。經、史、子、集之外，《三國演義》也被翻印。許多朝鮮著作也在這時陸續印成，如《高麗史》、《三國史記》、《東醫寶鑒》和崔致遠以及各家詩文集等。成宗二年（1471 年），還參照《唐六典》等中國法典及《朱子家禮》編成並刻印了六卷《經國大典》。這部政治綱領性質的大典的編印，使朝鮮的立國規模、典章制度趨於完備。

朝鮮銅活字與鉛字印刷傳入中國　中國發明的活字印刷術，首先傳入朝鮮。後來，朝鮮人在中國活字印刷術的基礎上，先後發明了銅活字和鉛活字，成為世界上最早使用銅字與鉛字印刷的國家。朝鮮銅活字原稱「鑄字」。現存世界上第一次使用金屬活字印刷的書籍，是一二三四至一二四一年晉陽侯崔怡採用銅鑄活字印成的《古今詳定禮文》五十卷，共二十八本（今僅存李奎報代寫的序言）。為了扭轉圖書仰賴中國的局面，太宗李芳遠於一四〇三年設立鑄字所，由李稷主持鑄造了幾十萬個銅活字，以提高書籍的印刷速度和品質。在十五世紀李朝鑄造銅活字達十一次，十六世紀又鑄字三次。後來朝鮮的銅活字傳入中國，我國也在十五世紀末鑄造了銅活字，但由於紙墨的品質不如朝鮮，銅活字印本也遠遜於李朝的印本。一四三六年，世宗李裪又命世祖李瑈書寫《通鑒綱目》大字，書名《思政殿訓義》，澆鑄鉛字，用以排出正文，小注則用甲寅年（1434 年）澆鑄的銅活字，鉛字與銅字混合排印。不久，朝鮮鉛字也傳入中國沿海地區。成書於弘治、正德年間的陸深《金臺紀聞》載云：「近日毘陵（常州）人用銅、鉛為活字，視板印尤巧便。」說明當時的常州除用銅活字印書，還採用鉛活字，惜至今未見其印本。

漢字對創製朝鮮文字的影響　朝鮮自古至李朝末年，一直用漢字作為其正式通用的文字。李朝世宗為了推進本民族的語言，在一四三三年設立諺文局，命集賢殿學士鄭麟趾、申叔舟、成三問等人，仿照明朝的《洪武正韻》，創製訓民正音，制定新的文字。為此，成三問、申叔舟先後十三次來到中國的遼東，拜訪在那裡謫居的明朝翰林學士黃瓚，向他請教音韻學和發音表記。在一四四六年秋，他們終於編印出一部《訓民正音》的韻書，創造了由二十八個字母拼寫的諺文，成為今日朝鮮的文字。諺文仿照《洪武正韻》中的聲母、母音和輔音，分成初聲、中聲和終聲。現在朝鮮通用的字母共有二十五個，這是明代中朝文化交流的結晶。

程朱理學在朝鮮的流布　李朝建立後，一反高麗時期的重武輕文、崇佛抑儒的做法，大力推崇儒學，排斥佛教。從此，使儒家哲學替代佛教，成為李朝的建國理念，稱為「儒教」。

程朱理學在十四世紀初傳入高麗後，到李朝而有理氣之爭。十六世紀上半葉，徐敬德首先對朱熹的理氣二元論提出反對意見，認為「氣外無理」，主張「氣一元論」，成為朝鮮主氣論的理學先驅。此後，李珥繼承其說，認為萬化之生，「其然者氣也，其所以然者理也」，為主氣派張揚光大。李彥迪、李滉則發揚了朱熹的理氣二元論。李彥迪認為理氣不可分，但「有理而後有氣」，開朝鮮朱子學主理派之先。李滉也認為「天地之間有理有氣」，但「理在事先」，「理為氣之帥，氣為理之卒」，成為主理派的集大成者。李滉對佛教和陸王心學提出批評，創建了別具特色的「退溪（李滉字退溪）學」，建構了一個涵括宇宙本體和萬物生成以及人性與道德精神等方面的理學體系。李滉有「朝鮮朱子」之稱，他的學說為此後李朝實學的興起奠定了思想基礎。李滉、李珥的理氣之爭，推動了朝鮮性理學的發展。李滉的繼承者有柳成龍、金誠一、鄭逑等，稱嶺南學派。李珥的繼承者有金長生、鄭曄等，稱畿湖學派。

在李朝，程朱理學左右了一代學風，從早先以詞章、訓詁為主轉入崇尚經、史的軌道。儒學作為社會各階層倫理道德教育的準則，被推廣到朝鮮各級學堂，直至太學成均館。以「仁孝」為根本的所謂五倫（君臣、父子、夫婦、長幼、朋友），成為人與人之間倫理道德的基本規範。

李朝文士的漢詩漢文創作　李朝的文士很多，漢文學的創作十分繁榮。他們的漢詩漢文，初學宋代的蘇東坡、黃庭堅，後又一度學唐，轉而採掇唐宋，尊崇並借鑒李白、杜甫、王維、高適、孟浩然、韓愈、柳宗元、歐陽修、蘇東坡、陸游等人的文學創作。

有明一代，中朝兩國使者中，有很多文人學士，他們彼此交往，互相唱和，友情極深。明景泰年間，倪謙奉明廷之命出使朝鮮，與朝鮮名士申叔舟、成三問等都有交往。申叔舟與倪謙交往尤密，經常向他討教漢字音韻，倪謙為之一一釋疑。倪謙歸國，寫了首《送叔舟詩》言別。天順時張寧、弘治時董越、嘉靖時唐皋、隆慶時許國、萬曆時黃洪憲等出使朝鮮，和朝鮮文士均有同樣的唱酬應對，傳為一時佳話。董越出使朝鮮，與館伴許琮結下厚誼，董越歸國前，許琮寫了一首頗有唐詩風格的《浮碧樓送別明使》相贈，末句「眼前多少景，惆悵客將歸」，韻味深長。董越後來還特地為許琮詩集作序，稱讚他的詩「音律諧暢，蕭然出塵」。弘治元年（1488 年）王敞出使朝鮮，許琮也有《安興道中次王黃門韻》詩相和。萬曆二十六年（1598 年）隨陳璘援朝大軍開赴漢城的文人吳明濟，曾廣泛結交朝鮮文人。翌年他再次赴朝，還搜集了新羅以來一百多位元朝鮮詩人的作品，編成《朝鮮詩選》，這是中國人編選的第一部朝鮮漢詩集。援朝的明將趙都司，在漢城親眼目睹當地統治者的昏庸奢侈和人民的悲慘境遇，悲憤地寫下這樣一首詩：「清香旨酒千人血，細切珍饈萬姓膏。燭淚落時人淚落，歌聲高處怨聲高。」後來的朝鮮名劇《春香傳》使用這首詩，並改動了幾個字，成為：「金樽美酒千人血，玉盤佳餚百姓膏。燭淚落時民淚落，歌聲高處怨聲高。」趙都司的這首詩，堪稱是中朝兩國友誼和文學交流的佳作。[2]

2　參見張安奇、步近智總纂：《中華文明史》第 8 卷，石家莊，河北教育出版社，1994。

朝鮮仿製中國陶瓷　明朝常將江西景德鎮御窯燒製的青花瓷器作為珍貴的禮品，贈送給朝鮮李氏王朝。朝鮮君臣對這些製作極其精美的青花瓷器讚歎不已，大為驚訝。宣德三年（1428 年）明朝使臣尹鳳獻給李朝世宗青花瓷器時，世宗就下旨命李朝官窯進行仿製，「製細燒造」青花瓷器。這些仿製品，大都具有濃厚的中國文化色彩。例如仿製的供朝鮮文人學士們使用的八角水洗，竟繪有中國湖南省洞庭湖和瀟江、湘江的所謂八景：遠浦歸帆、洞庭秋月、平沙落雁、煙寺晚鐘、山寺晴嵐、漁村落照、江天暮雪、瀟湘夜雨。[3]這也從一個側面反映了中國文化對朝鮮的影響。

中朝醫藥學的交流　在醫藥學方面，中朝兩國的交流也很頻繁。許多朝鮮醫學家從事中國醫藥學的研究，有些人的造詣甚至超過中國同行的水準，從而對中醫藥學的發展做出重要的貢獻。例如，朝鮮醫學家金禮蒙等人經三年的努力，於一四四五年編成的醫藥巨著《醫方類聚》，多達三百六十五卷，分為總目、五臟門、小兒門計九十五門，收方約五萬條，全書字數近千萬。此書是仿照中國唐代王燾《外臺秘要》及宋代《聖惠方》的體例編撰的，每論每方悉載明出處。全書徵引的參考書目多達一百五十三部，除歷代醫學著作外，還兼收載有醫藥學內容的傳記、雜說、道藏與釋藏等。內容十分豐富，稱得上是十五世紀以前朝鮮醫學的集大成者。

一六一一年，朝鮮醫學家許浚，選擇中國明代以前的醫學著作八十餘種，以及朝鮮醫學家的醫學巨著《醫方類聚》、《鄉藥集成方》等，擇其精要撰成《東醫寶鑒》。該書分內景、外形、雜病、湯液、針灸五類，共三十三卷。其中內景、外形論述人體解剖、生理；雜病則分為臨床各科，分別論述其疾病的脈、因、證、治；湯液為本草學專卷；針灸篇介紹針灸經絡腧穴和針灸方法等。該書的撰成刊印，不但對朝鮮醫學的發展做出了傑出貢獻，也對中國、日本等國的醫學發展產生了廣泛的影響。

朝鮮內醫院教習御醫崔順立等在臨床治療中，對某些醫藥產生疑問。萬曆

3　朱培初：《朝鮮李氏王朝的青花瓷器》，《明清陶瓷和世界文化的交流》，北京，輕工業出版社，1984。

四十七年（1619 年），他經朝鮮國王批准來到中國，向明朝太醫院請教。明廷任命御醫傅懋光為正教，太醫朱尚約、楊嘉祚及教習官趙宗智為副教，在太醫院為崔順立等答疑，並互相進行討論。之後，傅懋光以問答形式將答疑與討論內容整理彙編成《醫學疑問》一書刊行。中朝兩國這種醫學學術討論會，明代曾舉行過多次。據傅懋光《醫學疑問》一書所載的趙南星題云：「廷尉（呂九如）有瘳，問誰治之，曰：太醫院吏目傅君懋光。余亟請之，則知往年朝鮮使所選內醫院官來，以方書藥性未解者，上疏，得旨，下禮部，許其就太醫質問，無敢應者。猥以言語不通拒之。至萬曆丁巳（1617 年），復使院正崔順立，方以傅君應之。所回答一一等記。與有間，認為未曾有，不勝鬱搖俯伏而拜。至萬曆年己未（1619 年）復使僉正安國臣來。明年（1620 年）復使院正尹知微來，皆以傅君應之。於是以所問刻為三冊。……無不博涉周知，叩之即鳴，不待思索。則幸太醫院有人，匪傅君，則為外國所輕矣。」中朝醫學界舉行學術討論會，是中外醫學學術交流史上的一個創舉。[4]

二、與越南的文化交流

明朝建立後，即與越南陳氏王朝互派使臣，保持朝貢關係。洪武後期，越南權臣黎季犛篡奪陳氏之權。後來陳氏後裔陳天平輾轉逃到南京，向明朝求援。永樂五年（1407 年），明成祖派張輔率軍征伐，俘獲黎氏父子，設立交阯布政使司、都指揮使司、按察使司等統治機構。一四二八年黎利率領越南軍民起義，反抗明朝的統治。建立黎朝（1428-1789 年），遷都升龍（河內），史稱後黎。後黎朝和明朝始終保持著緊密的聯繫。鄭和七下西洋，寶船隊每次必到越南中部占城的新州（歸仁）。中越的經濟、文化交流非常頻繁。越南的風俗習慣和典章制度，都受到中國的影響。

漢字、漢語在越南的流行與「字喃」的創製　越南自古以來就通用漢字、漢

4　參見王孝先：《絲綢之路醫藥學交流研究》，烏魯木齊，新疆人民出版社，1994。

語。越南人稱漢字為儒字，是讀書人使用的字，又稱為「我們的字」（chuta）。越語和中國南方福建、廣東通行的閩、粵語相近，和中國北方通用的漢語有很大的差別，越語要用漢字表達出來，需要進一步北方化，非常麻煩。在十三、十四世紀，越南於是仿照漢字的結構，創造了方塊象聲文字「字喃」。「字喃」的意思就是南字，越南人稱中國人為北人，自稱南人，越南字也就成了南字。字喃用漢字表音表義，可以說是漢字的異體字。十四世紀時，越南的文人已開始使用這種新的文字進行文學創作，到十七、十八世紀逐漸盛行起來。陳朝仁宗時的韓詮，開始使用字喃寫詩，創立國音詩。黎季犛還曾用字喃翻譯《尚書．無逸》。不過，字喃始終未能取代漢字，越南的文化人仍然堅持學習漢字、漢文，用來進科取士、著書立說。

越南的漢詩創作　後黎朝的君主都酷好中國文學。聖宗黎灝在一四九五年曾發起詩會，召集全國文人吟詩唱和。他才華橫溢，自稱「騷壇元帥」，用漢文寫了《瓊苑九歌》的詩篇，東閣大學士申仁忠等二十八人群起唱和，稱為「騷壇二十八宿」。此後越南的漢體詩文創作盛極一時。隨著後黎勢力的南進，越南南部在十六、十七世紀也開始重視漢學。湧現出阮居貞、阮登盛、吳世璘等一批精通中國經籍和文學的「博識之士」。

越南的瓷器生產　越南燒造瓷器，在後黎朝有了進一步的發展。這個時期的越南古瓷窯，大多集中在北部。北寧是著名的陶瓷產地，據說該地主要的陶窯是從老街遷入的中國陶工在一四六五年創建的。北寧燒造的瓷器，受到江西瓷窯的明顯影響，十五世紀中葉起已轉銷國外。越南出產的瓷器，品種已相當豐富，有青瓷和各種單色瓷，還有乳色和棕色的二色瓷，以及鈷藍器、琺瑯藍瓷等。釉下藍彩瓷器產品眾多，使用的鈷料，過去一般認為大約來自於中東，但可能也有的來自於中國的雲南、江西。

中越的醫藥交流　明代中國和越南的醫藥學交流更為頻繁。越南的醫藥學家很重視學習中醫。中國的《醫學入門》、《景嶽全書》等醫書相繼傳入越南。越南的名醫黎有卓，在參閱《內經》等中醫古籍的基礎上，結合自己的實踐經驗，撰著《海上醫學心領》一書，對中越兩國醫藥學的發展做出了貢獻。越南的犀角、奇南香、金銀香、土降香、檀香、龍腦、蘇木等藥材也源源不斷輸入中國，大大豐富了中國的醫藥。

明朝也從越南引進醫生和藥材。如根據《明史·外國傳二》記載，永樂五年（1407 年）明成祖曾下詔訪求越南山林隱逸、明經博學、醫藥方脈諸人，「悉以禮敦致，送京錄用」。景泰元年（1450 年），越南曾「以土物易書籍、藥材」。

此外，中越兩國其他方面的文化交流也很密切。明成祖修建北京城，越南的阮安曾參與設計，他「目量意營，悉中規制，工部奉行而已」。阮安技術高超，勤勞而廉潔，景泰年間在治理張秋河時，死於道中。[5]明代還從越南得到神機槍炮法，明成祖特設神機營專門操練火器。廣東、福建、湖南等省的黏稻米，也都是從越南中部的占城傳來的，稱為「占城稻」。成化初年，福建漳州府人民曾從越南引進一種稻種，五月先熟，稱為「安南稻」。

三、與日本的文化交流

在明代（相當於日本室町文化、江戶文化初期），日本人像他們的祖先那樣，紛紛來到中國求學取經，把明代優秀的文化成果介紹到日本，而渡日的明僧也積極主動地將國內先進的文化源源不斷地輸入日本，對日本的文化產生了極其深遠的影響。

中日佛教僧侶的交往　明代有不少中國佛教僧侶東渡日本。其中，有的是作為明朝政府的使者出使日本的，如洪武六年（1373 年）明太祖曾派嘉興天寧禪寺住持仲猷祖闡和金陵瓦官寺住持無逸克勤作為使臣，並請金陵天界寺的日本留學僧椿庭海壽和在杭州天竺寺任藏主的日本僧侶權中巽二擔任翻譯赴日；建文三年（1401 年），由明惠帝派往日本的使臣也是道彝天倫和一庵一如兩個僧侶。與此同時，來華的日本禪僧數量也很多，據日本學者木宮泰彥的記載，「單就我曾

5　《明史·宦官傳一》。

寓目的就有一百一十餘人」[6]。這些入明的日本僧人，在明初的洪武、建文年間，主要是前來中國求法的。他們三三兩兩搭乘商船來到中國，在寧波登岸，遊歷江南五山十剎等著名寺院，各按所好尋求住處，結交中國名僧和文人，學習禪學、詩文和書法，滯留的時間一般都較長。永樂初年中日實現「勘合貿易」以後，明政府為了防範倭寇的侵擾，只許持有勘合的船隻靠岸，嚴禁其他日本船隻來華，日本僧侶便都以日本遣明使、居座、土官或其從僧的身分前來中國。他們居留的時間都較短，一般是一兩年。當時明朝的都城已遷往北京，他們在寧波登岸後，便由運河或內河北上，在往返途中可隨處遊歷附近的名剎勝地，視野比求法僧要廣闊得多。

中日僧侶的往來，有力地推動了日本漢詩文、數學以及茶道等的發展。十四世紀末以五山禪僧為主體掀起了漢詩文的創作熱潮，形成了獨放異彩的五山文學。日本的禪寺既學習佛法，也從事各種學術研究。在中國數學的影響下，在那裏從事研究的學者，積極鑽研中國的數學，交流禪僧帶回的學術資訊。日本數學在五五四至一六二三年進入中國數學採用時代。十四、十五世紀朝鮮翻刻的宋元數學著作，如《楊輝演算法》與朱世傑《算學啟蒙》都流傳日本，《算學啟蒙》還被日本長期用作數學教本。日本大數學家關孝和受到中國應用籌算解線性方程組的簡便運算的啟示，在一六八三年發表《解伏題之法》的著作，創造出世界最早的行列式，比萊布尼茨在一六九三年提出行列式早了十年。

十四世紀入元的禪僧，將中國飲茶風習帶回日本。從此，在日本禪僧和與禪僧關係密切的武士社會中，開始盛行唐式茶會，品茶、賽茶、猜茶成為一種十分活躍的社交活動。這種唐式茶會在日本南北朝時代（1336-1392 年）逐漸流行，到室町時代（1378-1573 年）成為普遍的社會習俗。飲茶、品茶、點茶很講究禮法，使用的茶具，進食的點心、果肉，都以中國風味和禪林清規為准。舉行茶會的茶亭仿照中國禪寺的亭榭建造在風景絕佳的庭院的閣樓上，茶亭內部的陳設也都流行中國式樣，要懸掛中國書畫、禪宗佛畫，擺設中國傢俱、古玩。至十五世

6　〔日〕木宮泰彥：《日中文化交流史》，胡錫年中譯本，587 頁，北京，商務印書館，1980。

紀下半葉，禪僧村田珠光得到幕府將軍的許可，制定茶室的法度，開創了日本茶道。後經不斷發展，至千利休而集大成。日本的茶道以禪宗依賴內心省悟的「和敬清寂」作為基本精神，在十六世紀已經完全平民化，而為一般日本民眾所接受。

日本的朱子學、陽明學和漢籍和訓　明代中國的儒學對日本影響最大的，當推朱子學、陽明學。

南宋傳入日本的朱子學，在明代已在日本流行起來。許多日本學者和僧侶都積極推廣朱子學的新注，在十五世紀初出現了漢籍和訓。漢籍和訓是將漢文原著按照每個漢字的原意，標注日本假名，使漢文程度不高或不識漢文的日本人，也能領會內涵。早在平安時代漢籍和訓雖已初見端倪，但其正式形成卻始自岐陽方秀的《四書和訓》，將近一個世紀後，到桂庵玄樹使用桂庵標點才真正確立。岐陽方秀號不工道人，早年跟隨夢岩祖慶，由禪入儒。一三八六年後從南禪寺的碩學高僧義堂周信專修程朱理學。後來成為東福寺的座府，在 十五世紀初開講宋學，使用從中國運去的《四書集注》和《詩經蔡傳》作為教本。他為了推廣新注，運用土俗世話編寫和訓。此後五山禪僧宣揚儒學，都以岐陽方秀編集的和訓為准。岐陽方秀的高足桂庵玄樹，曾入明六年，向碩學名師請教朱子學。回國後在薩摩（鹿兒島）開創桂樹院，宣講宋學。又在東福寺、建仁寺、南禪寺等處居住講學，為發揚朱子學說做出重大貢獻。一四八一年和一四九二年，桂庵玄樹曾二次翻印《大學章句》，延德四年的第二次翻印本稱「延德版大學」，是當前日本保存的宋學翻刻本中最早的本子，被定為日本國寶。桂庵玄樹又積極改進和訓，將早先的漢文直讀變為適合初學者通讀的漢文譯讀，在一五〇一年刻印其所著的《家法和點》，一五〇二年又刊布《和刻四書新注》，開創桂庵標點。漢籍和訓從此開始定型化，從而有力地推動了漢文化在日本的普及。

由於宋學著作付梓的日漸增多，漢學研究在日本也成為一門獨立的學術。岐陽方秀的弟子雲章一慶，對程朱理學研究多年，他的著作《理氣性情圖》、《一性五性例儒圖》是日本已知研究宋學理氣最早的專門著作。雲章一慶的弟弟一條兼良也著有《四書童子訓》，這是一部講述《四書集注》的講義。研究宋學的專門著作在十五世紀末至十六世紀上半葉相繼問世，表明宋學已經深入日本的學術界，成為占統治地位的思想。十五世紀下半葉，日本宋學逐漸形成京師朱子學派（以歧陽方秀為代表）、薩南學派（以桂庵玄樹為代表）、海南學派（以南村梅軒為代表）和博士公卿派（以清原業忠、一條兼良為代表）四大學派。

江戶幕府的創立者德川家康，尤其推崇儒學。一五九三年，他召見日本大儒藤原惺窩。藤原惺窩宣揚朱子和漢唐儒學，他著有《四書》、《五經》訓點本，得到廣泛的流傳。其弟子林羅山是江戶時代（1603-1868 年）日本的文教宗師，他篤信朱子學說，為江戶時代的官學奠定了基礎。

後來，陽明學也開始傳入日本。「近江聖人」中江藤樹吸收和發揮了陽明心學的積極因素，成為日本陽明學的開山祖師。此後，陽明學在日本迅速流傳，對日本的明治維新產生了很大的影響，正如章太炎所言：「日本維新，亦由王學為其先導。」[7]可見陽明學對日本影響之大。

中日的文學交流　明代中國文學對日本影響最大的，要算傳奇小說。對日本江戶文學產生重大影響的中國文學作品，主要有三種：一是明錢塘（今浙江杭州）瞿佑的傳奇小說《剪燈新話》和江西廬陵李禎的《剪燈餘話》，二是江蘇長洲馮夢龍纂輯的《古今小說》，三是施耐庵的《水滸傳》。這些文學作品當時在日本非常流行，影響深刻而廣泛，有力地促進了日本江戶文學的發展。

明朝的詩文，也對日本的詩文創作產生了很大的影響。浙江餘杭陳元贇去日本時，曾帶去湖廣公安派袁宏道的《袁中郎集》，贈送日僧元政。元政讀後，便在日本倡導性靈派詩風，從而湧現出一批抒寫性靈的作品。日本還專門派人到中國，向當時的高僧和著名文學家學習漢詩文。如日僧絕海中津「自壯歲挾囊乘艘，泛滄溟來中國，客於杭（州）之千歲嵓，依全室翁（中天竺的季潭）以求道，暇則講乎詩文。故禪師得詩之體裁，清婉峭雅，出於性情之正，雖晉唐休徹之輩，亦弗能過之也。」[8]一些明朝文學家還應日人之請，為他們撰寫頂相贊、

7　《答鐵錚》，載《民報》第 14 號。
8　道衍：絕海中津《蕉堅稿》序。

塔銘、行狀及語錄、詩文集的序跋。被推為明朝「開國文臣之首」的宋濂，就曾為日僧汝霖良佐的文集撰寫過跋，還應日僧之請寫過《日本夢窗正覺心宗普濟國師碑銘》、《轉法輪藏禪寺記》等。明高僧如金陵天界寺宗泐、餘杭徑山寺智及、杭州靈隱寺來復、杭州上天竺寺如蘭等，也都曾為日僧撰寫頂相贊、塔銘、行狀、語錄和詩文集的序跋。這些詩文作品，對日本五山文學的發展發揮過積極的作用。

隨著明代中日兩國詩情畫誼的傳遞，中國的文學創作中也出現了不少日本題材的作品。洪武年間，明太祖朱元璋在南京武樓曾召見絕海中津和汝霖良佐，問到日本祭祀徐福的熊野古祠，絕海中津賦詩作答：「熊野峰前徐福祠，滿山藥草兩餘肥。只為海上波濤穩，萬里好風須早歸。」明太祖揮毫和韻，賜詩曰：「熊野峰前血食祠，松根琥珀也應肥。當年徐福求仙藥，直到如今竟不歸。」宋濂創作的《日東曲》十首，首次系統地描述了日本的風物人情，開拓了吟詠異國風情的題材。詩作第一首：「伊水西流曲似環，宮闕遠映龜龍山。六十六州王一姓，千年猶效漢衣冠。」第十首：「中土圖書盡購刊，一時文物故斑斑。只因讀者多顛倒，莫使遺文在不刪。」兩首詩首尾遙相呼應，點出中日兩國歷史文化的共同之處，讚揚了中日聯誼與文化的息息相通。明末還出現了以豐臣秀吉侵朝失敗的故事為內容的小說和戲劇。萬曆年間的傳奇《斬蛟記》和天啟年間的戲劇《蓮囊記》，是這方面的代表作。《斬蛟記》充滿著道術的變異，《蓮囊記》則以懲惡揚善為主題。明代詩文戲曲中出現的日本題材，是明人日本趣味的一個反映，也是中日文化交流所激起的一種反響。

中國繪畫藝術對日本的影響　明代中國的繪畫藝術，以浙江畫僧逸然（俗姓李，號浪雲庵主）對日本影響最大。他擅長畫人物、佛像和山水，於崇禎十七年（1645 年）東渡日本，住在長崎興福寺，傳授繪畫技藝。他的弟子渡邊秀石、河村若芝等人，畫技俱佳，皆成卓然大家，並形成日本十七世紀末葉的逸然畫派，逸然也被推為日本近世漢畫之始祖。尤其值得注意的是，號稱日本水墨畫祖的雪舟，曾在成化四年（1468 年）和弟子秋月搭船來到中國，向北京宣德畫院的畫家李在學畫，師承南宋馬遠、夏圭一派。他還曾向張有聲等畫家請教。在華二年，他刻苦學習，並飽覽中國歷代名畫，遨遊名山大川，畫技突飛猛進。創立成化畫院的明憲宗，曾請他為禮部院的中堂繪製壁畫，博得一致讚賞，贏得極高的聲譽。成化六年（1470 年），雪舟返日，成為日本集大成的水墨畫派的名家。他先後在豐後、山口居住，從事水墨畫的創作，最後圓寂於石見國大喜庵。雪舟的先驅如拙、周文，後繼者宗湛、蛇足，也都是擅長繪畫的禪僧。

日本早期的「浮世繪」，也吸收中國江南地區版畫的營養，並受到它的深刻影響。日本師宣所作的《繪本風流絕暢圖》，就是摹刻新安黃一明的彩印版《風流絕暢圖》。

中國書法藝術對日本的影響 中國的書法藝術，江蘇長洲文徵明、松江華亭董其昌、浙江紹興徐渭、江蘇長洲祝允明及浙江餘姚朱舜水、餘杭陳元贇等，都對日本書法的發展產生過影響。日本著名書法家北島雪山和細井廣澤，都學過文徵明的書法。細井廣澤還寫出《撥鐙真詮》與《觀鵝百譚》二書，主張學習中國的書法藝術，應由文徵明上溯趙孟頫，然後再祖述王羲之。此外，荻生徂徠和趙陶齋等人，據說都是學習祝允明書法的名手，他們在日本掀起了一股汲取明人草書藝術的新潮。明人的法帖如祝允明、文徵明、董其昌等江南名家的法書，在日本被大量翻刻過[9]，成為日人喜好的臨本。

中日的醫學交流 明朝初年，日本不斷有學者來到中國學習考察中醫學。洪武三年（1370 年），日人竹田昌慶到中國拜道士金翁為師，學習中醫學與針灸術，取得優異的成績，他曾以高超的醫療技術治癒明太祖郭寧妃的難產病。當時郭寧妃難產瀕危，請他診治，開出藥方，她服藥不滿一劑，就生下皇子朱檀。明太祖大喜，封竹田昌慶為「安國公」，他因此名重一時。竹田昌慶在中國逗留了八年，於洪武十一年（1378 年）攜帶一批中醫典籍和針灸明堂圖等返回日本。

至明中葉，中日醫學交流進一步走向成熟。日僧月湖於景泰三年（1452 年）來到中國，從學於明代醫學家虞摶，並以醫為業，著有《全九集》（1453 年）、《濟陰方》（1455 年）等著作。成化二十三年（1487 年），日人田代三喜來華學習中醫藥學。他崇尚李杲、朱丹溪學說，弘治七年（1494 年）返日後大力倡導

9 參見葉喆民：《中日書法藝術的交流》，《故宮博物院院刊》，1979 年第 1 期。

李、朱學說，著有《捷術大成印可集》、《福藥勢剪》、《直指篇》、《醫案口訣》等書，推動李杲、朱丹溪學說在日本醫學界的傳播。後來以他為首在日本逐漸形成一個學派。弘治五年（1492 年），日人阪淨運來到中國，留居八年，學習中醫與張仲景學說。回日本時，他帶去了《傷寒雜病論》等著作，並先後撰寫《新椅方》、《續添鴻寶秘要鈔》等書，向日本醫界介紹傳播張仲景學說。嘉靖十八年至二十六年（1539-1547 年），吉田宗桂兩次來華。第二次在華期間，他曾治癒過明世宗的疾病，回日本時明世宗贈以顏輝《扁鵲圖》與《聖濟總錄》等中醫藥著作。吉田宗桂醫術高超，尤精於本草學，被譽為「日本日華子」。

入華學習的這些日醫，歸國後對日本醫學的發展都做出了重大的貢獻。一五三一年，曲直瀨道三投到田代三喜門下，跟隨他學習中醫藥學。十餘年後，他在京師創設「啟邊院」，傳授醫學，特別推崇朱丹溪學說。此外，他還注意鑽研虞摶、王綸的著述以及《紹興本草》。通過幾十年的研究與醫療實踐，曲直瀨道三在一五七一年，編著了《啟迪集》一書，對李、朱學說作了發揮，成為日本醫學「後世派」的骨幹。曲直瀨道三的養子曲直瀨玄溯，繼承養父的醫學主張，也推崇李、朱學說，並尊奉中國宋以前的醫學。曲直瀨道三的女婿及門人等，雖崇尚李、朱學說，卻又別成一家。其中影響較大者為古林見宜，著有《綱目撮要》等書，曾從《肘後方》、《集驗方》與《千金方》等中國醫學著作中引錄了不少有關外科診治的內容。古林見宜還同堀正意創辦「嵯峨學舍」，對門生講授醫學。他特別稱譽李梴的《醫學入門》，《醫學入門》在日本因此流行頗廣。不久，在日本醫界出現了與「後世派」相對立的「古方派」。永田德本是古方派的先驅，他受到阪淨運的影響而崇尚仲景學說，反對曲直瀨道三所推崇的李、朱學說。其後，名古屋玄醫、吉益東洞等也都尊奉古方派的主張。

李時珍的《本草綱目》在中國刊刻十餘年後，就傳入日本。萬曆三十四年（1606 年），中國學者林道春（又名林羅山、林信勝）將一部明版《本草綱目》獻給江戶幕府創建者德川家康，德川家康非常喜愛，將其珍藏家中。林道春曾給德川家康講述《論語三略》，「更與醫官研討醫藥之事」[10]，其中可能也講述討論

10 潘吉星：《本草綱目之東渡與西傳》，《李時珍研究論文集》，227 頁，武漢，湖北科技出版社，1986。

到《本草綱目》的內容。《本草綱目》流傳到日本後，迅即引起日本學者的關注。一六八〇年，曲直瀨玄溯在《藥性能毒》一書之跋中寫道：「近《本草綱目》來朝，予閱之，摭至要之語，復加以增添藥品。」[11] 一六一二年，林道春編成《多識篇》五卷，係摘錄《本草綱目》部分內容並加以訓點而成的。據一六三〇年出版的《羅山先生文集》記載，林羅山曾寫道：「壬子之歲（1612 年），（予）跋寫《本草綱目》，而付國訓鳥獸草木之名，不在茲乎目以命名。」[12]《多識篇》的編撰，為日本學者閱讀《本草綱目》提供了方便。其後，一六三一年京都又出版了林道春諺解的《新刊多識篇》五卷，書中所載各種藥物，除中藥原名外，還附以日文名稱，因此該書又稱《古今和名本草》，成為日本早期研究《本草綱目》之專著。十七世紀初以後，《本草綱目》的眾多版本陸續從中國傳到日本。一六三七年，京都刊行了《本草綱目》的最早日本翻刻本。這個翻刻本除翻刻漢文原文，還對原文作了校訂和標點，並在漢文旁邊用日文片假名填注、標音及訓點。[13]後來，還陸續出現了多部《本草綱目》的「和刻本」。

明代中國醫學家到日本行醫講學者，也多有其人。明末餘杭人陳元贇，是一位博學卓識之士。他長於詩文，旁及書法、繪畫、製陶、建築等，對醫藥、針灸、氣功、導引、食療、飲食營養、烹調、點心、飲茶等也有相當的研究。萬曆四十七年（1619 年）他東渡日本，居留和傳播中國文化和醫藥學達五十二年，至 1671 年在日本長崎逝世。他與日本學者廣泛交遊，結識了很多醫學界的朋友，經常和他們研討醫藥學。日本李、朱學派創始人田代三喜的四傳弟子、「壽昌院」著名的儒醫野間三竹撰著《席上談》一書，陳元贇即為之寫序。三竹的弟子瀧川恕水，也與陳氏頗多學術交往。日人板阪卜齋好藏書，曾手抄明代高武撰述的《針灸聚英》一書，陳氏也應邀為之寫跋。還有黑川道祐、兒島意春、深田正室街道等，都曾與陳氏討論醫術，有的還與之成為結拜兄弟。

明朝滅亡後，有些中國醫學家不滿清朝的統治，紛紛東渡日本。陳明德、戴曼公、張壽山等五六人渡日後，他們或與陳元贇原為同鄉，或在日本相識為友，

11 轉引自〔日〕上野益三：《日本博物學史》，東京平凡社，1973。

12 同上。

13 同上。

都在日本行醫治病，共同為日本醫療事業和中日醫學交流做出了貢獻。陳明德醫術高超，在日本崎嶴行醫，著有《醫錄》行世；戴曼公萬曆時曾隨名醫龔廷賢學醫，明末隱居山林，後來赴日本，定居崎嶴，以治痘禁方書授日人池田嵩山，遂名著於世。此外，赴日行醫、講學的還有江右人許儀明，曾定居薩摩為醫。

中國陶瓷製造技術對日本的影響　明代中國的陶瓷製造技術，也對日本產生了極其深刻的影響。正德六年（1511 年）春，日本伊勢松阪人伊藤五郎大夫因酷愛中國青花瓷器，乘船來到日本陶瓷匠師們嚮往的「支那第一陶府」——江西景德鎮，學習青花瓷器的製造技術。回國後，他在肥前的伊萬里（今佐賀附近）開設瓷窯，稱「伊萬里窯」；後來又在奈良附近的鹿脊山燒製彩陶，成為日本製陶史上的一件大事。他所燒造的作品，無論是造型，還是紋樣、釉色等，都明顯地受到明代青花瓷器的影響。日本著名的有田窯瓷器，也同樣受到中國陶瓷藝術的影響。另外，東渡日本的浙江餘杭人陳元贇，還創製了極為雅致而富有安南風趣的元贇瓷，在日本製陶史上具有一定的影響。

中國武術在日本的流傳　對日本柔道作出傑出貢獻的，當推明代浙江餘杭人陳元贇。他曾在以拳術著稱的少林寺學習過。東渡日本後，住在江戶國昌寺，向浪士三浦輿次右衛門、磯貝次郎左衛門、福野七郎右衛門等傳授少林拳法，這就是日本所謂的「起倒流柔術」的發端。陳元贇也因此被日本人奉為柔術的鼻祖。後來，日本人民在輾轉傳習的過程中，不斷加以變通損益，從而創造出柔術（又名柔道）這一馳名世界的體育運動項目。這是明代中國文化對日本文化的又一大貢獻。

《天下一木瀨「太和守」藤原信重作》銅鏡

此外，明代傳入日本的中國文化，還對日本音樂、戲劇、教育、印刷、紡織等的發展做出過貢獻。

日本文化對中國的影響　日本文化在這個時期取得了長足進步。中國人民對日本文化的成果，也採取歡迎和吸納的態度。

明代源於日本的摺扇，在中國廣泛流行起來。張燮《東西洋考．日本》引《兩山墨談》說：「中國宋前惟有團扇。元初，東南使者持聚頭扇，人皆譏笑之。我朝永樂初，始有持者。及倭充貢，遍賜群臣，內府又仿其制，天下遂通用之。」陸深《春風堂隨筆》說：「今世所用折疊扇，亦名聚頭扇……永樂間始盛行於中國。」隨著日本摺扇的流行與仿製，杭州、蘇州、溫州等地的紅金扇、烏油描金扇、赭紅戲畫扇等的製作都受到日本倭扇藝術的影響。

日本泥金漆畫的製作技術，也在明代被引進中國。《東西洋考．日本》引《兩山墨談》說：「泥金畫漆之法，古亦無有。宣德時，遣漆工至倭國，傳其法以歸。」郎瑛《七修類稿》卷四十七也說：「天順間有楊塤者，精明漆理，各色俱可合，而於倭漆尤妙。其縹霞山水人物，神氣俏動，真描寫之不如，愈久愈鮮也，世號楊倭漆。如製器皿，亦珍貴。」楊塤，又名楊瑄，號景和，吳中人，出生於漆器世家。

日本的軟屏（又稱圍屏）製造技術，在明代也傳入中國。郎瑛《七修類稿》卷四十五說：軟屏風「起自本朝，因東夷或貢或傳而有也……軟屏風（原注：今圍屏也）弘治間入貢來使送浙鎮守，杭人遂能」。《東西洋考．日本》也載：「（日本）宋時貢畫屏風，今亦有入中國者，畫金隱起如打成帖著。」

日本的倭緞和兜羅絨生產技術也在明代傳入中國，對中國產生過一定的影響。田汝成《西湖遊覽志餘》卷二十三曰：「兜羅絨者，琉球、日本諸國所貢也。今杭州紡織局工亦仿為之，外方罕睹。」宋應星《天工開物．乃服》：「凡倭緞製起東夷，漳、泉濱海效法為之……其織法亦自夷國傳來。」

製作精良的日本倭刀，也很受中國人的喜愛。張燮《東西洋考．日本》說：「倭刀甚利，中國人多鬻之。其精者能卷之使圓，蓋百煉而繞指也。」宋應星《天工開物．五金》說：「其夷刀劍，有百煉精純，置日光簷下，則滿室輝耀者。」《天工開物．錘鍛》又曰：「倭國刀背闊不及二分許，架於手指之上，不復欹倒，不知用何錘法，中國未得其傳。」田汝成《西湖遊覽志餘》也描述說：

「錢塘聞人紹有一劍，以十大釘釘柱中，用劍揮之，十釘皆斷，隱如秤星，而劍鋒無損。屈之如鉤，縱之復直，非常鐵也。」

日本曾從葡萄牙人那裡學會製造和使用鳥銃。後來中國從倭寇手中繳獲這種武器，從而學會了製造和使用技術。郎瑛《七修類稿》說：「嘉靖間倭入內地，有被擒者，並得其銃，遂令所擒之倭教演，中國遂傳其法，今且遍天下云。」

四、與緬甸的文化交流

明代中緬文化交流，主要體現在如下幾個方面。

譯書館培養翻譯人才　出於同緬甸交往的需要，明朝政府於永樂五年（1407年）三月成立四夷館，館內設有緬甸館，培養緬甸文的翻譯人才。大約在正統年間，明朝政府留下隨緬甸使節來到中國的緬甸人當丙、雲清等六人，在緬甸館任教，授予「序班」的官銜。他們為中國培養了許多緬甸語翻譯人才，「後俱卒於官」。弘治十七年（1504 年）因緬甸譯學失傳，明朝政府又令雲南地方官，請緬甸派人來任教。同年，緬甸阿瓦政權派陶孟（緬語意為「頭目」）思完、通事（翻譯）李瓚入訪中國，送來孟香、的灑、香牛三位教師。明政府安排他們在緬甸館任教，均授予鴻臚寺序班的官銜。後來，的灑（漢名靖之）和孟香（漢名德馨）因教學成績突出，均升任為光祿寺署丞。四夷館學習的課本稱《華夷譯語》，現德國柏林藏本最為完整，共二十四篇，第二篇為緬甸譯語，這是中國最早的緬華對照的詞典。日本東洋文庫本《華夷譯語》中有緬甸語雜字，附譯史紀餘、緬甸國書（表文）。

中緬絲綢貿易　中緬邊境的永昌（今雲南保山，包括德宏州），自古是中國通往緬甸、東南亞、南亞各國的門戶。明代我國西南盛產的絲就大量彙集到這裏，經過染色加工，織成漂亮的白底金線翠色邊的三色絲綢，再銷往緬甸，轉銷各國，同時從緬甸輸入各種特產，再轉銷內地，故有「永昌出異物」之稱。哈威《緬甸史》提到：「西元一五三一年緬王莽瑞體攻陷下緬甸沿海商業城市馬都八

（今莫塔馬）時，就發現倉庫中藏滿絲綢等貨物，當時世界各國商人雲集。」可見從中國輸往緬甸的絲綢數量之大，以緬甸為媒介的絲綢貿易之盛。

西方學者對從中國雲南到緬甸的這條西南絲路的記載也很多。例如史谷特說：「從雲南到八莫的這條國際通道上，有從中國來的龐大的馱運商隊（即馬幫）數千騾馬，數百勞工和商人，從中國運來大量絲綢。在八莫有座供中國商人休息和文化活動的關帝廟。還有許多倉庫，堆滿運來的絲綢和待運回去的棉花。」[14] 當時從緬甸輸入中國的商品主要是棉花，大量的棉花由伊洛瓦底江北運，經八莫運進雲南。中國西南缺乏棉花，緬甸棉花的輸入，有助於中國西南紡織業的發展。

明代古籍中也有不少關於中緬貿易往來的記載。朱孟震的《西南夷風土記》說：「江頭城外有大明街，閩、廣、江、蜀居貨遊藝者數萬，而三宣六慰被擄者亦數萬。」「交易或五日一市，十日一市，惟孟密一日一小市，五日一大市，蓋其地多寶藏，商賈輻輳，故物價常平。……普坎（蒲甘）城中有武侯南征碑，緬人稱為漢人地方。……器用陶、瓦、銅、鐵，尤善采漆畫金。其工匠皆廣人，與中國侔。」可見中緬貿易規模之大。

中緬寶石、玉石與瓷器貿易　緬甸產的寶石舉世聞名，自古是輸入中國的重要商品。到了明代，中緬兩國的玉石、珠寶貿易更是盛極一時。緬北孟密有寶井，盛產各種名貴的寶石，蠻莫出各種玉石，孟拱盛產琥珀，其中以孟密寶井所產寶石最出名。開採的玉石從緬北運往中國雲南的騰衝進行琢磨加工，製成各種裝飾品後，再運銷全國或外銷。當時中國的商人經緬甸政府許可，招募工人，到緬甸開採，向當地政府納稅。據載每年去緬北開採的中國工人多至千人，產量多時年達數千擔。在緬甸經營玉石、珠寶的中國商店多至百餘家，僅緬京阿摩羅補羅的一個中國古廟中，就刻有五千個中國玉石商的名字。[15]

緬甸產的玉石，是雕刻玉佛的珍貴材料。隨著兩國玉石貿易的發展，緬甸玉

14〔英〕史谷特：《錦繡東方——旅緬生活錄》（V.C.Scott，The Silken East-A ReCord of Life and Travel in Burma），7頁。

15 週一良：《中國與亞洲各國和平友好的歷史》，上海，上海人民出版社，1983。

佛傳入中國者不計其數。中國五臺山廣濟茅蓬的大玉佛、四川峨眉山金頂的大玉佛和上海玉佛寺的大玉佛，都是峨眉山金頂的果迦法師自印度回國途經緬甸朝拜大金塔時，緬甸佛教徒贈送給他的。浙江的普陀山文物館、杭州的靈隱寺、福州的湧泉寺、北京的北海團城等，也都有緬甸贈送的玉佛。這些玉佛千姿百態，有臥佛、立佛和坐佛，均嵌有珍貴的寶石。《滇海虞衡志》曾描述這些緬甸玉佛精美的工藝說：「豪光煥發，驚動天人，潔白無瑕，巧奪神工。」這是兩國佛教文化交流的歷史見證。

明代的偉大航海家鄭和自永樂三年（1405 年）起，曾七次遠航亞非各地。在《鄭和航海圖》上繪有下緬甸沿海城市的地名和方位。據中外學者考證，其中落坑（今仰光）、八都馬（今莫塔馬）、打歪（今土瓦）、答那思里（今丹那沙林），都是緬甸孟族的海港。明代中緬民間的海上貿易也很活躍。朱孟震的《西南夷風土記》曾描寫中國閩粵海船運載瓷器等商品至下緬甸沿海城市銷售的情況，他說：「江海舳艫與中國同。海水日潮者二，乘船載米穀貨物者，隨之進退。白（原誤作「自」）古（今勃固）江船不可數，高者四、五尺（丈？），長者二十丈，大桅巨纜，周圍走廊，常載銅鐵瓷器往來，亦閩廣海船也。」中國已故陶瓷專家陳萬里也在他的著作中，提到中國青瓷從海路傳入緬甸的情況。他說：「自十三世紀八〇年代至十五世紀四〇年代，這一百五十年期間，福建的泉州為當時世界最大的貿易港之一。我國青瓷從泉州港大量運往海外，運到緬甸的馬達班灣（今莫塔馬灣）的毛淡棉。該地是東西海上交通的轉運中心。中國瓷器因為要在這裡大量轉運出口，也有在當地仿製的，所以稱為麻爾拔裏（Martabanri），亦即馬達班（Martaban）瓷器，行銷緬甸全國，還轉運到東南亞各國，享有極高聲譽。」[16]據緬甸考古調查局一九一五年報告，緬甸勃生河口就曾發現過十五世紀的中國瓷器。哈威《緬甸史》還提到當時下緬甸白古、八都馬（今莫塔馬）、頓遜（今丹那沙林）等海港城市，都有從中國運來的香木和瓷器，很受人們的歡迎。這些事實說明，中國瓷器不僅傳入緬甸，而且在緬甸轉口或在當地仿製出口。中國製瓷技術的傳入，對緬甸的文化產生了重大的影響。[17]

---

16 陳萬里：《中國青瓷史略》，上海，上海人民出版社，1956。

17 參見陳炎：《海上絲綢之路與中外文化交流》，289-297 頁，北京，北京大學出版社，1996。

第二節·

中國與東南亞、南亞、西亞及非洲的文化交流

明朝初期，明廷為擴大對外的政治影響，爭取和平穩定的國際環境，以強大的封建經濟為後盾，以先進的造船工業和航海技術為基礎，把中國與東南亞、南亞、西亞、非洲的友好往來及經濟文化交流，推向了一個新階段。舉世矚目的鄭和下西洋壯舉，直接影響著所到國家和地區人民的生產和生活，推動了其社會經濟和文化的發展。明中後期，中國與亞非的經濟文化交流，主要通過私人海外貿易的管道進行，繼續對亞非的歷史發展產生積極的影響。

一、與東南亞、南亞的文化交流

中國陶瓷的大量輸出　中國對東南亞文化的影響，以陶瓷的影響最大，也最為深遠。明代陶瓷外銷東南亞的數量，遠遠超出於宋元之上。明朝初年，明廷曾以幾萬件瓷器賜給占城、真臘和暹羅，如《明史·外國傳五》占城條載「洪武十六年（1383 年）……遣官賜以勘合、文冊及織金文綺三十二，瓷器萬九千」；真臘條載「洪武十六年，遣使齎勘合、文冊賜其王……復遣使賜織金文綺三十二，瓷器萬九千。……十九年（1386 年），遣行人劉敏、唐敬偕中官齎瓷器往賜」；暹羅條也載「洪武十六年，賜勘合、文冊及文綺、瓷器，與真臘等」。

而通過貿易的管道運往東南亞的陶瓷，數量更是龐大。費信的《星槎勝覽》暹羅國、滿剌加國、蘇祿國、蘇門答臘國、花面國等條，都載有這些國家「貨用青白花瓷器……燒珠……之屬」諸類的文字。馬歡的《瀛涯勝覽》，也反映出東南亞人民對中國青花瓷器的喜愛和歡迎。如爪哇國條說：「國人最喜中國青花磁（瓷）器並麝香、花絹、紵絲、燒珠之類。」這些中國青花瓷器大多來自江西、浙江、湖南及福建、廣東等地，如一九五四年在馬來西亞柔佛出土的三十三件瓷器，多為明代宣德、隆慶、萬曆和嘉靖年間江西景德鎮的產品。[18]由於輸入中國瓷器，東南亞人民因此逐漸改變了他們的某些生活習慣，如印尼加里曼丹文郎馬神的人，「初盛食以蕉葉為盤，及通中國，乃漸用磁（瓷）器。又好市華人磁（瓷）甕，畫龍其外，人死，貯甕中以葬。」[19]東南亞人民還在宗教儀式、喪葬、宴會等場合廣泛使用中國瓷器，並將瓷器作為珍貴禮品饋贈給親友貴賓。

隨著中國瓷器的外銷，陶瓷技術也在東南亞傳播開來。據文獻記載，一四〇七年前越南已由中國瓷工燒成青花瓷器，產品遠銷西亞。十四世紀中葉，泰國也燒造出與浙江龍泉窯的產品相似的青花瓷器，深受當地人民的喜愛。

明代中國瓷器大量外銷時，也從東南亞輸入色料。鄭和出使西洋時，即曾從蘇門答臘島、檳榔島帶回蘇泥、勃青，從蘇門答臘、汶萊帶回紫硑、胭脂石等色料，從而對明代的瓷器製造藝術產生了很大的影響。

中國絲綢暢銷東南亞　絲綢仍是明代中國向東南亞地區輸出的重要商品。費信在《星槎勝覽》曾多處記載中國絲織品傳入東南亞地區的情況，說當地人民也「皆好中國綾、羅、雜繒。其土不蠶，惟借中國之絲到彼，能織精好緞匹，服之以為華好。」[20]由於價廉物美的中國絲織品和棉織品傾銷菲律賓，到十六世紀末，穿中國式服裝遂成為當地人民的時俗風尚。菲律賓人民每年大約要購買二十萬件以上的棉布或絲綢製成的中國式服裝，價值約二十萬比索。[21]

---

18 逸明：《舊柔佛意外出土的一批文物》，《南洋文摘》第 7 卷，836 頁。

19 張燮：《東西洋考・文郎馬神》。

20 顧炎武：《天下郡國利病書》，引崇禎十二年三月給事中傅元初《請開洋禁疏》。

21 陳臺民：《中菲關係與菲律賓華僑》第 1 冊，4 頁，馬尼拉，1961。

中國的養蠶和絲綢技術也在明代傳到東南亞地區，絲織業逐漸成為當地重要的家庭手工業。陶威斯·德克爾《印尼歷史綱要》（Douwes Dekker，Ichtisar Sediarch Indonesia）說：「的確，我們的祖先是向中國學慣用蠶絲織綢的。不久，我們自己也學會織綢了。」到十六世紀末十七世紀初，亞齊已開始將自己生產的絲綢向外出口了。

中國建築工藝在東南亞的傳播　頻繁的文化交往，使中國南方的建築技術也傳到了東南亞地區。據黃衷《海語》記載：馬來西亞「王居前屋用瓦，乃永樂中太監鄭和所遺者」。一些中國僑民，也向東南亞的人傳授製造磚瓦、用牡蠣殼燒製白灰以及砌磚和用石塊建築房屋的方法，並在當地蓋起了許多具有中國南方建築風格的房屋廟宇等建築物。明代中國人在呂宋建造的建築物，直到現在還令許多西方及菲律賓人士驚歎不已，稱讚他們所「建築的許多古老的教堂、寺院和堡壘，直到第二次世界大戰末期依然安全無恙」。

中國羅盤航海與生產技術在東南亞的傳播　隨著中國的船隊和商人遠航東南亞各國，中國航海技術也逐漸傳播開來。據文獻記載，有明一代印尼武吉斯族等在航海時，幾乎都會使用結構精巧的中國羅盤。到明中後期，許多中國商人和農民、手工業者移居到東南亞呂宋等地，也將中國先進的生產技術傳播給當地的人民。如在呂宋，中國去的居民，就將犁具、水車、水磨等生產工具，製糖、釀酒工藝，果樹嫁接和印刷技術帶到那裡，教會了當地居民使用方法。直到十九世紀，呂宋島和菲律賓其他地區，人們使用的仍然是明代從中國傳入的犁具。

中國與東南亞的醫藥交流　鄭和下西洋時，隨鄭和下西洋的醫官醫士計有一百八十員，以陳以誠和陳常二人最為著名。他們在遠航中，不僅以高超的醫術為船上的官兵治病，而且也為西洋諸國的官員服務。鄭和七下西洋，還曾帶去中國的大黃、茯苓、生薑、肉桂等藥材，並帶回亞非各國特有的珍貴藥材。另外，一些中草藥和針灸的使用方法，也在明代傳入了東南亞地區。

另一方面，東南亞地區的醫藥對中國也產生過一定的影響。據《東西洋考》等書記載，明代中國曾從東南亞各國進口犀角、玳瑁、乳香、片腦、蘇合油、沒藥、沉香、黃速香、降真香、血竭、檳榔、胡椒、大楓子、龍涎香等藥材。李時珍《本草綱目》列舉的各種藥材，就有出自暹羅、爪哇的烏爹泥和蘇木。從東南亞國家輸入的藥材，進一步豐富了中國古代的醫學寶庫，為中國醫藥學的發展做出了貢獻。

中國與南亞的文化交流 中國與南亞的文化交流，明代又一次達到高潮。在鄭和七次奉使下西洋、長達二十八年的航海活動中，曾到達榜葛剌（今孟加拉及印度西孟加拉地區）、錫蘭山（今斯里蘭卡）與鎖里、西洋瑣里、加異勒、小葛蘭、大葛蘭、柯枝、古里、甘巴里、阿拔把丹等印度港口城市以及溜山（今馬爾代夫）等地。他們從中國運去了布緞、色絹、青白花瓷器、麝香、燒珠、水銀、茶葉、漆器、絲綢、棉布、雨傘、鐵鼎、銅錢、金銀及其製品等，並從印度購回各種布類、香料、寶石、水晶、珊瑚、胡椒、各色手巾被面、椰子、檳榔、犀角、糖霜、翠毛等物品，豐富了中國人民的文化生活。

與其他地區一樣，明代中國向南亞文化的輸出也以陶瓷、絲綢為主。如鞏珍《西洋番國志》柯枝國條說，當地有一些被稱為「哲地」的商人，「專收買寶石、珍珠、香貨，以待中國寶船」，同中國船隊交換瓷器、綾羅綢緞等產品。

當然，在這一時期，印度文化對中國文化的發展仍有一定的影響。例如文學的創作，吳承恩的《西遊記》、湯顯祖的《邯鄲記》都明顯受到印度文化的影響。這從一個側面反映了中國文化與印度文化的密切聯繫。[22]

二、與西亞的文化交流

明代中國文化與西亞文化的交流雖然仍在進行，但它的影響和作用已遠不如唐宋元時期那麼廣泛深遠。

鄭和七下西洋，其船隊到過阿拉伯半島，並出訪過忽魯謨斯（今伊朗霍爾木

22 季羨林：《中印智慧的匯流》，周一良主編：《中外文化交流史》，鄭州，河南人民出版社，1987。

茲）、佐法爾（今阿曼佐法爾）、剌撒（在阿拉伯半島南岸，或謂在今南也門木卡拉附近）、阿丹（今南也門亞丁）、天方（今沙烏地阿拉伯麥加）、驀底納（今沙烏地阿拉伯麥迪那）等國家和地區。他們運去了中國出產的麝香、絲綢、瓷器等物，從當地商人手中買到各色奇貨異寶、麒麟、獅子、鴕鳥等物，並畫回天堂圖真本。《瀛涯勝覽》佐法爾國條載道：「中國寶船到彼，開讀賞賜畢，王差頭目遍諭國人，皆將其乳香、血竭、蘆薈、沒藥、安息香、蘇合油、木鱉子之類來換，易其紵絲、瓷器等物。」值得注意的是，明代中國還專門生產外銷西亞的瓷器。如宣德年間景德鎮生產的青花折枝花卉方流執壺、青花綬帶耳葫蘆扁瓶、青花纏枝花卉紋折沿盆等，造型與十四世紀早期西亞的金銀器相似。明初花卉紋大盤、萬曆青花花瓣口大盤及各式軍持，還有浙江龍泉窯生產的青釉刻花大盤、大碗及用阿拉伯文裝飾的瓷器，都是按照伊斯蘭教的生活習俗特製的。這些造型和紋飾具有阿拉伯民族風格的瓷器，是中國文化與伊斯蘭文化頻繁交流的結晶，具有崇高而神聖的文化內涵。這些具有阿拉伯文化色彩的外銷瓷的生產，也對中國文化產生過極大的影響。它一度成為宮廷和官僚士大夫收藏的重要陳設品或實用品。這也從一個側面反映出中國與西亞的文化交流及相互影響。它的價值，早已超過它的經濟含義，而成為中國與阿拉伯人民友誼的永恆象徵。

三、與非洲的文化交流

明代初期，鄭和下西洋的船隊，曾經到達非洲的比剌（或謂即非洲東北岸外之阿卜德庫裏島）、孫剌（或謂即非洲東北岸外之索科特拉島）、木骨都束（今索馬里摩加迪沙）、卜剌哇（今索馬里布臘瓦）、竹布（今索馬里准博）、麻林（今肯雅馬林迪），與非洲東海岸國家進行經濟文化交流。

有明一代，陶瓷仍然是中國與非洲文化交流的重要信物和見證。中國瓷器大量湧進非洲國家，遍及埃及、蘇丹、埃塞俄比亞、索馬里、肯雅、坦桑尼亞、辛巴威、莫三比克、薩伊、尚比亞、馬拉維、博茨瓦納、南非、聖赫勒拿等國家和地區。柯克曼曾指出過：「從十四世紀到十九世紀中葉，肯雅從中國進口陶瓷的數量等於或往往超過了所有從其他國家進口的陶瓷的總和。」這些遠銷到非洲的瓷器，主要產自江西景德鎮。據學者考證，明清景德鎮等窯生產的青花瓷，幾乎遍及非洲十五世紀至十九世紀出土中國瓷器的遺址中。[23]中國瓷器的大量輸入，大大豐富了非洲人民的精神生活。中國瓷器不僅是非洲國家上層社會必不可少的生活器具，而且成為財富和高雅的象徵。他們大量收藏，或作為饋贈貴賓的珍貴禮品，或作為宮殿、清真寺建築的高雅裝飾品。主持基爾瓦發掘的奇蒂克認為：「至少在十五世紀，富有的人們已不用進口的伊斯蘭釉陶，而主要是用進口的中國瓷器。」同時，隨著中國瓷器的廣泛傳播，其燒製技術、裝飾藝術等方面迅速被非洲文化所吸收，有力地推動了當地製陶業的發展。如在十五世紀，埃及一個叫做格埃比的專門經營模仿中國瓷器的製陶作坊，其產品的器型、釉色、圖案和風格全都模仿中國江西景德鎮等地生產的青花瓷器。總之，中國瓷器大量銷往非洲的結果，使中國文化融進到當地文化之中，成為非洲國家物質文明的重要組成部分之一。

第三節．

中國與歐洲、拉美的文化交流

新航路開闢以後所形成的國際聯繫，使中國與歐洲和拉丁美洲的文化交流得到了進一步的發展。

23 孟凡人、馬文寬：《中國古瓷在非洲的發現》，46 頁，北京，紫禁城出版社，1987。

一、與歐洲的文化交流

十六世紀中葉葡萄牙人入據澳門後，中國與歐洲的聯繫更為頻繁。當時羅馬教廷為了擴大教會勢力，派出了一批又一批傳教士來到中國。許多耶穌會士學習中國文化，同時把西方先進的科學技術介紹到中國，從而揭開了中西方文化交流的新篇章。

傳播西學的傳教士　來華耶穌會士中最著名的是義大利人利瑪竇。他生於一五五二年，是義大利馬塞拉塔（Macerata）城人，萬曆九年（1581 年）來到澳門。在利瑪竇之前已經有義大利人羅明堅於萬曆七年（1579 年）抵達澳門，學習漢文。萬曆十一年（1583 年），在明朝肇慶知府的允許下，羅明堅和利瑪竇來到肇慶一帶傳教。利瑪竇來華後與羅明堅一起生活了近十年，也學會了中文。他最重要的貢獻是，打開了中國認識世界的一扇新窗戶，並把中國介紹給歐洲。

利瑪竇在來華前受過良好的教育，掌握了文藝復興以來歐洲的數學、地理、天文曆法等科學知識，入華時又攜帶日晷、地球儀、渾天儀、三棱鏡、自鳴鐘、地圖、光學眼鏡和圖書資料。他把西洋科學介紹到中國，編撰了《西國紀法》、《萬國輿圖》等書籍。他介紹的科學著作，以《幾何原本》最為重要。這部《幾何原本》並不是歐幾里德（Euclid）著作的譯文，而是其老師克拉維斯（Clavius）的講義。Clavius 在拉丁文中是「釘子」的意思，故利氏譯稱為丁先生。此書由他口述翻譯，由徐光啟筆譯，於萬曆三十三年（1605 年）刻於北京，後屢經翻刻重印。

利瑪竇以掌握漢學、傳播西學為手段來傳教。他的入華引起了當時中國先進知識分子的重視。通過與利瑪竇的接觸，一些中國知識分子如徐光啟、李之藻、瞿太素、馮應京、張燾等人，「領洗入教」，他們因此比常人獲得了更多吸取歐洲科學的機會，為中國科學的發展帶來了新的動力。

萬曆二十八年（1600 年），徐光啟在南京結識了利瑪竇。萬曆三十二年（1604 年），他考中進士，並在京師的翰林院供職，常向利瑪竇求教。這兩位分別掌握了東西方科學的學者的交往，是中國科學史上的一個重要篇章。徐光啟與利瑪竇合作，共同把歐洲古典數學名著《幾何原本》譯為漢文。他們還合作編寫了《測量法義》、《勾股義》等書。利瑪竇去世以後，徐光啟繼續與其他來華傳教士合作，萬曆四十年（1612 年）與義大利人熊三拔（Sabathinus de Ursis）一起編出《泰西水法》，崇禎二年至五年（1629-1632 年）又主持了曆法的修定，吸收義大利傳教士羅雅谷（Giacomo Rho）、龍華民（Nicolaus Longobardi）和瑞士傳教士鄧玉函（Joannes Terrenz）等人參加工作。崇禎四年（1631 年）初，徐光啟向明廷進獻一批他主持翻譯的科學圖籍，有羅雅谷的《日躔曆指》一卷、《日躔表》二卷、鄧玉函與湯若望合撰的《測天約說》二卷、《大測》二卷、鄧玉函的《黃赤距度表》一卷（一說二卷），以及《割圓八線表》六卷、《黃道升度》七卷、《通率表》一卷等。同年冬，又進獻《測候四說》一書。

利瑪竇除與徐光啟合作以外，還與李之藻合作，翻譯了《同文算指》、《渾蓋通憲圖說》、《乾坤體義》、《圜容較義》等書。其所譯算書，「與舊術相同者，舊所弗及也；與舊術異者，則舊所未有也」。

利瑪竇去世後，熊三拔、艾儒略、湯若望、龍華民、鄧玉函、畢方濟等傳教士，繼續遵循他「科學傳教」的路線。在徐光啟、李之藻、王徵等積極要求與協助下，他們也譯述一些科學書籍，使明末的科技著作翻譯進到了高潮。

西方數學知識的譯傳　數學在我國原有悠久的傳統。明末由於修曆的需要，不少學者熱心研究與曆法有關的數學知識。

在幾何學方面，萬曆三十五年（1607 年），利瑪竇與徐光啟合譯《幾何原本》前六卷，將幾何學正式傳入中國。明末《崇禎曆書》內的《大測》、《測量全義》、《幾何要法》，又對《幾何原本》作了進一步補充，主要是介紹各種圓內接多邊形求邊長的方法。這些幾何學知識的傳入，對於我國的幾何學研究起到了推動的作用。隨後，徐光啟仿照《幾何原本》的邏輯推理方法，對中國的勾股算術進行嚴格的論證，寫成《勾股義》一書。後來清代梅文鼎又將勾股算術與西方幾何知識進行會通研究，撰寫了《幾何通解》一書。

在筆算方面，萬曆四十一年（1613 年）利瑪竇、李之藻合譯出《同文算指》，首次引入了西方的筆算法。其《前編》譯自克拉維斯的《實用算術概論》（Epitome Arithmeticae Practicae），論述整數與分數的四則運算，其中加、減、乘法及分數除法與現在的筆算方法基本相同，不同的是當時使用中國數位，現今使用的是阿拉伯數字，但整數除法為十五世紀末義大利數學家應用的「削減法」，十分繁複。其《通編》涉及比例、比例分配、盈不足、級差等內容。

另有一部《歐羅巴西鏡錄》，譯者不清楚。它的內容與《同文算指》相仿，但兩者譯文不同，可見即使它們譯於同一原著，譯者則並非同一人。《歐羅巴西鏡錄》現僅存傳抄本。西方算術新法「便於日用」[24]，它的傳入，對於中國學者發掘、整理中國古代數學遺產，發展中國傳統數學，起了很大的推動作用。

在對數學方面，傳教士穆尼閣與薛鳳祚譯述《比例對數表》（1653 年），率先將西方六位對數表傳入中國。對數與解析幾何及微積分，為近代數學的三大前驅。但在明末清初，僅只對數一項傳入了中國。

在三角學方面，明末計有《測量全義》十卷（1631 年）、《大測》（1631 年）、《割圓八線表》（1631 年）、《渾天儀說》（1636 年）等譯著。其中，《測量全義》第七卷，用圖的形式介紹了正弦、正切、正割、正矢、餘弦、餘切、餘割及餘矢八線。第十卷論述平面三角的基本公式，還論述斜三角形的正弦定理、餘弦定理、正切定理及半形公式等。西方三角學的傳入，也推動了中國的數學研究工作。清代的梅文鼎就在研究《測量全義》的基礎上，撰寫出《平三角舉要》一書，為中國三角學的研究做出了貢獻。

此外，《測量全義》書中的球上三角形，《日躔曆指》的曲線三角形，以及湯若望的《渾天儀說》的曲線三角形等，還介紹了球面三角學的知識。

西方物理學知識的傳播　明末西方傳教士通過譯述書籍，已開始將西方一些物理學知識零星地傳入中國。天啟七年（1627 年），明人王徵與傳教士鄧玉函合作譯述的《遠西奇器圖說錄最》刊印，這是第一本詳細介紹物理學力學與有關機

---

24 李之藻：《同文算指》序。

械的譯書。全書共三卷。卷一「重解」論述力學的性質、應用及重心、比重等原理。卷二「器解」闡述各種機械包括天平、杠杆、滑車、輪軸、螺旋（藤線）及斜面的原理與應用。卷一與卷二是力學的理論部分。卷三「圖說」介紹起重、轉重、取水、轉磨、代耕等各種機械原理的應用。據惠澤霖（H.Verhaeren）考證，卷一與卷二多取材於西門．司太芬（Simon Stevin）的一部著作，其書名為「Hypomnemata Mathematica」，此書原藏耶穌會士的北堂圖書館內。卷三則取材於西元前一世紀羅馬建築師味多維斯（Vitruvius）的《建築術》（De Architectura）一書，此書原也收藏於北堂圖書館。卷三則多數譯自義大利工程師與機械師剌墨裏（Del Capitano Agostino Ramelli）的「Le Diverseet Artificious Machine」一書。《奇器圖說》一書在清代得到傳播，並產生一定的影響。書中所使用的一些術語，如「力」、「重」、「力藝」等，至清末仍被使用。

西方化學知識的傳播　明末清初通過一些翻譯書籍，某些零星的歐洲古代化學知識開始傳入中國。首開其端的是義大利傳教士高一志（Alphonso Vagnoni）輯譯的《空際格致》。此書為聚珍仿宋印書局印本，卷前署有「古絳後學韓霖訂」字樣。說明高一志輯譯此書時，天啟辛酉舉人韓霖曾參加校訂。據裴化行（Henri Bernard）考證，《空際格致》的藍本為一本拉丁文的關於亞里斯多德論自然的書籍，是葡萄牙高因盤利大學（Universite de Goimbre）的譯本（Henri Bernard：Les Adaptations Chinoises d’auvrageseuropeen’s）。又據徐宗澤《明清間耶穌會士譯著提要》一書中的有關書目記載，該書刊行於一六三三年。此書關於化學方面介紹了亞里斯多德的「四行說」：「行也者，純體也，乃所分不成他品之物，惟能生成雜物之諸品也。所謂純體者何也？謂一性之體，無它行之雜。蓋天下萬物，有純雜之別，純者即土、水、氣、火四行也。」書中的所謂「行」，即「元行」、「元素」的意思。中國關於物質組成元素有「五行說」，即萬物皆由「金、木、水、火、土」組成。《空際格致》反對中國的「五行說」，說：「試觀萬物之成，概不以金、木，如人、蟲、鳥、獸諸類是也，則金、木不得為萬物之元行也。又誰不知金、木有火、土之雜乎？雜則不能為元行矣。」很顯然，此書在介紹古代亞里斯多德的物質觀時，摻進了當時耶穌會經院哲學的宇宙觀。不過《空際格致》在我國流傳的面較狹，對中國知識界幾乎未產生什麼影響。

湯若望與焦勗輯譯的《火攻挈要》，其中某些篇章介紹了西方黑火藥的配方。

西方天文學知識的傳播 明末通過傳教士的仲介，繼印度、阿拉伯天文學知識傳入中國後，歐洲的古典與近代的天文學知識也陸續傳入中國。利瑪竇入京不久，首先譯述算學、測量、天文等書籍。他與李之藻譯述的《渾蓋通憲圖說》，第一次使用歐洲天文學方面的度量體系，介紹黃道坐標系，並敘述晨昏朦影定義、日月五星大小與遠近、星等概念。

熊三拔與周子愚、卓爾康譯述《表度說》一書，介紹的是歐洲日晷方面的知識。熊三拔與徐光啟譯述《簡平儀說》，介紹西方用簡平儀觀察太陽經緯度、定時刻、定緯度的方法，同時簡論了大地是球體的概念。陽瑪諾輯譯的《天問略》，介紹了托勒密體系的十二重天說、太陽的黃道運動、節氣與晝夜長短、月面圓缺、交食深淺等原理，其中突出的是介紹了伽利略使用剛發明不久的望遠鏡觀測到木星的四顆衛星。

《崇禎曆書》巨著的編譯，是明末譯介歐洲天文學知識的最重要事件。它使我國天文學體系發生了巨大的變化，開始從中國傳統的代數學體系轉變為歐洲古典的幾何學體系。《崇禎曆書》引入了明確的地球概念、經緯度概念及其測定計算方法；並應用幾何學、平面和球面三角學知識簡化計算方法；介紹了比較準確的蒙氣差改正值、回歸年長度（365.242187 日）等。該書使用了把圓周分為三百六十度和六十進位的秒分度制，又採用赤道起算的南北九十度緯度制，及將赤道分為十二等分的經度制。

由於利瑪竇、龐迪我等傳教士頑固地堅持上帝主宰宇宙萬物的唯心主義世界觀，他們在《崇禎曆書》中極力回避日、月、地球及天體的自轉運動。雖然當時金尼閣已攜帶內含哥白尼與開普勒天文學知識的書籍來華，但出於上帝創造宇宙的唯心主義觀點，他們未將這些書籍翻譯傳行，在《崇禎曆書》中仍然堅持地球靜止說。儘管如此，《崇禎曆書》的編譯對於中國後來的天文學發展還是發生了較大的影響。它是後來修曆的重要參考資料，被明清不少治曆者奉為圭臬。

西方地球科學知識的傳播　儘管元朝李澤民與清浚和尚曾繪製過世界地圖，介紹了歐洲、非洲、大西洋等地理知識，但許多中國人仍囿於傳統的「天圓地方」之說，對中國以外的情況知道不多。

萬曆十二年（1584 年），利瑪竇還在肇慶時，為了引起中國人對天主教的興趣，在住宅中陳列耶穌、聖母瑪麗亞像，展覽三棱鏡、日晷等物品，並在居室中間掛了一張西文世界地圖。這是明末首次傳入我國的一張較完整的世界地圖，它描繪了一個中國人前所未知的世界輪廓：中國只是亞細亞洲的一部分，在亞洲還有許多國家；此外，世界上還有歐羅巴洲、亞墨利加洲（美洲）、利未亞洲（非洲）與墨瓦臘尼加洲（南極洲），各洲也有許多國家；除了這些洲，世界上還有面積更大的各個大洋。這張地圖引起了肇慶嶺西按察司副使王泮的巨大興趣，要求譯成中文。利瑪竇意識到，「要使中國人重視基督教，翻印這幅世界地圖是最妙、最有用的工作了」。他不僅很快將地名譯成中文，還「把地圖上的位於福島第一條子午線的投影的位置轉移，把中國放在正中」，繪成《山海輿地全圖》，以滿足當時許多中國士大夫認為中國是泱泱大國、世界中心的傳統虛榮感。圖剛繪成，立即拿去付印，用以贈送、結交中國士人。萬曆二十四年（1596 年），他在南昌又繪製幾幅世界地圖贈送南昌知府王佐等人。萬曆二十六年（1598 年），應天巡撫趙可懷曾將廣東朋友寄贈給他的《山海輿地全圖》鐫刻於石上。萬曆二十八年（1600 年），利瑪竇在南京再次刻印《山海輿地全圖》。同年，他就帶著新刻印的《山海輿地全圖》二次北上，進京獻給明神宗並附有《萬國圖志》一書。據考證，此書即奧爾蒂利（Abraham Ortelius）的《輿圖彙編》（Theatrum Orbis Terrarum），這幅《山海輿地全圖》主要便是以奧爾蒂利的世界地圖為藍本[25]，並參考中國的《廣輿圖》、《大明一統志》等而繪製的。圖中的中國部分繪製比較詳細，有海南島、渤海灣、泰山、華山等五嶽，以及黃河之源星宿海與沙漠地帶等。世界地圖知識就這樣首次在中國的上層統治者之間傳播開來。

萬曆三十年（1602 年），利瑪竇在北京再版該圖時，進一步做了增補，作序

25 洪煨蓮：《考利瑪竇的世界地圖》，《禹貢》第 5 卷，第 3、4 合期，1936。

並擴大圖幅。這就是李之藻刻印的六張一幅之《坤輿萬國全圖》。現今梵蒂岡圖書館、英國皇家地理學會、巴黎國立圖書館、日本京都大學與宮城縣立圖書館均藏有此圖。據《利瑪竇全集》載，此圖當時刻印了數千分，仍然不能滿足中國士大夫的要求。後來，天主教徒李應試（教名葆錄，明將軍李如松之幕僚）又與利瑪竇一起製作、刻印了八張一幅更大的地圖。據日本鯰澤信太郎考證，此圖可能就是一些史書上所記的《兩儀玄覽圖》。遼寧博物館藏有此圖，朝鮮、日本也先後發現過它的蹤跡。後來，外國傳教士龐迪我又刻印《海外輿圖全說》二卷，艾儒略還刻印過《萬國全圖》等。

隨著世界地圖的傳播，中國的許多士大夫知道了不少地理學新知識，開始打破「天圓地方」的傳統觀念，接受科學的「地圓」的學說；知道「地」實際上是一個碩大無比的球體，以赤道為界有南北之分，又有回歸線與極圈線為界而分為熱帶、溫帶與寒帶。而且有一部分人開始了解中國在世界上的真正的地位，認識到中國所在的亞洲還有印度、麻六甲、日本、朝鮮、安南等國，其他各洲還有著數以百計的國家。這些國家並不都是些「蠻夷」小國，它們也都有著自己的歷史、文化與文明。此外，部分中國人也開始懂得繪製地圖的投影術，並明白地圖的繪製需要進行經緯度的實地測量。

西方工藝技術的傳播　隨著一批西方科學書籍的譯傳，當時西方的一些工藝技術也在中國傳播開來。

第一，機械製造技術。王徵與鄧玉函譯述的《遠西奇器圖說錄最》一書，除首次傳入西方力學與簡單機械知識與計算外，卷三依照切於民生日用、國家建設，便於成器、工費較省，精於同類器物、非重非繁三個原則，有選擇地介紹了五十四種應用力學原理的器械，包括起重、引重、轉重、取水、轉磨、轉碓、水日晷、代耕、水銃（滅火機械）等各類極為有用之器械。有人考證，其中代耕、水銃、風車、水車及機械車（自行車）等知識，不僅明末清初在中國各地傳播，而且有的製器技術在部分地區已得到應用及仿造。如代耕器，又稱木牛，其製作技術首先在廣東得到應用。屈大鈞的《廣東新語．木牛》曰：「木牛者，代耕之器也，以兩人字架施之……用時一人扶犁，二人對坐架上，此轉則犁來，彼轉則犁去。一手而有兩牛之力，耕具之最善者也。吾欲與鄉農為之。」在其他著作中，還有福建、揚州、北京仿製、應用水銃、風車、水車、自行車等器械的記載。

第二，望遠鏡製作技術。湯若望譯編的《遠鏡說》，首次介紹歐洲新發明望遠鏡的製造和使用方法。葡萄牙傳教士孟三德（Edcoard da Sande）也曾譯編有《遠鏡說》四卷。湯版《遠鏡說》刻印三年以後，也即崇禎二年（1629 年），徐光啟開設曆局督修曆法，上《奉旨修改曆法開列事宜乞裁疏》，所列「工料」便有「望遠鏡三副，每架約工料銀六兩。鏡不在數」一項。相對於其他西方工藝技術而言，望遠鏡技術算是傳入最為及時的新技術，對中國天文觀測的改善發揮了積極的作用。

第三，礦冶技術。崇禎年間，湯若望將與曆局裡中方官員楊之華、黃宏憲等譯述、楊之華繪圖的《坤輿格致》，呈獻給明思宗。此書原本係古歐洲科學家阿格里柯拉的《礦冶全書》（De re Metallica）。全書共十二卷，集歐洲學者千年採礦冶金知識和工人技術經驗之大成。崇禎六年（1633 年）十二月，明廷內閣討論是否將《坤輿格致》發至各地，並參照其技術開採各種礦藏的問題。因為發生意見分歧，疏請皇帝裁決，明思宗批示：「覽卿奏，自屬正論。但念國用告詘，民生寡遂，不忍再苦吾民。如以地方自生之財，供地方軍需之用，官不特遣，金不解京，五金隨地所宜，緩宜皆可有濟。……發下《坤輿格致全書》，著地方官相酌地形，便宜採取，仍據實奏報。不得坐廢實利，徒括民脂。湯若望即著赴薊督軍前傳習採法並火器、水利等項。該部傳飭行。欽此欽遵。」[26]有的學者根據這個批示，認為《坤輿格致》在崇禎十六年（1643 年）底至十七年初（1644 年）應已發到一些省分。但不久，明朝的統治就為李自成農民軍所埋葬，它是否真正付諸實施，迄今尚無法找到史料的佐證。

第四，製炮技術。明朝末年，朝廷為了抵禦滿洲貴族軍隊入擾關內，命湯若望試製火炮。崇禎十六年（1643 年），湯若望與焦勗譯述並刻印《火攻挈要》。

---

26 《倪文貞公集・奏疏》，轉引自潘吉星：《阿格裏柯拉〈礦冶全書〉及其在明代中國的流傳》。

此書介紹了製炮技術、製彈藥技術，還介紹炮攻技術。估計湯若望在試製火炮的過程中，參考了西方的火炮彈藥製造技術。而焦勗通過譯書，也掌握了這種技術，因此被時人視為火炮專家，許多人紛紛上門向他求教。

第五，天文儀器製造。徐光啟與熊三拔合譯《簡平儀說》一書，主要介紹測量儀器簡平儀的原理。不久，他們便參照該書原理合作製造了天盤、地盤（簡平儀）、定時衡尺等修曆所必需的儀器。後來徐光啟設立曆局督修曆法，又組織人力譯編大部叢書《崇禎曆書》，並製造天球地球儀、交食儀、星晷、七政象限大儀、測星紀限大儀等一批天文儀器。

第六，水利器具與水庫工程。徐光啟與熊三拔合譯了《泰西水法》，介紹了西方水利器具與水庫工程，其中第六卷為圖，繪有西方各種器具的圖式。徐氏等在翻譯《泰西水法》時，他們結合中國傳統的水利工具，製造了一些按照西方技術改進的新器具，並把製造方法和試驗結果載入該書，以便國人參照仿製。

第七，自鳴鐘製造技術。王徵與鄧玉函譯編的《遠西奇器圖說錄最》，摘引了《自鳴鐘說》一書的內容。《自鳴鐘說》為西人譯述，譯述人員與年分不詳。徐光啟於崇禎二年（1629 年）上《奉旨修改曆法開列事宜乞裁疏》，所列「工料」列有「自鳴鐘三架，中樣者每架價銀五十兩，大者及小而精工者價值甚多，今不必用」一項，說明當時曆局已能裝配或仿造自鳴鐘。[27]

中國陶瓷、絲綢大量輸往歐洲　明代中國文化對西方文化影響最大的當推陶瓷。正德九年（1514 年），葡萄牙航海家科爾沙利、埃姆渡利等人來到廣州，購買了他們嚮往已久的中國瓷器和絲綢。這是我國和歐洲國家在十六世紀時期的第一次直接貿易。此後，葡萄牙商人為高額利潤所驅使，紛紛前來中國，將中國的瓷器、茶葉、生絲、漆器等販運歐洲。繼葡萄牙之後，西班牙人也接踵而來。自從航海家麥哲倫在一五二一年三月到達了菲律賓以後，他們就把菲律賓作為跟中國進行商品貿易的據點。到明末，荷蘭人不滿葡萄牙和西班牙壟斷中國與歐洲的

27 上述與歐洲的文化交流內容，參見黎難秋：《中國科學文獻翻譯史稿》，北京，中國科學技術出版社，1993。

貿易，也加入到中歐貿易的行列中來。

唐宋以來，大量中國瓷器輸往西亞，通過穆斯林商賈之手販往地中海周圍各地。但是直到十五世紀，中國的瓷器在歐洲還是極為稀有的珍品。德國卡塞爾朗德博物館現藏一件刻有卡澤倫柏格伯爵紋章圖案的青瓷碗，是歐洲現存最早有年代記載的明代瓷器，一直被黑森家族視為傳家的珍寶。因其稀少珍貴，所以價格也特別高昂，據達米·德·戈斯的說法，當時歐洲一件瓷器的價值，等於七個奴隸。所以，中國的瓷器一直受到歐洲人的珍愛。義大利文藝復興時代威尼斯名畫家喬凡尼·貝利尼（Giovanni Bellini）一五一四年創作的作品《群神宴》，畫面中央盛水果和湯的大缽都是地道的明青花瓷器。其中一件滿盛鮮果，置於眾神面前，另外兩大瓷缽分別由一位仙人頭頂和一位仙女手持。可見中國瓷器在當時歐洲人心目中的地位。此畫現藏美國華盛頓國立美術館。據專家考證，這三隻瓷缽的形制與紋樣都明顯為明宣德、成化年間風格。此畫中的這類瓷器應於新航路開闢之前已經運到歐洲。[28]新航路發現後，中國的瓷器被源源不斷地運往歐洲。歐洲學者根據荷蘭東印度公司來往的信件統計，估計在明萬曆三十年（1602 年）至清康熙二十一年（1682 年）的八十年中，有一千六百萬件以上瓷器被荷蘭商船運載到荷蘭和世界各地。[29]從歐洲現存的中國明代瓷器來看，這些瓷器的產地為江西、浙江、福建、廣東，有很多是根據歐洲客商的要求生產的，具有濃厚的歐洲文化的色彩。

中國瓷器大量運入歐洲，對當地的文化產生了深遠的影響。首先，中國瓷器的大量輸入，促使歐洲的製陶業發生了劃時代的變化。歐洲的製陶工匠開始大量模仿中國瓷器，製造出新型的歐洲陶器。一四七〇年，義大利威尼斯的安東尼奧便用黏土製造出一批類似瓷器的東西。此後，他們以中國青花瓷為藍本，經過反覆試驗，終於在十七世紀中葉相當於中國清初的年代仿製成瓷器，將中國的製瓷藝術融進歐洲的物質文明之中，成為其有機組成部分。其次，中國瓷器的輸入，

28 朱龍華：《從「絲綢之路」到馬可·波羅——中國與義大利的文化交流》，參見周一良主編：《中外文化交流史》，282-283 頁。

29 陳萬里：《宋末—清初中國對外貿易中的瓷器》，《文物》，1963 年第 1 期。

進一步豐富了歐洲人的精神生活。中國瓷器具有高度的藝術性和廣泛的實用性，深受歐洲各國上層社會的喜愛。中國的瓷器初次輸入法國，法國人用一六一〇年巴黎流行的杜爾夫小說《牧羊女愛絲坦萊》中的情人、時常穿青斗篷的情人賽拉同（Celadon）來稱呼青瓷。十七世紀時，英國人則稱中國的瓷器為「中國貨」（Chinaware）。各國王室均把中國瓷器作為最有價值的財產，在葡萄牙甚至連王后和公主的手鐲也是中國瓷器。他們還將中國瓷器視為最珍貴的饋贈禮品。達·伽馬、阿爾曼達都曾用中國瓷器來博取葡萄牙國王的歡心。一五七八年葡萄牙國王亨利贈送義大利國王的一箱禮物中，有四件描金的中國瓷器。葡萄牙的國王、王后、貴族和航海家們還往往要求在中國瓷器上描繪自己的肖像、姓名等，以作為永久的紀念。西班牙人甚至認為將瓷器安放在死者左手的手指附近陪葬，能喚起死者的靈魂，附著在死者的身體上。他們在舉行國王和王后的葬禮時，都要用最美麗的中國瓷器以及金首飾等陪葬。[30]

除陶瓷外，明代中國長江流域一帶出產的絲綢、茶葉及手工藝品等也大量運到歐洲，對歐洲文化的發展產生過一定的影響。據顧炎武《天下郡國利病書·郭造卿防閩山寇議》所載：「是兩夷者（指葡萄牙人和西班牙人），皆好中國綾羅雜繒。其土不蠶，惟借中國之絲到彼，能織精好緞匹，服之以為華好。是以中國湖絲百觔，價值百兩者至彼得價二倍。」十七世紀初西班牙史學家德·摩加（Antonio de Morga）更是詳細地開列了中國商人在馬尼拉與西班牙商人進行貿易的貨單：「……大束生絲，精粗具備；素色和彩色精美小卷散絲；大量天鵝絨，有些是本色的，有些繡有各種圖案與彩色花款，有些色澤豔麗和嵌繡金線；織有金銀絲的浮花錦緞；大量金銀線；緞子、綾羅、平紋綢和各色衣料；亞麻布製品；不同品種的白棉布匹。中國人還帶來麝香、安息香、象牙；大量床上裝飾品、帳帷、被單、天鵝絨掛毯；各色織錦和絲毛混織品；臺布、椅墊和地毯；用同類材料製成的嵌有玻璃珠和小珍珠的馬飾；珍珠和紅寶石：青玉和水晶；金屬盤、銅壺、銅鍋和鑄鐵鍋……黑色和藍色長袍；各種念珠、紅玉髓，五光十色的寶石；胡椒和其他香料；還有種種稀見之物，如果都要提到，我將永遠寫不完，

30 朱培初：《明清陶瓷和世界文化的交流》。

也沒有這麼多紙張來寫。」[31]

中國貨物的輸入，大大豐富了歐洲人的生活。特別是中國的絲綢，更成為法、德上流社會婦女爭豔的裝飾。歐洲人也開始努力鑽研絲綢的生產技術。一五三七年後，義大利人佩蒙特在法國里昂開設作坊，已能生產具有強烈中國風格的絲綢。

歐洲漢學的興起　日本學者石田千之助的《歐人之漢學研究》指出：「一五八〇年有羅明堅，一五八三年有利瑪竇，各自來澳門，在中國印上了第一步足跡，兩人的中國研究，實始於那時。從來歐洲人於中國所記如前述，大多不超載錄旅中見聞，以及事業成績報告之類，至於研究中國，還是很隔膜的，略近具體研究，正是這個時期的事，而這便是以新來的傳教師們作先鋒的，耶穌會教士等來中國，於中國宗教史、學藝史上，有極重要的意義，早為人所周知。又，這以歐西的中國知識的發展，劃分空前的一個時期而論，必得認為最重要的事件。」[32]利瑪竇來到中國後，在傳教的過程中，除向中國傳播西方的科學知識，還從事漢學的研究。萬曆三十二年（1604 年），他在北京認識了開封來的舉人艾田。艾田是猶太人，信奉猶太教。利瑪竇通過艾田以及後來派到中國的修士在開封的調查，考證出猶太教傳入中國的史跡，同時提出了早期基督教傳入中國的年代問題。利瑪竇在北京定居期間，還向通過中亞陸路來到中國的貢使與商人進行調查，並廣泛尋訪來自世界各地的歐洲人、印度人、波斯人、土耳其—莫爾人、波斯—忽魯謨斯人甚至是西班牙人、威尼斯人，從而證明契丹是中國的另一個名字，而不是自馬可．波羅以來歐洲人所認為的那樣是中國之外的另一個國家。這些研究成果，都記錄在他每日所作的日記之中。此外，利瑪竇在他去世的前兩年（1608-1610 年），還奉羅馬耶穌會總會之命，根據他入華後的日記，用義大利文寫成了一部五卷本的回憶錄。後來，比利時傳教士金尼閣將這部回憶錄加以整理，轉譯成拉丁文，於一六一五年正式出版，取名為《天主教傳入中國史》。這是早期歐洲漢學的一部重要著作。另據費賴之《入華耶穌會士列傳．利瑪竇傳》

31 〔西〕德．摩加：《菲律賓群島志》（Antonio de Morga，Sucesosde las lglas Filipinas）。
32 〔日〕石田千之助：《歐人之漢學研究》（朱滋華譯），《中華大學月刊》第 4 卷，第 2、3 期。

的記載，利瑪竇在萬曆二十一年（1593 年）還曾將中國的《四書》譯成拉丁文，並加了注釋，寄回義大利，「凡傳教師之入中國者，皆應取此書譯寫而研究之」。利瑪竇對歐洲漢學的興起做出了重大的貢獻，他因此被認為是歐洲漢學家的始祖。[33]

為了適應歐洲人了解中國的需要，一五八五年，奧斯丁會士門多薩（Juan Gonza Iez de Mendoza）在義大利羅馬出版了西班牙文的《中華大帝國史》，這是歐洲系統地介紹中國歷史和地理的最早的一部著作。它的出版，受到歐洲人的普遍歡迎。五年之內，在歐洲各地又先後出版了義大利文、法文、英文、拉丁文和德文的譯本。繼萬曆二十一年（1593 年）利瑪竇將《四書》譯成拉丁文寄回義大利之後，天啟六年（1626 年）金尼閣又將《五經》譯成拉丁文，在杭州刊印，這是正式出版的中國儒家典籍最早的西文譯本。[34]

以利瑪竇為代表的西方傳教士興起的漢學研究，在明亡之後繼續發展，從而在歐洲掀起了一股研究中國的熱潮。這對歐洲文學藝術、園林建築等，特別是十八世紀的思想啟蒙運動產生了深遠的影響。

二、與拉丁美洲的文化交流

在明代，中國與拉丁美洲的文化交流也進入新的階段。雖然早在先秦時代，中國文化就曾對美洲的文化發展產生過重大的影響，但此後一直處於停滯狀態。到了明代，以西班牙、葡萄牙的商船為仲介，中國文化再次輸入拉丁美洲，其中影響最大的當推瓷器和絲綢。

中國的瓷器與絲綢，大都是先輸往南洋群島，再由西班牙、葡萄牙轉運拉丁美洲的。一五七三年，從馬尼拉駛往墨西哥阿卡普爾科的兩艘西班牙大帆船中，

33 參見林金水：《利瑪竇與中國》，266-277 頁，北京，中國社會科學出版社，1996。
34 參見沈福偉：《中西文化交流史》，439、443 頁，上海，上海人民出版社，1985。

就載有中國瓷器二萬二千三百件，這是見於文獻記載的最早記錄。[35]此後中國瓷器源源不斷地銷往墨西哥、秘魯、巴西、瓜地馬拉等美洲國家。它不僅成為各國上層社會的生活用品，而且還是貴族衡量財富和文明教養的標誌之一。這些中國瓷器，或被用作住宅、教堂的裝飾，或被用作賭注，在美洲文化中留下了明顯的痕跡。

中國江浙地區出產的絲綢也經由西班牙的大帆船，源源不斷地銷往拉丁美洲。據學者研究，從馬尼拉開往墨西哥阿卡普爾科的大帆船，除少數年分外，都可以稱之為「絲綢之船」（又稱來自中國之船，nuos de China）。當時每船登記載運的各種絲織品少者有三四百箱，最多者達到一千二百箱。這表明從十六世紀以後，從中國南海到美洲的太平洋上的「絲綢之路」已經形成。價廉物美的中國絲綢在美洲深受歡迎，它大大豐富了當地人的生活，不僅貴族喜用絲綢打扮自己，連當地的西班牙僧侶也用它縫製法衣，裝飾華麗的教堂，就連一些下層居民也穿絲綢和上等的中國亞麻布。一六〇二年五月十五日，秘魯總督蒙特瑞公爵在給西班牙國王的報告中寫道：

那裡（利馬）的西班牙人都過著非常豪奢的生活。他們都穿最上等、最昂貴的絲綢衣料。婦女們盛裝麗服之繁多與奢侈，為世界上其他國家所罕見，因此，每年只要有四艘商船開往秘魯，所有的衣料都會銷售一空，其他貨物也是一樣，因為商船要隔很久才去一次，而人們卻一向都穿新西班牙和中國運去的衣料。但就中國貨物而論，只有非常貧窮的人、黑人和黑白混血種人（男女都有）、華印混血種人、大量的印第安人以及為數甚多的混血兒們才穿用。印第安人的教堂也多大量使用中國絲綢，把教堂裝飾得氣象莊重；在這以前，這些教堂因買不起西班牙絲綢而顯得簡陋不堪。現在只要中國絲貨大量運來，秘魯的供應便不虞匱乏，同時貨價也比較低廉。[36]

中國的絲貨輸入美洲，不僅影響了美洲人的衣著打扮，而且還為當地的絲織

35 〔美〕舒爾茨：《馬尼拉大商帆》（W.L.Schurz，The Manila Calleon），27 頁，1959。

36 《菲律賓群島史料彙編》V.12，63-64 頁。

工業提供了廉價的原料。如湖絲運入美洲後，曾使墨西哥一萬四千多名紡織工人獲得了就業機會。

此外，中國的紙扇、茶葉及園林建築藝術等，也早就被葡萄牙、西班牙殖民者帶到美洲，對當地人民的經濟文化生活產生了一定的影響。

與此同時，拉丁美洲印第安文明也對明代中國文化的發展產生過重大的影響。印第安人培植的番薯、玉米、馬鈴薯、大花生、鳳梨、菸草等農作物，也在明代先後傳入中國[37]，這是拉丁美洲印第安文明對中國文化的一大貢獻。

在史前時代，甘薯已經從美洲傳播到太平洋波利尼西亞諸島。新航路開闢以後，歐洲人把甘薯帶到全世界，後便輾轉傳入中國。據徐光啟《農政全書》記載，「薯有二種：其一名山薯，閩廣故有之。其一名番薯，則土人傳之。近年有人在海外得此種。海外人亦禁，不令出境。此人取諸藤，絞入沒水繩中，遂得渡海，因此分種移植，略通閩廣之境也。兩種莖葉多相類，但山薯援附乃生，番薯蔓地生；山薯形魁壘，番薯圓而長；其味則番薯甚甘，山薯為劣耳。蓋中土諸書，所言薯者，皆山薯也。」據宣統《東莞縣志》記載，明萬曆八年（1580年），廣東東莞縣人陳益到越南，當地人用甘薯招待他。陳益設法取得薯種，帶回國內，念其來之不易，先種於花臺，結果得薯塊，起名為番薯。後來推廣，成為當地主要的糧食作物。一九六一年中國文物工作者在福建發現了珍貴的孤本《金薯傳習錄》，刊行於乾隆三十年（1765年），作者提到其祖先福建長樂縣人陳振龍，曾僑居呂宋，發現當地種植和食用番薯。當時統治呂宋的西班牙殖民當局，嚴禁薯種外傳。陳振龍於萬曆二十一年（1593年）乘船回國時，把薯藤偷偷纏在纜繩上，塗上污泥，航行七日抵達福建。當年六月，陳振龍命其子陳經綸向福建巡撫獻薯藤，並介紹用途和種植方法，不久在福建試種成功，並迅速推廣開來。為紀念陳振龍父子傳播薯種的功績，後人在福建烏石山海濱設立「先薯祠」[38]。這說明甘薯是經過多種管道傳入我國的。及至明末，番薯逐漸傳到了我

37 羅榮渠：《中國與拉丁美洲的歷史文化聯繫》，參見《中外文化交流史》。
38 佟屏亞：《農作物史話》，北京，中國青年出版社，1979。

國北方。

馬鈴薯原產於美洲，約於明萬曆間傳入中國。其傳入的路線有兩條，一為從東南亞傳入中國東南沿海的閩、粵兩地；另一條是從海外直接傳入中國京津地區。[39]馬鈴薯在中國出現雖然晚於歐洲諸國。但直到十八世紀末，馬鈴薯在歐洲還被視為觀賞植物，而中國卻已將它當作糧食了。如清初康熙年間成書的《畿輔通志・物產志》即已經提到：「土芋一名『土豆』，蒸食之味如番薯。」乾隆十五年（1750 年）左右成書的《祁州志・物產》，也提到土豆。這說明，我國人比歐洲人更早地認識到馬鈴薯對於國計民生的價值。

玉米的原產地在美洲。一四九二年哥倫布遠航到達拉丁美洲，被田野裡種植的玉米吸引住了。一四九二年十一月十五日，哥倫布在其報告中提到：「有一種穀物叫玉米（Maize），甘美可口，焙乾可以製粉。」十六世紀中葉以後，玉米在全世界傳播開來，並在明代傳入了中國，一路由滇緬的陸路傳入雲南，一路由東南沿海的海路傳入浙江、福建和廣東。中國在古代已種植玉米，但一直沒有成為主要的農作物品種。玉米現今成為中國許多乾旱地區的當家農作物品種，與玉米新品種的傳入有著密切的關係。

花生為豆科一年生草本植物，原產美洲。一四九二年歐洲人到達美洲之後，把花生種子帶到歐洲。大約十五世紀晚期或十六世紀早期，花生從南洋引入中國。清初張璐《本經逢原》載：「長生果生閩北，花落土中即生，從古無此，近始有之。」花生的馴化不是單元的，我國也是原產地之一。考古學者於一九六二年在江西修水縣原始時代遺址中發現了四粒炭化花生，其粒肥大，呈橢圓形，其中一粒長十一毫米，寬八毫米，厚六毫米，說明我國種植花生至少已經有四千年以上的歷史。[40]不過，中國雖在古代已經種植花生，但一直沒有把它當作主要的油料作物品種。花生現今成為我國許多乾旱地區的主要油料作物，這與花生新品種的傳入有關。

---

39 翟乾祥：《華北平原引種番薯的歷史》，《中國古代農業科技》，237-248 頁，北京，農業出版社，1980。
40 佟屏亞：《農作物史話》。

菸草原產於美洲，由瑪雅人馴化。哥倫布船隊遠航到達西印度群島時，發現印第安人卷起一些乾葉，點燃後放入口中吸食。後來，他們便把菸草葉子帶回歐洲，菸草由此傳播開來。據《清稗類鈔》記載：「菸草初來自呂宋國，名淡巴菰，明季始入內地。」《蚓庵瑣語》又記：「菸草出閩中，崇禎八年下令禁之。」可見明崇禎以前菸草已經傳入中國沿海地區。明代張景岳《景嶽全書》中說「此物自古未聞也」，足見它確是外來物種。方以智著《物理小識》說：「萬曆末，有攜至漳泉者，馬氏造之，曰淡巴果，漸傳至九邊。」

向日葵原產於美洲，是新航路開闢以後傳至世界各地，大約在十七世紀從東南亞傳入中國的。據《群芳譜》記載，當時被稱為西番菊或丈菊。《花鏡》中描述：「每幹頂生一花，黃瓣大心，其形如盤，隨太陽回轉，如日東升，則花朝東，日中天則花朝上，日西沉則花朝西，結子最繁。」中國在先秦時代已知「葵」這種植物，而且很早就注意到葵的向日性。但我國古代土生的葵與現代種植的向日葵，顯然不是同一品種，而且也沒有成為主要農作物品種。向日葵成為我國主要農作物之一，應是明代的事。[41]

41 劉迎勝：《絲路文化》（海上卷），杭州，浙江人民出版社，1995。

第六章

哲學思想的演變

明朝建立後，論證君主統治的絕對性和永恆性的程朱理學，繼續受到統治者的推崇而被奉為官方思想，處於獨尊的地位。明中前期，一批很有影響的學者，他們崇尚程朱理學，著書立說形成風氣，然因各自的體認不同，出現了改造程朱理學的思想傾向。以陳獻章為代表的白沙學派的出現，不僅成為明代程朱理學向陽明心學轉換的過渡環節，而且體現著轉換過程中新價值取向的某些萌芽，具有異於宋明正統理學的特點。陽明心學的崛起和廣泛傳播，可以說是對儒學傳統和經典權威性的大膽挑戰，對於衝破程朱理學思想的禁錮，活躍學術空氣，解放人們思想，起到積極的作用。心學的流行，一方面使明代中後期的學術思想趨於紛雜，同時也出現了空疏之弊。於是在晚明特定的歷史條件下，具有早期啟蒙色彩的實學思潮興起。

第一節·

明代中前期的哲學思想及學派

明朝開國伊始，統治者便認識到程朱理學的重要性，對其抱有非凡的熱忱，從中央的國子學到鄉村的社學，無不進行程朱理學的教育，科舉考試也無不以程朱理學為準繩，程朱理學的影響滲透於思想文化各個領域。然而，隨著程朱理學獨尊地位的確立，其思想禁錮的作用也愈為明顯，並顯示出它的式微而停滯不前。[1]

一、明初程朱理學的式微

明初理學家主要沿襲程朱理學的「天理觀」，通過對理和氣關係的論證，來探討道德修養的方法，提倡篤行踐履和格物致知。《明史·儒林傳序》云：「原夫明初諸儒，皆朱子門人之支流餘裔，師承有自，矩矱秩然。曹端、胡居仁篤踐履，謹繩墨，守儒先之正傳，無敢改錯。學術之分，則自陳獻章、王守仁始。」《明儒學案·莫晉序》亦云：「明初，天臺、澠池椎輪伊始，河東、崇仁風教漸

1 趙吉惠等主編：《中國儒學史》，鄭州，中州古籍出版社，1991。

廣，大抵恪守紫陽家法，言規行矩，不愧游夏之徒，專尚修，不尚悟，專談下學，不及上達也。……前此諸儒（按指陳獻章、王守仁），學朱而才不逮朱，終不出其範圍。」從明初理學家宋濂、方孝孺、曹端、薛瑄、吳與弼等人的情況看，也確實如此，而且顯示出對程朱理學的亦步亦趨和保守的特質。但在明初程朱理學的流布中，同時也承襲元代朱陸合流的趨勢，採納不少陸學的觀點，更強調心的作用，重視「明心」、「總心」、「存心」和「靜時涵養」的工夫，因而從他們間採陸學或轉向心學的傾向看，即說明了程朱理學在明初的式微。以宋濂、曹端為例，他們的觀點也顯現出明初理學與程朱理學所具有的不同風貌。

宋濂是明初大儒，年輕時受業多門，既習過朱子之學，也曾得聞陳亮事功之學，並受到金華學派的影響，還曾潛心於佛教典籍，對佛學很有修養。元明之際，他接受朱元璋的聘請，並以其深厚的儒學功底得到朱元璋的賞識。他與朱元璋討論治國之道，講授儒家經典，深入淺出，目的是讓朱元璋以仁治天下，把倫理教化運用於政治實踐中。宋濂以程朱為宗，又雜糅諸家學派之長。他運用朱熹所謂「仁者天地生物之心」的說法，把「天地之心」視為宇宙萬物運動變化的本原，並賦予天理的內涵。為了彌合朱陸之間的分歧，他又提出「宗經」說，認為六經便是天理。蒼然在上的，叫做天。因為天不會說話，才由聖人代替它立言。經書上寫的，雖出於聖人之手，實際上是上天所為。天上的日月星辰處於何方，地上的山川草木如何布列，都是有規律的。而聖人製作的六經就是這些規律的總概括，也就是所謂的天理。宋濂還認為天理存於人心之中，人心是與天地萬物同一的。對人心的探求既是對天地之心的體驗和把握，也是他治經的目的，即通過六經向聖人學習。因人無二心，六經也便無二理。所以，他對經學的闡述，對心學的釋解，有與陸九淵相似之處，而他窮經治理以求本心的態度又接近於朱熹，他對事功的鄙薄，又與金華學派一脈相承。由此可見，他的思想調和諸家學派的企圖是很明顯的。

方孝孺曾從學於宋濂六年，為其得意門生，但他的思想傾向卻與乃師不同。他尊崇和維護朱學，主張格物致知，反對心學那套注重心悟的做法，認為是受佛教異說的愚弄。他針對當時學界由於偏重道德修養，空談性命而不務實的風氣，強調君子學道當有「經世宰物」之心，要修身、齊家、治國、平天下一以貫之，所以他不大講天道自然觀，以為「理」本之於天，無須論證。他對社會控制問題十分重視，為了保持社會的和諧穩定，他企圖以《周官》為模式來改造社會，反對君主專制，重視倫理教化的功能。

曹端，學者稱月川先生，其學不由師傳，皆自學所得。他沿襲朱熹的觀點來解釋周敦頤的《太極圖說》，謂「太極，理之別名」。理是萬物之源，是萬物的主宰，理與氣的關係是理馭氣。但是他又不贊同朱熹把太極與氣之動靜、理與氣看成是二物的說法，強調理與氣「渾然而無間」、「理氣未嘗有異」，理氣一體，這說明他從維護朱熹的理本論出發，力圖彌補朱熹在理氣關係闡述中的不完善之處。儘管如此，但理與氣畢竟不同，所以他也很難自圓其說，自然也就無法彌合朱熹在理氣關係上的矛盾。曹端之學以躬行實踐為主，以存靜為要。所謂靜並不是不動，而是「不妄動」，所以說「無欲而靜」。人只要有欲，心中便千頭萬緒，如果無欲，即使是動也仍然是靜。但要做到無欲，他認為只須在心上下工夫，主張「深思而實體」，反對憑空論說。所以，他很重視講求道德修養。從曹端的觀點來看，他謹守宋儒繩墨的傾向是很明顯的，但從他主靜的觀點看，也有對心的探求。

因此，明初理學「崇朱」、「述朱」，但又不完全同於朱，並且因體認不同，形成了風格各異的學派。著名的有薛瑄的河東學派、吳與弼的崇仁學派和陳獻章的白沙學派。

二、薛瑄與河東學派

薛瑄字德溫，號敬軒，山西河津人。永樂十九年（1421 年）中進士，宣德三年（1428 年）被授為湖廣道監察禦史，後升至大理寺少卿。英宗時，因得罪宦官王振，被貶至甘隴，後居家講學。復詔任禮部右侍郎、翰林學士，後因權臣石亨專權而辭官回鄉，從事著述和講學，從學者甚眾。黃宗羲的《明儒學案》囿於門戶之見，說他恪守宋人矩矱，無甚創見。其實，薛瑄對朱熹理學的維護與「恪守」，並非是全盤承襲或簡單復述，而是有因有革，「述」中有「作」，在繼承中有發展，在「恪守」中有突破的。

薛瑄的從政生涯歷經宣德、正統、景泰、天順四朝，經歷了明王朝由盛轉衰的大轉折。面對國勢急劇頹敗的嚴酷現實，他痛苦地探尋振興國運的道路，並對朱熹理學進行理論反思，認為國勢的頹敗在於「人心不正」，而朱熹理學自身又存在「理本體」與「心本體」內在的深刻矛盾，難以起到「正人心」的效用。於是，他主張以「正人心」特別是「正君心」來匡救時弊，振興國運，同時對朱熹理學進行了批判改造或修正，促進了朱熹理學的分化。

同以往的理學家一樣，薛瑄也是用「理」和「氣」來解釋宇宙萬物的生成的。他繼承張載「太虛即氣」的氣化學說，認為「天地間只有一氣」，「理不離氣」，「理只在氣中，絕不可分先後」，進而提出了「理氣無縫隙」的觀點。值得注意的是，他在論述理氣的關係時，雖曾援引朱熹「理氣不離不雜」的說法，卻說：「可見者是氣，氣之所以然便是理。理雖不離氣而獨立，亦不雜氣而無別」[2]，認為「氣」才是構成宇宙萬物最原始的物質本體。所以，他反覆強調：「天地間只一氣」，「統天地萬物，一氣之變化」[3]，「一氣流行，一本也」[4]，「天地萬物，皆氣聚而成形」[5]。在他看來，「氣之所以然便是理」，「理」不過是事物自身的「脈絡條理」，即事物固有的規律性。這是對朱熹所謂「理在氣先」和「理氣決是二物」的理氣觀的有力的批判。

在認識論上，薛瑄也批判地吸收了朱熹的格物窮理說，把格物窮理、向外求知看作是認識的主要途徑。他把客觀存在的一切事物統稱為物，而且格物的範圍相當廣泛，既包括自然界，也包括社會中的人和人的活動。他從以氣為本、理氣相即的「無縫隙」的理氣觀出發，提出了「以心映理」的理論，並強調格物致知之要在於「就萬物萬事上求實理」。認為人認識事物的過程，無非是「因氣而識理」或「因器以識道」的過程，即由感性認識到理性認識的過程。他說：「格物

2 薛瑄：《讀書錄》卷四。
3 薛瑄：《讀書續錄》卷一。
4 薛瑄：《讀書錄》卷三。
5 薛瑄：《讀書錄》卷四。

是逐物逐事上窮至其理，知至是萬物萬事上心通其理。格物就是物各為一理，知至則知萬物為一理。」[6]

薛瑄還認為認識要靠日積月累，不僅強調逐物而格，還要無日不格，並且還要求人們在格物窮理上應抱著「已格者，不敢以為是而自足」，「未格者，不敢以為難而遂厭」的正確態度，既要不滿足於已知的知識，更不能遇難而退，要有堅持奮進的精神。薛瑄對格物窮理的認識和態度，對於認識事物具有積極意義。但是他的格物窮理，並未擺脫理學的束縛。他雖然強調無物不格，而主要還是向書本窮理，即所謂「致知格物，於讀書得之者多」。而他窮理的根本目的，還在於知性，即所謂「窮理即知性也」。這說明他的認識論還偏重於道德修養的心性論。

與格物窮理相聯繫，在知行關係上，薛瑄針對明代朱學陳腐空疏的學風，強調「求實理，務實用」。否認朱熹「知先行後」說，認為知與行既相聯繫又相促進，知行不可偏廢。「知」指導「行」，「行」踐履「知」。若「知」不指導「行」，則「行」是盲目的，若沒有「行」去實現「知」，則知又是無用的，他強調道德踐行、知行二者的統一。因此，他的學說也被稱為「踐履篤實之學」，開了明清時代「實學」思潮之先河。

當然，薛瑄的理學體系是不徹底的，他的宇宙觀和認識論，並未完全擺脫朱熹「理本論」的影響，而且還帶有朱熹「心本論」的明顯傾向。薛瑄十分強調心學，明確提出「從事於心學」[7]的主張。他面對國勢日衰的現實，強調要「正人心」，尤其要「正君心」，說：「天下之心在國，國家之本在家，家之本在身，身之本在心。心正，身修，家齊，天下平，王道不過如此。」「王道」之行，「皆歸於人君之一心」，「其本」在於「正心修身」。「自古興亡治亂之幾，皆本於心之存亡。」因此，他一方面強調「以心映理」，具有樸素的反映論，另一方面卻又提出「萬理本諸心」，「天下之理具於吾心」，「心為天下之大本」的說法，從

6 薛瑄：《讀書續錄》卷三。

7 薛瑄：《讀書錄》卷二。

而陷入先驗論的心本論。薛瑄認為：「天下無性外之物，而性無在。」所謂物，包括君臣父子夫婦長幼朋友在內，所謂性，就是人倫之理，性就是理。所以要「以性為宗」，「復性為要」，這是「聖人相傳之心法」。他根據程朱理學的觀點，認為性是天所賦予人之理，所謂的「復性」，就是要求人們通過道德修養的途徑，復返到湛然純善的本體之性。而復性的方法主要是居敬窮理，在日常應接中不斷省察克己，認識到自主性中存在的問題和缺陷，自覺地以倫理道德規範來約束自己的思想和言行。他說：「事事不放過，而皆欲合理，則積久而業廣矣。」這實際上是朱熹下學而上達的修養方法。

薛瑄是繼曹端而起的朱學學者，以復性為宗，強調人倫日用，提倡篤行踐履之學，是明代初期朱學的主要代表人物。他的思想給朱學打開了一個缺口，在明初影響很大。他的弟子閻禹錫、白良輔、張鼎等創建了河東學派，門徒遍及山西、河南、關隴一帶，蔚為大宗，「篤實近理」是這一學派的特徵。[8]

三、吳與弼與崇仁學派

吳與弼，字子傅，號康齋，撫州崇仁（今屬江西）人。他與薛瑄同時，號稱南北兩大儒，但治學側重不同，各具特色。吳與弼十九歲時，獲讀朱熹的《伊洛淵源錄》，心頗向慕，遂放棄舉業，讀《四書》、《五經》和洛閩之書，不下樓數年，立志研習理學。他一生中除應詔赴京任「諭德」輔導太子讀書兩月外，皆家居講學，弟子從學者甚眾，先後有婁諒、胡居仁、謝復、胡九韶、陳獻章等，形成了崇仁學派。

吳與弼頗有懷疑精神，並抨擊宋末以來的箋注「率皆支離之說」，有害無益。他的理學主要講道德修養，認為個人道德修養好了，就不難齊家治國平天下。他把「存天理，去人欲」作為道德修養的重要方面，強調為學者要以「理」

8　參見李元慶：《明代理學大師——薛瑄》。

的道德規範日常行事。他認為聖賢所言，無非是「存天理，去人欲」，要學聖賢，就不能舍此他求，「故君子之心必兢兢於日用常行之間，何者為天理而當存，何者為人欲而當去」。因此，他講人的身心修養，人的氣質變化。至於修養的方法和內容，則遵循朱學的觀點，強調修養不是一蹴而就的事，要有一個長期持續不斷的艱苦過程，要通過讀書窮理的工夫，讀聖賢書，體會聖賢遺言。所以，他要求弟子循序熟讀，「讀以千言不計其功，磨其歲月而不期其效」[9]，積久自然有所得。他還提倡在艱難的條件下進行磨煉，提倡踐履。這些觀點也反映了他的教育思想，對於指導學生讀書有積極意義。

關於道德修養，吳與弼還在程頤「敬義挾持」說的基礎上，提出「敬義挾持，實洗心之要法」的觀點。他認為，心雖如明鏡，卻由於氣稟之拘，物欲之蔽，而把它染上所謂物欲、邪思的塵埃。因此，他主張通過「敬義挾持」的工夫和讀書窮理等集義工夫，加以「浣洗」，使心「瑩澈昭融」而上達天理。他認為，「洗心」如同磨鏡，去除塵埃，就能保持至虛至靈的心仍如明鏡般「瑩澈昭融」。正如他的詩云：「人心秉至靈，胡為自狼狽！十年磨一鏡，漸覺塵埃退。」這顯然是套用了佛教禪宗所謂「拂拭」明鏡的說法。然而，儘管吳與弼只說心而不說理，但他仍受朱學觀點的支配，承認心外有理。他的「存天理、去人欲」觀正反映了他的思想特點。

在道德修養方法上，吳與弼更重視「主靜」的涵養工夫。他提倡靜坐、夜思的冥悟，如他在詩中言：「靜坐超超獨覺時，寸心凝斂絕邪思。聰明睿智何處在？昨聖之功信在斯。」又「思到此心收斂處，聰明睿智自然生」。劉宗周在《師說》中也稱其學「刻苦自勵，多從五更枕上，汗流淚下得來」。由此可知，他的「靜觀」、「靜觀涵養」，靜思冥悟，徑求於心的門人陳獻章衍化為心學的發端。所以說他的思想對陽明心學有開啟之功，對明代朱學向心學的轉換有重要的作用。黃宗羲在《明儒學案》中說：「椎輪為大輅之始，增冰為積水所成。微康齋，焉得有後時之盛哉！」

---

9 吳與弼：《康齋文集》卷八。

從吳與弼的朱學雜入心學的思想看，也反映了明初的理學，明初的學風，到薛瑄、吳與弼時正在逐漸發生變化。黃宗羲在《明儒學案・崇仁學案》中評價吳與弼時說：「康齋倡道小陂，一稟宋人成說。言心則以知覺與理為二，言工夫則靜時存養，動時省察。故必敬義挾持，明誠兩進，而後為學問之全功。」《四庫全書總目》的作者對吳與弼的評價則是：「與弼之學，實能兼採朱陸之長，而刻苦自立。其及門陳獻章得其靜觀涵養，遂開白沙之宗；胡居仁得其篤志力行，遂啟餘幹之學。有明一代，兩派遞傳，皆自與弼倡之，其功未可盡沒也。」

四、心學先驅陳獻章與白沙學派

陳獻章，字公甫，別號石齋，廣東新會白沙里人，學者稱他為白沙先生。白沙里瀕臨江門，故稱其學為「江門之學」或「白沙之學」。

陳獻章早年曾銳意科舉，但屢考不中，促使他潛心於學術，一度受學於著名學者吳與弼門下。他不僅從吳與弼處學到刻苦踐行的工夫，遍覽古今典籍，旁及釋老稗官小說，同時也受其師靜思冥悟心學傾向的影響。他的思想特點是強調「以道為本」，「天地一氣」，持「半虛半實」的宇宙觀與「半醒半醉」的人生觀。他擅長以詩論「理」，曾寫有「道超形氣元無一，人與乾坤本是三」。「半屬虛空半屬身，絪縕一氣似初春。仙家亦有調元手，屈子寧非具眼人。莫遣塵埃封面目，試看金石貫精神。些兒欲問天根處，亥子中間最得真。」這是異於宋明正統理學的宇宙觀，肯定了宇宙既虛又實，虛實參半。他一生淡泊功名，自詡「放倒瓊林半醉間，半留醒處著江山」。反映了他「半醒半醉」的人生觀。

陳獻章在宋明文化發展史上具有重要地位，他的學說成為宋代的程朱理學向明代的陽明心學轉移的過渡環節。其貢獻不僅在於他提出一個別開生面的虛實參半的宇宙觀，更重要的是他倡導的「貴疑」、「自得」的新學風，倡導的獨立思考不以聖賢是非為是非的思想解放精神，高度肯定人的主觀能動性的作用，開明代心學之先河。

「天地我立，萬化我出」的心本論。陳獻章提出宇宙一分為三，天、地與人，但又統一於氣，氣的運動變化形成宇宙間形形色色的萬有之物。他認為雖氣凝聚為有形之物，卻有「道」「超然」於「形氣」，「道不可言狀」，道是看不見摸不著的，道是虛，但非空。在道與氣的關係上，陳獻章認為道和天地一樣「至大」，至大至虛的道是宇宙萬物的根本，宇宙為形氣的實體，是虛實的統一，實中存虛，虛寓於實。他同宋明理學家一樣旨在探究道、理、形、氣之間的關係，但其宇宙觀已不沿襲「理氣先後」或「心即理」的固有模式，而是重闢「本虛形乃實」的蹊徑，既言虛又言實，既講形氣又講道與精神。從他「道」為「天地之本」的觀點看，似與朱熹以「理」為「生物之本」的觀點相近，卻又有所不同，他不像朱熹那樣把「理」看作是獨立於萬物之先的絕對本體，而是提出了萬事萬物萬理具於一心的觀點。由此，他進一步引申出「天地我立，萬化我出，而宇宙在我」[10]的心本論觀點，這與陸九淵的「宇宙便是吾心，吾心便是宇宙」的觀點又似乎十分相近，但也有不同之處。在論證方式上，他畢竟受過朱學的薰陶，對理的認識不像陸九淵那樣直接，而是有一個邏輯發展的過程。在對心的理解上，陸九淵指出「心」具有知覺能力和倫理本性，而陳獻章則主要強調「心」的知覺作用是決定萬事萬物的樞紐，具有明顯的唯我傾向。

陳獻章高度重視心的作用，並承襲「以心為舍」的傳統，把至大的「道」與無不貫的「心」等量視之。他承認天地萬物自然消息，四時運行任其自然，即所謂的「以自然為宗」，就是要達到一個毫無約束的「浩然自得」的境界，將天地、生死、貧富、功利都置之度外，從自然和社會的束縛中解脫出來，以獲得絕對自由自在的精神狀態。為了實現「以自然為宗」的為學宗旨，他提出了為學須從「靜坐中養出端倪」的心學方法，這也是他從切身經驗中得出來的。他從「心為道舍」命題出發，認為道有「得」與「未得」，在他看來，所謂的「得道」即達到道心合一，達到對事物本體的認識。他認為「心道合一」無須外求，只要「靜坐」，便可「即心觀妙」。所以他教人「從靜中養出端倪來」，也就是要經歷由靜致虛、立本體道的過程。這種方法確比朱學簡易，但他並不反對讀書，而是

10《陳獻章集·雜說》。

強調書要為人所用，人不要被書所束縛。於是他直截了當地提出「為學當求諸心，必得所謂虛明靜一者為之主，徐取古人緊要文字讀之，庶能有所契合，不為影響依附，以陷於徇外自欺之弊：此心學法門也」[11]。由此看來，我們雖不可用「心學」概括陳獻章的全部學說，但心學確又是他學說的重要組成部分。他所創立的江門學派因其思想特徵介於程朱理學和明代心學之間，所以被稱為理學新派。據《新會縣志》載，陳獻章有知名弟子一百〇六人，遍及嶺南，遠達關外，影響及於全國。黃宗羲在《明儒學案》中肯定「有明之學，至白沙始入精微」，又指出白沙與陽明之學最為接近。的確，陳獻章對明代心學的建立，功不可沒，在明代思想史上有承前啟後的作用。

湛若水，廣東增城人，他二十七歲中舉，二十九歲從學於陳獻章。他認為「成我者與生我者等」，極重師道，但不囿於師教，對白沙學說有揚也有棄。他在繼承乃師「天地我立，萬化我出」的心本論基礎上，提出了「萬事萬物莫非心」的觀點，認為「心外無事，心外無物，心外無理」，世界統一於心，這與乃師強調心的地位與作用的理論甚相一致。他又發揮乃師「天地一氣」的思想，以氣為世界本原。但他比乃師更精微地揭示了心與氣、虛與實的關係，闡明了氣充塞宇宙，心貫通於其中；心居氣之中正處，不著一物，至虛至靈，但又包涵萬物，貫於天地，主宰一切，天地萬物皆備於人心之中，對其先師的思想做了充分的展開和發揮。

但是構成湛若水思想特徵的，還是他的「隨處體認天理」的為學、修養方法，將陳獻章虛實參半的宇宙觀發展得更為完整更具思辨性。對於「隨處體認天理」，湛若水認為是發展了其師陳獻章「靜坐中養出端倪」的修養方法，他解釋說：「吾所謂體認者，非分已發未發，未分動靜。所謂隨處體認天理，隨已發未發，隨動隨靜，皆吾心之本體，蓋動靜體用一原故也……心之本體，其於未發、已發，或動或靜，亦若是而已。」[12]主張動靜、心事合一，強調隨時隨事發現「本心」，踐履「天理」。因人心與天理還有偏離之時，所以他認為心得中正便是天

11 《陳獻章集·書自題大塘書屋詩後》。
12 湛若水：《甘泉先生文集·語錄》。

理。他強調對天理的體認，不僅要獨處靜坐，還要讀書，以及應酬日常事務，三者不可分截，必須一以貫之。顯然湛若水的「隨處體認天理」，雖與其師「靜坐中養出端倪」的修養方法本質上基本相同，但也對其師「體認天理唯在靜坐」的片面性給予了補充和修正。總之，兩人的學說異中有同，同中有異，有一貫性和繼承性，構成了一個開放的、包容的、不斷完善的思想體系。[13]

第二節·

王守仁與陽明心學

王守仁（1472-1528 年），字伯安，浙江餘姚人。因他曾在陽明洞讀書、講學，自號陽明子，所以世稱陽明先生。他是理學思潮中心學一派的集大成者，學術地位甚高。其學術以講求「致良知」、「知行合一」為特色。他一生的活動，主要是兩個方面，即「破山中賊」和「破心中賊」。前者是鎮壓人民的反抗鬥爭，後者則是建立心學理論體系，試圖通過振興心學以挽救陷於危機的明王朝。

王守仁出身官僚家庭，其父王華是成化十七年（1481 年）狀元，官至南京吏部尚書。他生活在這樣具有豐富文化素養的家庭，從幼年起就受到良好的文化教養。守仁喜言兵，且善騎射。弘治十二年（1499 年）舉進士，步入仕途。正德元年（1506 年）因事觸怒宦官劉瑾，被廷杖四十，謫為貴州龍場驛丞。劉瑾

13 黄明同：《陳湛理學：明代嶺南文化新派》，祝瑞開主編：《宋明思想和中華文明》，425-436 頁，上海，學林出版社，1995。

伏誅後，改任廬陵知縣，接著又歷官南京刑部主事、南京太僕少卿、鴻臚寺卿。正德十一年（1516 年）遷都察院左僉都御史巡撫南贛等地。此時，江西、福建、廣東、湖南等地各族人民的反抗鬥爭蜂起，王守仁在兵部尚書王瓊的支持下，殘酷地鎮壓了各地的起義。正德十四年（1519 年）平定南昌甯王朱宸濠的叛亂，論功特進光祿大夫、柱國、晉封新建伯，子孫世襲。嘉靖六年（1527 年）奉命赴廣西鎮壓思恩、田州八寨的瑤族、壯族起義，次年卒於南安。他死後曾以擅離職守，追奪封爵世襲，至穆宗即位方詔贈新建侯，謚文成。萬曆十二年（1584 年）詔從祀孔廟。

王守仁像

王守仁從弘治十八年（1505 年）開始授徒講學，他廣建書院，通過書院的講學傳播他的學術思想，由於他教學有方，生動活潑，吸引了大批學生慕名而來向他求教。嘉靖元年至六年，是王守仁專事教育、講學活動時期，也是他晚年發展學說、創立學派的時期。他的著作《傳習錄》由原來的三卷增至五卷，一些重要的論著如《稽山書院尊經閣記》、《大學問》、《答顧東橋書》等都是這個時期問世的。

一、王守仁學術思想的形成

王守仁學術思想的發展，經歷了一個複雜曲折的過程。早年他為應付科舉考試，遍讀朱熹之書，「氾濫於詞章」，並執著地探究朱熹的格物窮理之學。

朱熹的格物窮理講究「下學上達」的篤實工夫，要人們逐日一件一件去格物中之理，連「一草一木昆蟲之微」也不可放過。王守仁也曾虔誠地按照朱熹的「格物窮理」說「取竹格之」，要學聖賢去格物窮理。但他面對竹子早晚苦思冥想，不但竹子之理沒有格出來，而且在第七日因勞思過度而致疾。格竹的失敗，使王守仁覺得這種體認「理」的方法未免牽強附會，「下學」難以「上達」。他認為，程朱之學有著不可克服的內在矛盾，研習程朱之學並不能實現道德踐履，即達到立誠、達本、修身、齊家、治國、平天下的目的，反而流為人們謀求官祿的手段，造成教化不行、人格虛偽、風習敗壞的頹喪局面。他還認為，程朱之學立為官學，奉為獨尊，凡有違程朱學旨者即被目為離經叛道，這種思想文化的一統化勢必造成人們思想的僵化，學風的固陋。於是王守仁由信奉朱熹之學走向懷疑朱熹之學，並對程朱理學進行反省、檢討，對程朱理學的僵化和教條化予以批判和否定。

王守仁在被貶到貴州龍場驛的五年中，身處萬山之中，窮荒絕域，日與囚徒為伍。這種環境對他刺激很大，在「居夷處困，動心忍性」之餘，他苦思默想，忽悟「格物致知」當求諸心，不當求諸事物。所以他主張從「格心」入手，加強倫理道德的教化作用，喚起人們內在的天德良知，從而達到消除明王朝的政治危機和思想危機的目的。他曾寫了題為《睡起偶成》的詩，反映他的思想，詩曰：「起向高樓撞曉鐘，尚多昏睡正懵懵。縱令日暮醒猶得，不信人間耳盡聾。」王守仁對他的「格心」之術頗為自信，自認為能夠把昏睡中的人們喚醒。這說明王守仁是適應了當時學術發展的需要，拋棄「格物窮理」的理學模式，創立了一種進行內心主觀直接反省的「心學」思想體系。

王守仁還深受佛學思想特別是禪宗的影響。他曾說：「嘗學佛，最所尊信，自謂語得其蘊奧。」「聖人致知之功，至誠無息，其良知之體皦如明鏡，略無纖翳，妍媸之來，隨物現形，而明鏡曾無留染，所謂情順萬事而無情也。」[14]虛與明是互為依存的，惟明方顯其虛，亦惟虛方顯其明。如天之有雲，眼之有塵，鏡之有纖翳，既已充塞而無虛，明便無從談起。同理，良知亦須虛，非但容不得私念，善念亦容不得，唯有達到無善無惡的虛明狀態，方為聖者的境界。而王守仁所言無善無惡之虛明，其實是一種超越境界。他所言超越境界散發著禪的氣息，

14 王守仁：《王文成公全書·傳習錄中》。

他對虛無之嚮往，無善無惡的提法，心如明鏡的比喻，無不與禪相同，所以不少人便稱心學為「陽明禪」。當然，王守仁對佛教也有不滿意的地方，對當時學術界攻擊其學說為「禪學」而深感不安，並且反覆申辯，但其禪宗色彩是無可否認的，乃至陽明學派日漸形成的「狂禪」性格，應該說是有其佛學思想淵源的。

然而，就王守仁學術思想的淵源來說，並無具體的師承關係。龍場悟道只是他思想轉變的一個契機，其心學思想體系的建立，自有其深刻的社會根源和學術淵源，其中最重要的是因學術不明而對儒學的繼承和改造。在陽明心學體系中，有許多哲學、倫理的範疇、命題，如心、性、仁、誠、良知良能、萬物一體、修齊治平、天理人欲等，都來自傳統儒學。其中主要繼承了孟子的「良知」學說和陸九淵的「心即理」思想。他繼承和發展陸九淵的「心學」，以對抗程朱學派的「理學」，具有反教條反傳統的意義。所以，學術史上把陸九淵和王守仁合稱為陸王學派是很有道理的，同時也說明了兩者在學術淵源上的密切關係。

對王守仁學術思想產生深遠影響的，還有陳獻章、湛若水的思想。王守仁在京任職期間結識了湛若水，二人結交時正是王守仁不滿於朱學而探尋新的思想出路之時，湛若水的「自得」思想給了他重要啟發。而且二人的思想學說都偏重內心涵養，所以「一見定交，共以倡明聖學為事」。十七年之交，交情甚篤，王守仁又從湛若水處間接受到其師白沙之學的薰陶。當然王守仁的「默坐澄心」是否受陳獻章「靜養端倪」的直接影響，「目空千古」的王守仁從不談及，史料也難以考究，但其弟子王畿也承認，「我朝理學開端，還是白沙，至先師而大明」[15]。黃宗羲在《明儒學案》中也說：「有明之學，至白沙始入精微……至陽明而後大。兩先生之學，最為相近。」

總之，作為明代心學大師的王守仁，其心學思想體系要比陸九淵的心學更為廣泛和精緻完善，從某種意義上說，陽明心學是中國古代心學體系的集大成者。因他一生講學授徒，弟子門人遍布各地，所以陽明心學成為一個頗具規模、實力和影響久遠的學術思想體系。然而王守仁在世時，其學術思想雖有一定的影響，

---

15 王畿：《龍溪先生全集》卷十。

被一部分人所接受，但還不是很廣泛，而且不時遭到朝廷內外的攻擊和責難，更被程朱理學的信奉者斥之為「偽學」，攻之為「異端」。然而，隨著程朱理學日益失去控制人心的作用，王守仁的學術思想便逐步左右思想界，風靡一時。而作為「王學」創始人的王守仁，在政治實踐、教育實踐和學術方面的成就，及其弟子的四處講學和廣為傳播，為陽明學派的崛起和確立奠定了重要的基礎。

二、陽明心學的思想體系

王守仁受陳獻章、湛若水思想的影響，遠承孟子，近接陸九淵，建立了以「良知」為本體，以「致良知」為方法，以「知行合一」為特色的心學理論體系。

「破山中賊」與「破心中賊」 王守仁所處的時代，正是朱明王朝統治危機四伏之時。當時土地兼併日益激烈，社會矛盾日益尖銳，農民起義此起彼伏，進入了一個高潮期。統治集團內部的矛盾也不斷激化，內有宦官專權，外有藩王叛亂，王朝的權威急劇衰落。尤其使統治集團憂慮的是，僵化的程朱理學日益喪失控制人心的作用，社會風氣越來越惡化，以致王守仁驚呼：「今天下波頹風靡，為日已久，何異於疾革臨絕之時！」[16]為了維護大明帝國的統治秩序，王守仁不遺餘力，他曾先後平定寧王朱宸濠的叛亂，鎮壓江西、福建、湖南、廣東一帶的農民起義和廣西思恩、田州八寨瑤族、壯族起義。他在平定藩王叛亂和鎮壓農民起義的過程中，深深感到「破山中賊易，破心中賊難」。如果僅靠武力，那只能從表面上暫時解決問題，不能從根本上杜絕民眾反叛，「民雖格面，未知格心」。比「山中賊」更具危害的是「心中賊」，因而必須在救治人心上下工夫，以挽救綱常破壞、道德淪喪所帶來的社會危機。

從南宋末年以來，歷代統治者即以程朱理學作為指導思想來維持統治，但程朱理學支離煩瑣，流弊頗多。王守仁遂闡述「良知」說，肯定「良知」是是非善

16 王守仁：《王文成公全書・管儲柴墟》。

惡的標準。他說：「良知只是個是非之心，是非只是個好惡，只好惡就盡了是非，只是非就盡了萬事萬變。」他認為人心的「那一點良知」，是「自家的準則」。任何事物都要放在良知面前衡量，以判斷價值，決定取捨。這樣一來，良知內含的倫理道德規範就成為人們的選擇及行為標準。他還說良知是一種本性為善的聰明睿智，聰明睿智人人都有，聖、愚之區別不在有沒有聰明睿智，而在能不能運用它。王守仁的良知說強調事尚磨煉，強調開掘其本體智慧，他企圖通過喚發人們的良知，使人們自覺地踐行道德規範，以達到真正「破心中賊」的目的，而且這也是「破心中賊」的最行之有效的辦法。

為了根除社會動亂的根源，王守仁還對社會政治問題進行了比較深入的思考，進一步闡述了儒家「仁政」的政治思想，並希望通過他的「良知」之學，使統治者能做到親民、愛民、養民，但他也主張愛有差等，所以他要求農、工、商賈要各守其分，各安其業，以維護現存的等級秩序和社會安寧。同時，王守仁還對鄉村社會的組織和控制問題提出了一套頗為獨特的鄉治理論。其《南贛鄉約》的制定和推廣，可以視為王守仁鄉治思想的典型體現。他的鄉治理論的一個重要方面就是提倡「革心」之術，他試圖通過每個人心靈的自我淨化達到防止以至消除外在的不良行為的目的，要求人們將自己的心「痛加刮磨一番」，以求達到「掃蕩心腹之寇」的理想效果。

心外無理　關於心的認識是陽明心學體系的理論基礎。心的內涵是十分豐富的，心是人們的感知認識，表現為一種主觀精神，心與身是不可分割的，人們的一切活動或行為均受心的支配，人們與外部世界的關係全然維繫於心，物和事不過是心的某種外化，天地萬物不能離開心而獨立存在。王守仁循著陸九淵「宇宙便是吾心，吾心即是宇宙」、「心即理」的本體論思想，進一步提出了「心外無物、心外無事、心外無理、心外無義、心外無善」的理論命題。他曾以著名的「山花明寂」之喻說明心、物關係，認為「你未看此花時，此花與汝心同歸於寂，你來看此花時，則此花顏色一時明白起來，便知此花不在你的心外」。又「天沒有我的靈明，誰去仰他高？地沒有我的靈明，誰去俯他深？」然而王守仁的「心外無物，心外無理」的歸宿是「心外無善」，他所謂的「心」及其「靈明知覺」，不是一種認知能力，更重要的是指純然至善的道德良知。

王守仁進一步把「良知」這種道德意識與心學思想結合起來，擴充了它的內涵。他根據自身的經歷，對孟子良知之義的體認逐步深化，並運用「良知」來解釋「大學」的「知」，使二者統一起來，並對「良知」的內涵作了系統的闡發，指出「良知者，心之本體」。「夫心之本體，即天理也；天理之昭明靈覺，所謂良知也。」這種把「良知」和「吾心」完全等同起來，並把道德良知說成是「心之本體」的思想，顯然是為了突出「心學」的道德屬性，以激起人們的內心道德情感，提高維護封建道德的自覺性。

王守仁還強調良知、心、性、理同一，皆歸宗於吾心。良知即是性是理，是天賦予人心固有的道德規範。因此他說：「此心無私欲之蔽，即是天理，不須外面添一分。以此純乎天理之心，發之事父便是孝，發之事君便是忠，發之交友治民便是信與仁。只在此心去人欲、存天理上用功便是。」[17]王守仁之所以將良知賦予天理的崇高地位，強調良知的性質和作用，其目的是增強人們踐行倫理道德的自覺性，從而克服朱學所造成的不良影響，為「破心中賊」服務。

致良知　「致良知」是陽明學說最基本的理論。王守仁把孟子「良知」說的內涵加以擴充，對儒家認識論和修養觀的思想加以繼承和改造，可以說是他「心外無理」、「心外無事」、「心外無物」思想合乎邏輯的深化。由於「良知」在心中，是人人皆備，所以要達到對「良知」的把握，不需要向外用功，只要誠心正意反省內求就可以，這是一種十分明確的道德修養活動。

「致良知」作為王守仁創立的道德修養論，它包括「體認良知」和「實現良知」兩個方面。「體認良知」指的是人本身的身心修養，包括「正心」、「頓悟」、「克己」等「心上工夫」，使先天固有的「良知本體」得以「複明」。「實現良知」實際上是道德修養見之於行動的問題，也是修養的目的所在。

王守仁繼承了儒家「格物致知」的思想，但他所說的「格物」，與朱熹所說的「格事事物物之理」不同。他說：「物者，事也，凡意之所發必有其事，意所

---

17 王守仁：《王文成公全書·傳習錄中》。

在之事謂之物。」「格者，正也，正其不正以歸於正之謂也。」既然「物」就是意支配下的「事」，如事親、事君、交友、治民等，那麼「心」、「意」不正，「物」、「事」也就不正。

「實現良知」就是要通過「正心」、「誠意」來「正物」、「正事」，要求人們按照儒家倫理道德規範去為人處世。從這個意義上講，王守仁的「致良知」又是以「存天理、去人欲」為其宗旨和歸宿的，並未超出理學的規範。良知所內涵的天理即儒家倫理道德規範，成為人們思想和行為的準則。所以王守仁認為，講修養必須使「良知」在現實行動中體現出來，在為人處世中做到「去惡」、「為善」。他強調道德修養和道德踐行相統一，要發揚道德與政事合而為一的傳統，道德踐行要包括從政、處事等事功方面的內容，並主張以道德踐行來衡量道德修養，「實現良知」就是要改變道德與事功間存在的某些脫節現象。王守仁這種將道德修養與事功統一的思想，有其積極作用。此外，王守仁還認為「實現良知」必須通過「事上磨煉」，來不斷增強道德修養，要言行一致。

王守仁雖然把「良知」說更加理論化和系統化，但他強調「活潑潑」的「良知」這種主體道德意識的作用，在道德修養上注重「事上磨煉」，二者不免又存在某些矛盾。正由於它們之間的矛盾，埋下了後來王學分化的契機。

知行合一　理學是以作聖人為目標的心性之學，因而它的知行觀主要是討論道德認識與道德踐履問題。王守仁龍場悟道，認識到「向求之於外物皆誤也」。第二年他應聘主持貴陽書院，提出了「知行合一」。他從「心即理」的觀點出發，指出朱熹將「物理吾心終判為二」是導致「知行之所以為二」的原因。於是他針對朱學造成知行脫節、空談道德性命而不躬身踐行之弊提出了他的觀點，他曾自道其「知行合一」宗旨說：「此須識我立言宗旨。今人學問，只因知行分作兩件，故有一念發動，雖是不善，然卻未曾行，便不去禁止。我今說個知行合一，正要人曉得一念發動處，便即是行了。發動處有不善，就將這不善的念克倒了。須要徹根徹底，不使那一念不善潛伏在胸中。此是我立言宗旨。」[18]這說明

18 王守仁：《王文成公全書・傳習錄下》。

王守仁提倡知行合一說的目的，就是要求人們確立一個信念，只要人們在剛開始意念萌動時，就照「善」的道德規範去做，把「不善」消滅在思想萌動的狀態中。

可見王守仁的「知行合一」說的「知」，是指「良知」的自我體認，「行」是指「良知」的發用流行，所謂「知行合一」就是指「良知」的體用合一。他認為，良知在發用流行中，知與行是合一而不分的，若被「私欲」隔斷了，或者沒有去認真踐行「良知」，良知本體就會晦暗不明。所以，王守仁講知行合一，講復本體，實質上就是要保持所謂良知的本體面目。由於他講知行，主要是在身心上做工夫，所以知行本體也即是心之本體，言知即有行在，言行即有知在，知行只是一個工夫。但王守仁雖強調了「知行合一」，但卻又誇大了二者之間的統一性。這樣，在另一種意義上，他又混淆了知與行的界限，抹殺了它們之間的區別。但「知行合一」說在認識和道德論上還是有積極意義，有利於扭轉當時澆薄的士風，崇尚空論不重踐行的弊端。

王守仁提出「知行合一」的目的，是要人們從思想到言行都符合儒家倫理道德規範，強調道德實踐的重要性，並提倡道德主體意識的自覺性。然而，王守仁在「知行合一」說的論證過程中，雖然有許多積極、合理的思想因素，有許多值得重視的意見，但總的來說，論證是不成功的，因此他在提出「知行合一」說的第二年離開貴陽時，即改變教法。王守仁晚年專提「致良知」三字，即知即行，原來他不易說清的心學體系的「知行本體」得到了解決。

三、陽明心學的意義和影響

明朝中葉以後，隨著程朱理學思想統治危機的出現，人們已不滿於程朱理學的禁錮和僵化。商品經濟的發展，新的經濟因素的出現，市民意識開始多多少少反映出來，於是要求維護人的權利和尊嚴，尊崇人的主觀精神成了時代潮流。在這種情況下，注重主體精神作用的心學思潮逐步發展起來。

陽明心學的意義　王守仁是中國哲學史上承上啟下的人物，他的學說有著總結儒學的意義，顯示了中國古代的某種終結和近代的開端。黃宗羲在《明儒學案·師說》中有精闢的概括：「先生承絕學於詞章訓詁之後，一反求諸心，而得其所性之覺，曰『良知』。因示人以求端用力之要，曰『致良知』。良積為知，見知不囿於聞見；致良知為行，見行不滯於方隅。即知即行，即心即物，即動即靜，即體即用，即工夫即本體，即下即上，無之不一，以救學者支離眩騖，務華而絕根之病，可謂震霆啟寐，烈耀破迷。自孔孟以來，未有若此之深切著明者也。」黃宗羲的這段評語，影響了後世推崇陽明及其學說的學者的看法。

陽明心學主要是關於道德修養的學說，其理論的核心就是「致良知」。「良知」一詞出自《孟子》。王守仁因對程朱主張向外格物窮理發生懷疑，又領悟到「吾性自足，向求之於外物皆非也」，遂以「心即理」命題立論，闡述良知說，倡導向內心用力，並斷言良知「即是天理」。他通過「良知」即是「天理」這個命題，強調人人只要向內心省求，就能達到聖人境界，即使是愚夫愚婦通過學習和道德修養也可以做到。這種觀點自然會促進人的主體意識的增長，使人耳目一新。這對引導人們從崇拜經典和偶像到崇拜良知和自我過渡，顯然具有積極作用。

王守仁從「良知」本體論出發，建立了以「致良知」為主旨的致知方法論即認識論。王守仁的「致良知」說同朱熹的「格物致知」一樣，都是從《大學》的「致知在格物，物格而後知至」推演出來的，但他們的結論並不完全一樣，王守仁對《大學》的「致知在格物」一語，作了與朱熹很不相同的解釋。他把「致知」解釋為「致吾之良知」，「致吾心良知之天理於事事物物」，他主張用內心去體認良知，強調要人用心於事物，以達到「格物正心」、為善去惡的目的。因此，他把「致良知」的過程看成是「誠心正意」、反省內求的「無人欲」以「存天理」的過程。以此為前提，他強調道德修養應發自內心的真誠，這是很有見地的。

但王守仁所謂的「致良知」不僅須要「知」，而且須要「行」。他認為外在的倫理規範容易徒具形式，道德行為首先應該在心上做工夫，因而他又提出「知行合一」的命題，以強調道德實踐的重要性，這對於增強人們踐行儒學倫理道德的自覺性，有積極意義。王守仁提出「破心中賊」比「破山中賊」更重要，因而獲得了統治者的讚賞，他的心學理論又都是為「破心中賊」服務的。

總之，陽明心學體系的建立，標誌著心學與事功學的統一和融合。它在強調心即理、心外無理、心外無物的同時，強調知行合一、事上磨煉。王守仁的心學，不是吳與弼、陳獻章那樣遠離塵世、獨善其身的枯寂之學，而是積極入世、以治天下為己任的、富有生氣的哲學，不是書齋哲學，而是生活與實踐的哲學。他本人既是集心學大成的哲學家，又是事功顯赫的政治家。他上策論，言邊務，平定藩王之亂，戎馬倥傯，征戰一生。他用自己的心學思想和行動宣告了一個全新的心學體系的誕生，證實了這個心學體系的巨大效應。這對破除某些傳統觀念，反權威、反教條，發揮人的主體精神有積極作用。

陽明心學的傳播和影響　陽明心學適應當時社會需要，以敢於突破朱學禁錮、反程朱理學的精神而傾動朝野，風行天下。從本質上講，陽明心學並未超出傳統思想的藩籬，而是將傳統的倫理道德臻於系統和完善，其目的在於鞏固明朝的統治。陽明心學主張簡易，反對支離和煩瑣，而且強調自我、蔑棄權威，提倡相對社會平等，這些見解不僅深得統治者的青睞，也有利於在中下層民眾中廣泛傳播。

然而，嘉靖前期，由於桂萼上書抨擊陽明之學，明世宗下詔撤銷王守仁的恤典與世襲，當時陽明心學還只在部分中下層士人中流播。到了嘉靖後期，由於聶豹、徐階、李春芳等大官僚的提倡，終於風靡天下。顧炎武指出：「嘉靖中，姚江（王守仁）之書雖盛於世，而士人舉子尚謹守程朱，無敢以禪竄聖者。自興化（李春芳）、華亭（徐階）兩執政尊王氏學，於是隆慶戊辰《論語程義》首開宗門，此後浸淫，無所底止，科試文字大半剽竊王氏門人之言，陰詆程朱。」[19]王學一旦成為科舉考試的內容標準，就標誌著已成為社會思想的主流。到萬曆十二年（1584 年），王守仁終於被詔命從祀文廟。

19 顧炎武：《日知錄・舉業》。

王學與市民意識相互影響、融合，使中晚明的思想界開前所未有的新局面。它起初只是反對程朱理學的教條主義和煩瑣哲學，而後由王學左派變為反禮教束縛、反專制主義的思想解放運動，學術界或稱之為「啟蒙思潮」。這一思潮既表現於社會風氣的變化，也表現於蓬勃發展的通俗文藝中。

然而，由於陽明心學過於強調主觀精神的作用，從而使人們脫離對客觀事物的探討和研究，不利於認識的發展和提高。這樣，陽明心學在理論上就存在著內在的矛盾，加上王守仁在不同時期所強調的側面不同，門人弟子資質各異，對師說的理解不同等因素，在他去世後陽明心學就開始分化。據《明儒學案》所載：「陽明歿，諸弟子紛紛互講良知之學。其最盛者，山陰王汝中，泰州王汝止，安福劉君亮，永豐聶文蔚。四家各有疏說，駸駸立為門戶，於是海內議者群起。」具體來說，有浙中派、江右派、南中派、楚中派、北方派和粵閩派。當然，按地域標準來劃分其流派，自有其局限之處，難以充分揭示王學分化的真貌。但從明代中期至晚明時期王學分化的總趨勢來看，有的固守王學正傳，有的則發展為獨立的「異端」學派，有的表現為王學而返歸朱學，有的則修正王學。王門弟子中也有一些人標榜新意，在理論上故弄玄虛，甚至宣揚佛教的因果輪迴，談空說玄之風彌漫於學術思想界，造成嚴重的空虛之風，從而把陽明心學的消極作用推向極端。

第三節·
泰州學派

泰州學派是源於王守仁心學的一個思想派別，在明代中後期產生了很大的社會影響。黃宗羲在《明儒學案·泰州學案》中評論說：「諸公掀翻天地，前不見古人，後不見來者。釋氏一棒一喝，當機橫行，放下拄杖便如愚人一般。諸公赤身擔當，無有放下時節。」比較真實地反映了泰州學派背離儒家名教正統、獨樹一幟的學風。而這一學風的形成，又與泰州學派的創始人王艮的經歷和思想有很大關聯。這一學派最突出的特點，是具有濃郁的平民化色彩和狂者的品性，並注重對自我價值的追求，因此這一學派在晚明大為流行。

一、王艮的思想特徵

王艮出生於泰州安豐場一個貧苦灶戶家庭，曾因家貧輟學，十九歲時奉父命出外經商，沒有機會接受系統的教育。然而他勤奮好學，潛心閱讀儒家經典，並在理解儒家經典時，可以背棄傳統的傳注和章句之學，自由解經，充分發揮自己的創造性。他主張「以經證悟，以悟釋經」，這種解經方式與禪宗六祖惠能頗為相似。而且他把經商理財、人倫日用的世俗經驗帶進儒學，用個人思想去解釋儒家經典，實際上把儒家思想降到為自我思想提供注腳的地位，從而也就否定了儒家思想的權威性。正德年間，當王守仁正進行其致良知的哲學探索時，灶戶出身的王艮也在摸索自我成聖之道。但由於他缺乏必要的哲學修養，所以難以構築出完整的思想體系。

正德十五年（1520 年），王艮聽說王守仁的觀點與自己相似，便赴江西拜訪。他在聽了王守仁「致良知」的學說後，感歎其簡易直接而拜王守仁為師。但當他回到館舍仔細琢磨王守仁的理論之後，又覺得與自己見解有不合之處，次日繼續辯論，終於大服，下拜執弟子禮。王艮自三十八歲至四十六歲跟隨王守仁學習，共有八年時間。然而他雖然成了王守仁的入門弟子，接受了其良知學說，但在為學宗旨上他仍堅持自己的獨立見解，並熱心於以不懈的努力將其師的良知理論推廣至普通百姓的人倫日用之中。

王守仁死後，王艮開始獨立講學，四方向他求學的人日益增多，完全形成了一個以「相與發揮百姓日用之學」為主題的泰州學派。王艮及泰州學派重要的並不在其理論上的成就，而在於其所倡導的平民化儒學在社會下層的廣泛影響。王艮傳道的物件既多且雜，有文字記載的即有四百八十七人，其中固然不乏高官顯貴，但以樵夫、陶匠等平民居多。其傳道的方式則多指百姓日用而化人，他說：「聖人之道無異於百姓日用，凡有異者皆謂之異端。」無疑他對平民抱有同情之心，而且憑他寒微的出身也體悟到空腹不可為學的道理。可儘管如此，他卻並不以物質利益為重，其主要的興趣在於倫理教化。他猶如一位高德長者，積極向大眾敷陳義理，啟蒙發愚，務使其各歸於善。在王艮眼裡，百姓日用即是判斷是否符合聖人之道的標準，「百姓日用條理處，即是聖人條理處」。他把聖人與百姓完全等同起來，將所謂的「愚夫愚婦」當成了天生的聖人，他滿懷熱情隨處傳道，吸引更多的人來從學，反映了泰州學派平民化的特點。

王艮以其簡易樸素的思想修改陽明心學，對儒家經典的解釋也師心自用，但在行為方式上也十分怪異狂放。王艮生前喜古服異行，給人一種狂怪不近人情的印象。嘉靖二年（1523 年），他服五常冠及深衣絛絰笏板，乘招搖小車而進京講學，在京師造成不小的轟動效應。但貌似狂誕的舉動背後卻是由其並不狂誕的信念作為支撐，這便是其聖人意識，強烈的救世情懷。據說王艮在二十九歲時，曾做過一個夢，夢天墜壓，百姓驚號，他「奮身以手支天而起，見日月星辰，殞亂次第，整頓如初，民相歡呼拜謝」，醒來但見「汗淋沾席」，「頓覺萬物一體」，乃「毅然以先覺為己任」。無論此夢是真的還是王艮有意編造，都說明王艮所具有的以天下為己任的承擔意識。所以王艮強調無論在朝為官還是身居草野，均應為國為民，並且他基於「天地萬物一體」的認識，提出了「身與天下國家一物」的命題，這也正是他的「淮南格物」說所闡釋的思想。

王艮不善思辨，從整個思想體系上來說，並未超出陽明心學的框架，但他「淮南格物」的理論卻獨具特色，而且也是他思想特色的集中體現。格物本為《大學》條目之一。朱子講格物即窮理，陽明訓格為正，格物即正物。但無論窮理抑或正物，均未能離開心性的修養。而王艮則與之不同，他把「格物」落到了由端正自身出發的對於天下國家「正」的實處。他釋格物「格如格式之格，即後挈矩之謂。吾身是個矩，天下國家是個方。挈矩則知方之不正，由矩之不正也。

是以只去正矩，卻不在方上求，矩正則方正矣，方正則成格矣，故曰格物。」[20]由此引申出安身立本的理論，提出「修身立本」、「反己自修」等強調完善自我的觀點。

身修即可安身，在王艮看來，「安身立本」內涵著人我之間的某種對等關係，個人的意志、欲求既不可強加於對方，亦不能受制於人，而是要保持一定的獨立性。若就人與道的關係而言，則身與道處於同等地位。王艮辨析人與我、人與道的關係，突出了個人的政治地位和價值判斷的權威性，這正是實現道德實踐的前提。將這樣的認識用之於政治實踐，如果不能安身，也就談不上安天下國家。因此，王艮的「安身立本」在突出個人的意志和價值的同時，又樹立了為天地立心、為生民立命、為萬世開太平的宏願，他強調修身正己的目的是為國為民。這種意識，不僅局限於王艮啟蒙教化的講學，還將其融入現實政治的參與中，泰州後學所具有的急人之難的俠義精神，則顯然與王艮以天下為己任的承擔意識有直接的聯繫。

然而要安身，首先要滿足人們最基本的物質需求，保證基本的生存權利。王艮以維護個人利益和安全為出發點，他又強調保身。但他所講的保身，又不是單純以一己之利為目的，還融入人格道德實踐，提出保身必然愛身、尊身，並提出尊身立體的主張，把尊身與他所倡導的「百姓日用之學」的「道」相結合，要求「尊道」。這種認識體現了王艮在確保自身物質需求和保障肉體生命的同時，對人格尊嚴的看重。這種觀點在正、嘉時提出尤堪注目。嘉靖初年的大禮儀，使諸多官員橫遭廷杖貶謫摧殘，士人欲保身則唯有離開仕途而歸隱，於身不保，遑論其他。到嘉靖中後期，士人之人格操守已大不如前，諸如附勢諂媚、假公濟私已不屬罕見。因而，可以說王艮適時提出這樣的觀點並非多餘，雖然無助於挽救朝中士風的敗壞，卻也推動了晚明士人對自我價值的追求，以及對追求自我價值的肯定。

---

20 王艮：《王心齋遺集・語錄》。

二、何心隱的「師友」說

王艮的弟子很多，其後學聲勢頗壯，最著名的為何心隱。何心隱原名梁汝元，江西吉州永豐人。嘉靖二十五年考省試第一名，後師事王艮再傳弟子顏均，從此不圖科舉，嘉靖三十八年，因觸怒縣令而入獄，經友人營救得釋。翌年北上京師，參罷權相嚴嵩的活動，由此招致嚴黨忌恨，被迫更名改姓，南下避禍。同時，何心隱又因觀點相左而與張居正不合。萬曆初年，張居正執政，反對自由講學，主張禁毀書院，何心隱作《原學原講》，力倡「必學必講」，並言多譏切時弊，遂被視為叛逆遭到緝捕，慘死獄中。何心隱疾惡如仇，思想激進，李贄稱其「英雄莫比」，目為聖人。

何心隱從王艮的「天地萬物一體」出發，發展了他的思想。對人的認識，何心隱認為「人亦禽獸」。從形式上看，人是動物的一種，但如果仔細觀察，人禽之間又有區別。禽獸之間並不存在什麼道德規範，更沒有關於倫理的自覺觀念。而人不僅有父子之親，還具有倫理的自覺，從這個意義上講，人既是一種自然物，又是一種社會存在。何心隱還認為，人所獨具的道德本質等同太極。一方面他承認「有乾坤乃有人」，另一方面又認為「不有人則不有天地」，這未免有些自相矛盾，但他將人與天地並稱，認為人與天地同具本體意義，這種認識顯然是儒家關於人的本質認識的延續。

何心隱強調人的道德本質，但並不否定人的自然欲求。他從「安身立本」出發，針對理學家的「存天理、去人欲」之說，提出了「寡欲」，並創造了「育欲」這一新命題。他指出，聲色臭味安逸之欲，是人性之自然，所謂的「寡欲」旨在節制個人欲求，勿使過度。他強調無論君主還是聖賢都應「寡欲」，要「與百姓同欲」，由此形成老安少懷的和諧局面，這就是「育欲」的結果。這種觀點顯然是孟子「與民同欲」思想的承繼。在程朱理學統治思想界的明代，何心隱重申這一思想具有積極意義。個人欲求的滿足包含著對個人生存權利的認可，他肯定人的價值和利益追求的合理性，又對程朱理學的禁欲提出了批判。這不僅體現了何心隱的平等思想，也可看出他對當時難以生存和自保的廣大百姓的同情。

基於上述的認識，何心隱強調人與人之間的關係均為「師友」關係，應互敬互愛。他認為仁義的內涵等同泛愛，並不受等級規範的約束。在他看來，士農工商無貴賤之分，人人皆可成為聖賢。並指出，士農工商要成為社會的主人，必須要自己去爭取。他提倡以仁率教，反對互相殘殺。這種認識顯然是何心隱政治參與意識的體現，也說明了他思想中的保守和調和色彩。

何心隱在「師友」關係的基礎上，提出了「會」的概念。他指出，會不僅是社會組織形式，還具有政治組織的性質。師生和朋友分別從縱向和橫向維繫著「會」的組織結構，形成井然有序的理想社會。在「會」是師，在天下國家是君，「君臣相師，君臣相友」，不論君臣朋友或師生，均以踐行「達道」為宏旨。不言而喻，所謂的「道」乃是人格的化身，體現著仁愛和公正。何心隱在家鄉創萃和堂，捐出家財，自理一族之事以進行試驗，雖然因遭迫害而未能繼續，但從他的這一空想社會模式中，反映了他對平等社會的嚮往。

三、李贄的「異端」思想

李贄（1527-1602 年），號卓吾、篤吾，又號宏甫、百泉，別號溫陵居士，福建泉州晉江人。泉州是中國古代海外貿易發展較早的地區，而李贄就出生於一個航海經商世家。李贄少時通習五經，嘉靖三十一年（1552 年）考中舉人，歷任縣教諭、南京國子博士等職。嘉靖四十五年赴京師任禮部司務，位微俸薄，但他安之若素，一心訪學聞道。是年始習王守仁學說，後師事王艮之子王襞，得泰州學派真傳。萬曆

李贄墓

五年（1577 年）調任雲南姚安知府。這期間他非但對王學有深入的了解，而且又廣泛涉獵釋道之學，對自我生命的感悟有很深的認識。他以舉人的出身而踏入仕途，

使得他只能長期輾轉奔波於薪薄俸微的下層官員位置上，未享受到宦途的樂趣。於是在萬曆八年（1580 年），他決定避開繁冗的公務而辭去姚安太守的職務。辭官後他一直住在好友耿定理家從事學問的研究。萬曆十二年（1584 年）因好友去世，他又隻身一人到麻城龍潭湖芝佛院，專心治學近二十年。其間他曾在麻城講學，影響巨大，他的大部分著作也在此時完成。他的《焚書》一經出版，就被列為禁書。萬曆二十七年（1599 年）《藏書》刊行，又遭人彈劾，以致萬曆三十年（1602 年）被捕入獄，自刎而亡。

李贄一生學術頗雜，就其主體而言，儒釋道相容並蓄，並以自我之所悟而融貫之。他博覽群書，縱橫百家，繼承和發展了泰州學派的思想，非儒非釋非道，亦儒亦釋亦道。他為人耿直狷介，真實無隱。他從世俗事務中超拔而出，為的是獲取一個真正的自我。[21]

平等觀　李贄被稱為「儒教的叛逆者」。王學的「良知」說及王艮的平等觀對李贄思想的形成均有很大的影響。同中國古代許多思想家一樣，「道」也是李贄哲學思想的核心，只是他對於「道」有與眾不同的理解。李贄所謂的「道」是人自身的道，道不僅在人間，而且還蘊於每個人的心中。道是人的本性，是人的自我需要，「道」的表現不外乎日常生活。他指出，「穿衣吃飯，即是人倫物理，除卻穿衣吃飯，無倫物矣」[22]。這一認識與王艮的「日用是道」思想一脈相承。他強調道的世俗特性，自稱所喜歡探究的是百姓日用之「邇言」，對於「邇言」，他解釋說：「如好貨，如好色，如勤學，如進取，如多積金寶，如多買田宅為子孫謀，博求風水為兒孫福蔭，凡世間一切治生、產業等事，皆其所共好而共習、共知而共言者，是真『邇言』也。」[23]可見他在泰州學派肯定物欲的基礎上，更

21 參見左東嶺：《李贄與晚明文學思想》，天津，天津人民出版社，1997。
22 李贄：《焚書・答鄧石陽書》。
23 李贄：《焚書・答鄧明府》。

加充分地宣揚物欲的價值，把百姓的物質利益和欲望視為整個道德體系的基石。因此他認為，聖聖相傳的「道」並非高不可攀，而是於日常生活的舉手投足之間即能尋覓。

由於「道」表現於日常生活中，李贄就把「道」視為「饑來吃飯困來眠」的人們基本物質生活的自然要求，並說這才是「自然之性」，而且人人具有，即使凡聖之間，愚夫愚婦亦與聖賢殊無差別。基於這樣的認識，李贄認為人無貴賤。他雖沒有明確否定三綱五常的倫理規範，但卻表達了他對等級規範、禮法的無情蔑視和嘲弄，表達了人人生來平等的觀點。他提倡男女平等、君民平等，具有反傳統的色彩。相對傳統儒學而言，李贄的平等思想無疑是一種認識上的超越。

童心說　李贄把王學的「良知」推向極端，提出「夫童心者，絕假純真，最初一忘之本心也」。他以此為人的本來面目，為社會價值的最高標準。他認為童心乃人生之初純真無瑕本質的體現，是與虛偽假飾相對立的。李贄一生追求真誠，在人格的層面上倡言真誠而痛譏虛偽，將真誠作為判斷人格操守價值的標準。他在真誠的標準下，重人格獨立，贊人性自然，斥假道學的虛偽，痛世俗的無知。他以真釋誠，而追求真誠又必將各順其性，承認個性的不同。他提出了「物之不齊，物之情也」的「物情不齊」的個性說，主張聖人治世，不能強民之所不能為，提倡個性發展和解放。李贄的觀點之提出，顯然是與十六世紀社會經濟的發展變化相適應的，他的主張也無疑有利於人性的張揚和社會的發展，帶有鮮明的個性解放和自由思維的特徵。

圍繞「童心說」這個核心，李贄的學術思想也以重自我、真誠為前提。他談人論事不以先聖先賢的是非為是非，而以自我真實感受與事物客觀情勢為依據，作出自我的判斷。李贄對孔子的聖人形象提出異議，認為孔子本人從未教人學自己，奉孔子為萬世師表實為後人盲目崇拜，孔子是人而非神，現應恢復其人的本來面目。在此基礎上，李贄對儒家經典的神聖性提出質疑。他大膽地指出，這些經典「大半非聖人之言」，不是為「萬世之至論」，《六經》、《語》、《孟》，乃「道學之口實，假人淵藪也」。是非標準是有時代性的，如果盡奉儒家經典為標準，必然會顛倒是非，喪失真心，墮於虛偽。李贄否認儒家經典的神聖性，亦即否定了統治者的政治及道德價值體系的權威，體現了擺脫傳統束縛的自由思維傾向。

李贄還反對獨尊儒學、主張學術平等，認為百家之學各有所長，不應一概否定。由此觀點出發，他認為評論歷史不能固守一定的模式，尤其不能以聖賢之論為是非標準，治史者應發現歷史發展之客觀情勢，據事直書，力求真實。為了打破歷代俗儒的定見，他撰寫《藏書》對歷史上的人物給予重新的評價，提出了許多驚世駭俗的見解。如稱秦始皇為「千古一帝」，稱陳勝為「古所未有」之「匹夫首倡」，讚揚卓文君與司馬相如私奔為「忍小恥而就大計」，等等。另外，他還把「童心」作為文藝創作的原動力，作為評文衡藝的尺規，並貫穿著他非聖無法的精神，這些思想顯然意味著對思想文化專制權威的否定，在社會上產生了很大影響。

為己說　李贄從「穿衣吃飯即是人倫物理」的認識出發，認為謀私利和物質追求乃是人生所必需。他痛恨虛偽的道學先生，毫不留情地揭露其「陽為道學，陰為富貴，被服儒雅，行若狗彘」的面目，針對道學家「存天理，滅人欲」之說，明確提倡以「人」為本，民「己」為本。他認為「夫私者，人之心也。人必有私而後其心乃見。若無私，則無心矣。」私心是人的本心，與生俱來。廣義而言，表現為食、色之欲。具體言之，凡種田、治家、為學、居官等均有利可圖。既然如此，趨利避害就成了人們的本能。

李贄生當晚明時代，世人追求個人利益，滿足個人欲望已是無法掩蓋的事實，然而一些學者卻拒絕承認私欲在人性中的存在。無奈其中多數人所存有的私心卻較他人更為強烈，這必然助長偽善虛假的風氣，逐漸養成了普遍的虛偽人格。人們「口談道德，而心存高位，志在巨富，既已得官巨富矣，仍講道德說仁義自若也」。其實這種人最為敗俗傷世，反不如「市井小夫，身履裏事，口便說是事。作生意者，但說生意，力田作者，但說力田。鑿鑿有味，真有德之言。」[24] 李贄痛恨虛偽的道德說教，講求實際的利益，於是對私心採取了寬容的態度，而終生專攻假道學以倡導人性之真，使人人能根據自己的個性自由發展。

---

24 李贄：《焚書・裴耿句冠》。

總之，李贄的哲學思想遠紹王守仁，近承何心隱，是泰州學派的殿軍。他的學術思路可以說是陽明心學風行後的產物。他痛恨道學家的虛偽，以「童心」作為真善美的尺規，以尋求自我解脫與追求自我欲望為滿足，大大突出了個體自我的價值。他公然以思想「異端」者自居，其自覺的「異端」傾向，不僅表現於著作、言論，而且表現到日常行為中。他在芝佛院讀書時，剃髮留鬚，居佛堂而食肉，佛堂高懸孔子畫像，以示取捨在我，不受羈絆。更為大膽的是，他講學時收女子為徒，公開為婦女及自己的行為辯護。講學著述之暇，他「手提一籃，醉遊市上，語多顛狂」，「止於村落野廟」，處處顯示出追求人格的自然和狂者的品性。因此，他對個性自由的追求，對人的私欲的肯定，以及對人倫世俗生活的憧憬，在明代中後期確乎構成了一股反叛傳統的文化模式，並且透過社會思潮與民間風尚，體現在面貌各異的文化領域中。但由於他過分強調追求人格的獨立，爭取思想的自由以及對人的私欲的肯定，又帶來了物欲恣肆、人欲橫流的負面效應。與此同時，他提倡社會平等，但又不能擺脫傳統意識的束縛，尤其是受佛教禪宗的影響很深，所以他的思想又雜有禪學的內容，不由自主地帶有神秘主義色彩，並且具有佛道厭世和出世的思想。

第四節 ·
晚明實學思潮

明代中後期是程朱理學走向衰朽和心學興起的時期。然而，此時理學雖衰朽但還居正統地位，陽明心學的興起本是為了適應明朝統治已面臨的各種挑戰，而士大夫卻空談性理、言行不符，無能振作新的形勢。在這種情況下，出現了以恢復和弘揚儒家經世傳統為主要宗旨，把強調道德實踐和注意經世致用作為治學指導思想的實學，至明代後期蔚然而成一股社會思潮。晚明實學思潮先由學術界發其端緒，隨後波及政治、經濟、科學和文化藝術領域，在明清之際的思想界產生了重大的影響。

一、實學思潮的勃興

晚明實學思潮的興起是與理學的衰落同時並行的。明中葉以後，理學自身日益僵化，越來越陷入教條主義和形式主義的困境。於是在理學內部出現了批評理學、提倡實學的思想，要求學術為治世服務。它由薛瑄首開先河，陳獻章、湛若水繼之，至王守仁形成一股潮流。但是這股思潮並沒有持續多久，就隨著陽明心學的衰落而趨於沉寂。至明晚期，隨著階級矛盾與民族矛盾的激化，統治危機的加劇，實學思潮又再度興起，形成一個強大的思想潮流。

理學的危機和對理學的批判　嘉靖、隆慶以後，隨著陽明後學的傳衍，王學內部門牆林立，諸說雜陳。黃宗羲《明儒學案》記王學諸派不下數十家。然就中大別，則可分為漸修派和頓悟派。漸修派以聶豹、羅洪先、錢德洪為代表，他們提倡靜坐歸寂和逐事磨煉，強調克去私欲的繩檢與漸進工夫。頓悟派以王畿、王艮為代表，他們主張成良知，愚夫愚婦能知能行，不贊成煩瑣的修養程式和細節，強調頓悟良知。頓悟良知派在內容和形跡上更多地剝取了佛教禪宗的思想路數，他們講良知往往加雜禪機，並公開強調儒釋道三教合一。兩派主張雖有所差異，但佛教禪宗化的傾向卻有所加深。他們以空談心性為高雅，以理財治生為卑俗，其「禁欲存理」的鼓噪則窒息了人的創造性，致使空疏無用之學氾濫起來。心學還逐漸浸淫於科舉考試之中，名士清流自相標異，故弄玄虛。

心學空疏無用學風的氾濫，猶如一場浩劫，使早期儒家學派的優良學風和傳統逐步喪失。於是出現了以羅欽順和王廷相為代表的思想家對陽明心學的批判。他們既反對程朱理學的「理為氣本」、「理先氣後」說，同時也批駁陽明心學「心外無物」、「心外無理」說，主張「理只是氣之理」和「理在氣中」的觀點。他們反對理學家「知先行後」或「現成良知」的先驗論，提倡「知行兼舉」的認識論。羅欽順倡導「經世宰物」。王廷相認為「惟實學可以經世」，特別強調「行」即實踐的重要性，嚴正指斥脫離實際、虛空的弊病。在晚明轉型時期，對各種不同觀念和語言規範的運用代表了一種新的思想方式，而對「氣」的哲學的提倡，不僅反映了知識論的走向，而且也代表著一種主導性趨向，反映了從抽象的義理之學向具體的實證觀念的轉變。

東林學派的實學思想　以東林書院為核心的東林學派，崛起於萬曆三十二年（1604 年）。無錫顧憲成和高攀龍等江南學者，為了開展講學活動，使學術有益於世道人心，建議常州知府歐陽東風、無錫知縣林宰，修復宋朝楊時創辦的東林書院。東林書院修復的當年十月，召開首次大會，顧憲成並訂立了《東林會約》。他們通過講學活動，既論學又議政，把關心國家大事和探討學術思想結合起來。「風聲、雨聲、讀書聲，聲聲入耳；家事、國事、天下事，事事關心」這副對聯，就是他們讀書講學而不忘國家安危的真實寫照，也是東林學派倡導實學的精髓。

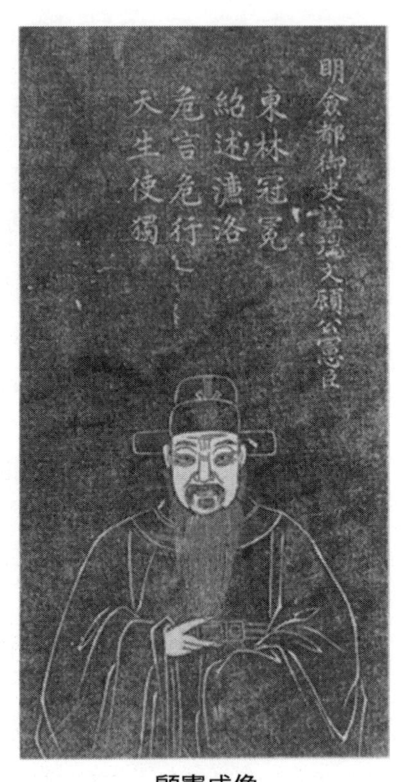

顧憲成像

東林書院每春或秋舉辦一次大會，每月舉辦一次小會。每次大小會，互相商討，彼此交流和傳播新思想，在社會上產生了巨大的影響。東林學派在理論傾向上，基本上是宗程朱而詆陸王，但在一定程度上又突破了理學固有的傳統觀念，而賦予了更為合理的內涵。他們批評王學末流棄儒入禪的「空言之敝」，力辟王陽明的「無善無噁心之體」之說，以倡明儒道為要旨。認為儒學之道博大精深，推而廣之，則上可幹王政，下能勵風俗，使社會政治秩序趨向穩定。

東林學派尊崇儒家經典，但又不專重書義。他們每會「或紬繹往古，或參酌來今，或講究典墳，或詢訪人物」，把學術交流和社會現實結合起來；把政治主張與江南經濟的振興結合起來。高攀龍認為，「天下無真事功者，由無真學術。學術果真，步步踏著實地，朝市山林，皆有事在，不必得位也。」[25]他們追求治國平天下之學，並不在個人的官位名利。他們講求經世致用，治國濟世，並以此作為評價和衡量一切思想學說的標準和尺度，竭力反對空談心性，倡導「實行」。顧憲成指出：「至於論學，特揭出躬行二字，尤今日對病之藥。」[26]高攀龍也反覆強調：「學問必須躬行實踐方有益」，「學問通不得百姓日用，便不是學問」，「學問不貴空談，而貴實行也」[27]。

東林學派首先在江南倡導講求經世致用的實學思潮，不是沒有原因的。東林學派是在江南經濟全面發展的基礎上產生的，這一學派的經濟思想反映了振興江南農、工、商業的要求。他們針對明末江南經濟的發展趨勢，提倡重視農業、振興工商，使農、工、商能得到綜合發展。因此，他們提出士、農、工、商皆本的新理論。從這一思想出發，東林學派對振興江南工商業，提出了一些迫切需要解決的實際問題。他們主張罷商稅，嚴懲貪官，反對礦監稅使的掠奪，提倡惠商恤民。為振興江南經濟，他們還主張做好察吏和用人問題。人才是主要因素。東林人士諷議朝政，裁量人物的目的，正是希望朝廷能吸收人才，澄清吏治，他們主張破格用人，從地方上選拔人才。東林學派的經濟思想是同嘉靖、萬曆以來江南經濟的發展，新的經濟因素的出現，市民意識的覺醒相關聯的，而東林學派關於察吏和人才的政治觀點，又是同經濟思想相統一的。

他們從報國安民的願望出發，強調實事、實功，希望能為世所用，反映了強烈的愛國精神。他們在維護明朝根本利益的前提下，提出利國、益民的政治原則，並要求打破傳統意識、觀念對人們思想的束縛，學術上反對門戶之見，從理學發展史的角度，給予程朱、陸王等不同學派應有的歷史地位，開啟了後來以黃宗羲為代表的對宋明理學進行總結的端緒。當然，從東林學派的思想和行為而

---

25 高攀龍：《高子遺書・答周二魯》。
26 顧憲成：《顧文端公遺書・簡鄒孚婦吏部》。
27 高攀龍：《高子遺書・會語》。

言，他們仍局限在宋明理學的框架之內，並未脫離程朱、陸王的範圍，也很少有突破性的進展，其經世的主張也主要集中在當時一些具體決策的得失和當權人物的賢奸上，唯主張保護民間工商業略帶新的色彩。儘管如此，他們所倡導的「有用」之學，還是足以引起人們思想觀念、文化素質、社會風尚的變化，對晚明思想界起了振聾發聵的作用。

二、西學的傳播與晚明實學的提倡

從學術思想的發展來看，一種文化的傳播不僅意味著知識的社會化，而且還意味著不同文化層面上的衝突、融合和挑戰。十六、十七世紀之交，歐洲耶穌會士遠涉重洋，聯翩來華，帶來了與中國文化性格面貌迥異的西方文化，並開始猛烈撞擊中國文化系統。

然而，西學在晚明傳播之初，並非是毫無阻遏的。中國傳統文化和傳統社會結構本身，就具有異質文化的巨大抗性。隨著越來越多的中國士人對西方物質文化和精神文化的接觸，其態度迥然不同，有的學習仿用，有的觀望懷疑，亦有的厭惡排斥。為了打開傳教局面，真正進入中國社會，耶穌會士便順應中國的習俗，改變固有的傳教方法。他們認識到士大夫在中國社會的影響力，為了博得士大夫的注意和敬重，非常喜歡展示帶來的西洋器物和講解一些自然科學知識，試圖使科學成為宗教傳播的媒介。

從明末到清初，傳入中國的科學技術是多方面的。利瑪竇於晚明入華，根據自己在歐洲傳授的當時為最高水準的科學教育，向中國士大夫傳播科學知識，如亞里斯多德—托勒密的宇宙論、地圖說、世界地圖、幾何學、筆算法等，這些知識對中國傳統科學而言是異質的、全新的。萬曆四十七年（1619 年），金尼閣來澳門時，帶來了七千餘部西方精裝圖書，其中包括天文、曆法、水利、地理、物理、幾何、醫學、數學、音樂等方面的書籍。

耶穌會士傳來的科學知識，不僅展示出異域文化的風采，令晚明士子耳目一新，而且以其倡導的重實踐、重考察、重驗證、重實測的方法，給予晚明士大夫以很大的影響。如利瑪竇在繪製《坤輿萬國全圖》時，對南京、北京、杭州和西安等地的經緯度進行了實地測量，採用了經緯製圖法和地圖投影方法，介紹了有關世界五大洲的科學知識，不僅打破了中國人「天圓地方」的傳統觀念，而且也開拓了中國人的眼界。在西學的刺激下，中國士大夫以審慎的態度接受西學，並用科學的態度來審視傳統觀念，強調實際事功的「實行」、「實學」。

晚明社會危機日趨嚴重，而學術思想界卻呈現出思想多元化的發展趨勢。自明代中期陽明心學興起以後，王學的傳播和分化，出現了派別林立、諸家爭鳴的局面，這就為西方傳教士的來華和西學的輸入，提供了一個極好的機會。然而，在晚期士大夫中，既接受、研究、傳播西學，又接受天主教的人數並不太多，其中影響最大的是徐光啟、李之藻等人。

徐光啟早年受乃父影響，致力於心性之學，並和一般士大夫一樣，為謀取科舉功名費時甚多，而且頗為坎坷。成進士後，雖仍不改對王學的偏愛，但對明末流行的玄虛學風卻注意反省，並以有用無用的標準對王學末流予以否定。在對實學的追求中，他開始接受西學，認為西學可以發展實學、補益王化。耶穌會士傳來的知識中重視數學及其應用這一點，尤為徐光啟看重，對他的影響也很大。萬曆三十五年（1607 年），他在《刻幾何原本序》中說利瑪竇帶來的學問「略有三種：大者修身事天，小者格物窮理；物理之一端別為象數……余乃亟待其小者」。後來他又在《泰西水法序》中說：「格物窮理之中，又復分出一種象數之學。象數之學，大者為曆法、律呂；至其他有形有質之物，有度有數之事，無不賴以為用，用之無不盡巧極妙者。」這裏的象數之學，或稱度數，包括數學知識及其廣泛應用。

徐光啟從譯《幾何原本》起，就著力宣傳數學基礎理論，也許暫時不切實用，但卻是一切應用科學的基礎。後來他一再強調「度數之用，無所不通」，「度數既明，又可旁通眾務，濟時適用」。在此後他領導的規模浩大的修曆工作中，他不僅制訂了「度數旁通十事」的宏偉計畫，涉及數學在氣象、軍事、財政、會計、建築等領域中的運用，而且還非常重視「度數之宗」的基礎作用，把數學視為貫通一切學問的方法。

他尤其對西方數學的嚴密邏輯體系，對其公理演繹系統所蘊涵的「絲分縷解」、「分擘解析」的分析方法和精神極為推崇，並作過熱情洋溢的倡導和精心的運用。他以此為工具，對明末思想界存在的玄虛學風著力批判，大力倡導實學，將西學分析的方法和精神應用對傳統文化、思想的反思，應用於一切實用科學中。他對中國傳統數學落後的原因進行總結，認為其無效無實，缺乏系統化、公理化的理論基礎。因此，他以歡欣鼓舞的態度接受、運用、傳播西方科學，在修曆中也堅持他的正確看法，認為「理不明不能立法，義不辨不能著數，明理辨義，推究頗難，法立數著，遵循甚易」[28]。

徐光啟還將西方數學實證定量的分析方法引入對科學和社會問題的分析中。在有關明代宗祿問題的認識上，他通過搜集資料，令人信服地證明明代宗室人口呈三十年增一倍的規律，宗祿之數亦因此呈現同樣的增長率。他指出，若不以得力之法解決此一問題，將會「竭天下之力，不足以贍哉！」[29]徐光啟的分析，對科學地審視社會問題具有積極的意義。

徐光啟治學一直是在求儒效，求富國強兵，求良好的道德政治。他以此為出發點熱情地吸收和傳播西方科學，並借重西學的方法，匯入明末的實學思想中。他強調和倡導對自然人事進行定量的、分析的研究。在推崇西學中的邏輯演繹和證明的同時，也非常注重實驗和實踐。他曾親自在天津等地屯田，試驗種植多種農作物，並在博聞和親身實踐的基礎上撰就《農政全書》。在修曆中，他又強調實測的重要性。徐光啟這種注重自然科學，倡導虛心接受西學的精神，與晚明理學家的思想顯然具有不同的特色，也使其所倡導的實學具有鮮明的個性。

李之藻，浙江仁和（今杭州）人。他與徐光啟是利瑪竇在華特別看重的兩個人。他天資聰穎，勤奮好學，青年時代即對地理等科學頗感興趣，曾自製一張《天下總圖》，內有中國十五省地圖，以為天下盡在其中。等看到利瑪竇的《坤

28 《徐光啟集·測候月食奉旨回奏疏》。
29 《徐光啟集·處置宗祿查核邊餉議》。

輿萬國全圖》時，才發現中國只是世界的一小部分，因而對西方地理學中的一些新異成分頗感興趣，開始審慎地接受西學，並較系統地總結中西科學中的天文、曆算優劣之別，對中國科學落後的原因也做了冷靜而且較為科學的比較和反思，指出政治對學術的禁錮是重要的方面。

他在科學研究和實踐中，對明末空談心性的玄虛學風進行了批判，而對國計民生則表現出極度的關切。出於對時學的不滿，他大倡實學，並從實學的角度賦予「天學」以意義。萬曆四十一年他曾上疏，如數家珍地列舉西洋各種科學，如曆算、水法、演算法、測望、儀象、日軌、圖志、醫理、樂器、格物窮理之學、幾何，認為這些科學「多非吾國書傳所有」，「總皆有資實學，有裨世用」[30]，因而請求遍譯西學。

李之藻對圓和數極為著迷，對傳教士輸入的西洋演算法尤為珍愛，他翻譯的《同文算指》是中國第一部介紹西方筆算法的專業書。他在《同文算指序》中說他翻譯此書，不僅在於他「喜其便於日用」，更在於「其道使人心歸實，虛驕之氣潛消，亦使躍躍含靈，通變之才漸啟」。驅虛蹠實、開發民智，這也便是他介紹、研究和倡導西學的重要目的。

然而，徐光啟、李之藻等人畢竟是鍾愛中國傳統文化的儒者，他們主張實用，主張接受、容納和傳播西學，並未脫離儒學的框架，而是去尋求一種「可以補益王化，左右儒學，救正佛法」的力量。儘管如此，他們對西學的推崇和倡導，卻推動了晚明實學思潮的發展。[31]

三、晚明實學思潮的時代特徵

實學思潮是從宋明理學中分化出來的一股社會進步潮流，它主要是針對思想

30 李之藻：《請譯西洋曆法等書疏》，《明經世文編》卷四八三。
31 孫尚揚：《基督教與明末儒學》，北京，東方出版社，1994。

界空疏禪化的學風而興起的，「崇實致用」是其基本特徵。隨著實學思潮的勃興，一批傑出學者雲湧而起，他們以「經世致用」為目的，反對空談心性，提倡實事、事功之學，並把學術研究擴大到自然、社會和思想文化各個領域。

程朱理學作為明朝官方統治哲學，造成文化領域的沉悶和荒蕪。明代中期陽明心學的興起，使明人的主體意識覺醒，傳統經典和觀念中的偶像和權威消失，人的價值、人的欲望得到前所未有的注意和強調。然而，隨著王學的分化，王學末流空疏無用學風的氾濫，逐漸出現了對這種學風的批判和抵制，而這種批判和抵制在晚明又往往表現為向程朱理學的復歸，儘管這不是歷史的倒退，但這種「復歸」傾向影響到晚明文化領域，卻促使復古意識的萌動。萬曆年間，明代文學的復古浪潮高漲，文壇「擬古」、「範古」之風十分盛行。學術思想領域，其研究重心也重新從《四書》轉向《五經》，使經學本位意識增強。晚明以張溥、張采、陳子龍為代表的復社名士，針對「士子不通經術」之風，從學術「務為有用」出發，提倡以通經治史為內容的「興復古學」，主張以考辨的方式，用實證的標準，樹立務實、公正、客觀的學風。晚明這種知識走向，不僅代表著對經典文獻的新解釋，而且是思想領域的重要變革，出現了宋明理學向漢學轉變的萌芽，考證方法越來越受到青睞，這對明末清初顧炎武、黃宗羲等人倡導「經世致用」、「音必證實、言必切理」的重實踐、重實證的學風以很大影響。

崇實致用的精神還表現於對自然科學探索的實踐中。晚明是中國傳統科學技術進行大總結的時期，出現了一批傑出的學者和劃時代的巨著，如李時珍的《本草綱目》、朱載堉的《樂律全書》、徐光啟的《農政全書》、徐弘祖的《徐霞客遊記》、宋應星的《天工開物》等，都是對某一領域的傳統科技進行系統總結，成績卓著。

晚明崇實學風的提倡，西學東漸，使自然科學開始由冷落轉向復興。而西學的流播，又使晚明的實學思潮顯示出一種新的時代精神的萌動。徐光啟曾在《刻同文算指序》中比較西學與宋明理學，以為前者「時時及於理數，其言道言理，既皆返本蹠實」，而後者不過是一些「虛玄幻妄之說」，他還一再稱讚西學「一一皆精實典要，洞無可疑」，因此他將介紹傳播西學作為挽救時艱、富國強兵的一項重要內容。王徵譯繪刊刻鄧玉函的《奇器圖說》時，有人責問他：「吾子向刻《西儒耳目資》，猶可謂文人學士所不廢也。今茲所錄，特工匠技藝流耳，君子不器，子何敝焉於斯？」王徵明確回答：「學問不問精粗，總期有濟於世，人亦不問中西，總期不違於天。茲所錄者，雖屬技藝末務，而實有益於民生日用，國家興作甚急也！」[32]從王徵的回答中，我們不僅可以看到實學思潮的湧動，而且可以看到兩種文化的奇遇，對傳統實學的突破。

崇實致用還表現在知識的綜合創新上。生活在明末清初的方以智，雖目睹了社會動亂，但卻以開放、寬容的胸襟，以批判、創新的眼光對待古今中外的文化知識，並從時間尺度上把握文化發展的大趨勢。他意識到對當代知識進行總結的必要，感歎「無博學者會通之耳」。他經過多年努力撰寫《物理小識》，從古今書籍中按天、地、人、生物、神怪幾類摘抄，間以評述，直觀性強，倫理性強，實用性也強。他最有特色的學術思想是「質測即藏通幾」之學，講「數」與「物」的關係，「易理」與「物理」的關係。他對西學採取批判式的接受態度，認為「萬曆年間，遠西學人，詳於質測，而拙於言通幾。然智士推之，彼之質測，猶未備也。」他講求「質測」、「通幾」之學，批判地汲取諸家之長，形成尊疑求實、博通百家、經世致用的學風，對明清之際實學思想有很大影響。但由於時代限制，方以智的思想經歷了深刻的變化，雖然早期強調考實，重視實證性考據方法，但他的科學知識和認識方法還存在很大的局限，因此他基本上放棄自然科學研究，無法在這一領域取得更進一步的成就。

另外，晚明實學思潮中還具有民主性思想內容，如東林學派對社會現實的投入，所提出的「利國」、「益民」的政治原則，以及對君主專制權威的否定和批判，黃道周提出了「天下非一人之天下，乃天下人之天下」的觀點，都閃爍著民主性色彩，對明清之際早期啟蒙思想的產生有很大影響。

32 王徵：《遠西奇器圖說錄最》。

第七章

互有消長的宗教

道教和佛教是中國傳統文化的重要組成部分，影響著中華民族的政治生活、社會生活、文化生活甚至家庭生活。到了明代，宗教的存在和發展，主要取決於封建統治者的信仰和支持。同樣，帝王們的偏好也主宰著明代宗教的沉浮。明中葉以前，明代諸帝中佞佛者居多，佛教的地位較為突出，對朝政的影響較大。其後，尤其是明世宗嘉靖一朝，是道教最為貴盛的時期。萬曆以後，西方基督教還曾一度輝煌。此外，有明一代，秘密宗教也在民間不斷地流傳和發展，並且日漸趨於成熟。

第一節．

盛極而衰的明代道教

明代的歷朝帝王大多崇尚方術，扶持道教。終明之世，朝廷經常建醮設齋，帝王們動輒扶乩降仙，禮部長官多用道士。當時，道士被授予真人、高士稱號或被授官賜爵者數不勝數。不少道士尤其是正一派道士被朝廷委以重要官職，出入禁宮，干預朝政，有的位極人臣，擅作威福。道士地位之高、權勢之重為歷代所罕見，道教因而也對明代政治與社會生活的諸多方面產生了廣泛而深刻的影響。到了明世宗嘉靖年間，中國封建社會道教的興盛發展進入了最後一個高潮。從此以後，它便隨著封建社會的日趨衰落和解體，而開始了沒落的過程。但是，儘管道教在明代貴盛一時，對於教理教義卻沒有建樹，缺乏創新；道徒素質降低，教團日益龐大且腐化墮落。其宗教活動更多地限於齋醮祈禳、禁咒畫符、印劍鎮妖、占卜扶箕、祈雨生風、鎮宅鎮基等，從而與世俗生活發生了更為緊密的聯繫。

一、明朝諸帝崇尚方術，信奉道教

明太祖朱元璋為了奪取天下，曾利用道人周顛、鐵冠子為他編造神話、製造輿論，藉以表明其勢力的發展是天神的旨意，並且得神之助。他登基之後，他即徵召正一派第四十二代天師張正常、全真道領袖張三豐以及鄧仲修、傅若霖、劉淵然等，改封張正常為「真人」，正二品，予世襲，對他們優禮有加，極力扶持。與此同時，又在全國設立道教管理機構，並頒布一系列敕令，對道教加以扼制，使之控制在朝廷手中，能有效地為維護明朝的統治服務。洪武元年（1368年），他詔立玄教院（洪武四年廢）。洪武十五年（1382 年），改設道錄司，負責掌管天下道教事務。明成祖朱棣崇奉真武，聲稱其起兵「靖難」、入繼大統是因得到了真武神的大力相助。即位之後，為了酬謝真武神，命有司於「京城艮方（東北）並武當山重建廟宇，兩京歲時朔望各遣官致祭」[1]。永樂十年（1412年），大舉興建武當山宮觀，歷時六年，費以百萬計。武當道教因而走向興盛。

明中葉以後，朝廷政治腐敗，宦官專權，社會矛盾日趨尖銳。明初既定的對道教既崇且抑的雙重政策遭到破壞，出現了尊崇過濫的現象。景泰三年（1452年），道士蔣守約被任命為禮部尚書，掌太常寺。這在明史上是件破天荒的事。禮部為中央六部之一，尚書責任重大，道士的身分在士大夫們眼中屬於「雜流」，根本不配擔任如此重任。這說明明代帝王崇道又向前邁進了一步。

明憲宗即位後，崇道益甚。當時朝中擔任要職的道士、方士數不勝數，其中尤以李孜省最為典型。李孜省（？-1487 年），江西南昌人。曾為布政司吏員。當時明憲宗愛好方術，於是他「日採取符籙諸書以獻，寵信日隆。八年間官至禮部左侍郎，掌通政司事。恃恩驕恣，有忤己者必害之。」[2]成為明代歷史上方士亂政的典型事例。成化四年（1468 年），明憲宗任命道士李希安為禮部尚書，掌太常寺事。憲宗還利用他首開的傳升制度，在其統治的二十餘年間，傳升僧道官達三百數十次之多。他還大量敕封「真人」、「高士」，使明朝初年確立的封官升遷制度與僧道官制盡遭破壞。明孝宗也熱衷於行齋設醮。弘治十七年（1504年），任命道士崔志端為禮部尚書，仍掌太常寺事。

明世宗朱厚熜在他統治的四十五年間，終於將道教的地位推到了最高點。朱

1 《明孝宗實錄》卷十三。
2 《明孝宗實錄》卷八。

厚熜出生在湖廣安陸，因受其父興王朱杬崇信道教的影響，對道教產生了濃厚的興趣。從即位第二年開始，便極力貶黜佛教，專崇道教，「以道術治國」，將朝廷的政治活動與道教的宗教活動合而為一。

第一，廣設齋醮。明世宗即位之初既濫行齋醮，「不齋則醮，月無虛日」。據記載，當時「（邵元節、陶仲文）倡率道眾，時舉清醮，以為祈天永命之事。上亦躬服其衣冠，後妃宮嬪皆羽衣黃冠，誦法符呪，無間晝夜寒暑」[3]。明世宗還特別重視在齋醮儀式上焚化青詞。[4]朝野士大夫為了獲得世宗的寵倖，爭相撰寫青詞。在嘉靖十七年（1538 年）以後任命的十四位內閣輔臣中，有九位是因擅長撰寫青詞而獲擢升的，最著名的有顧鼎臣、夏言、嚴嵩、徐階、高拱等。還出現了四位「青詞宰相」，即袁煒、嚴訥、李春芳、郭樸。他們都是因為撰寫青詞而入閣。

第二，寵信道士。嘉靖一朝，受寵遇的道士最多，恩典也最濫。邵元節、陶仲文皆以方士得一品之恩。邵元節，江西貴溪人，號雪崖。早年為龍虎山上清宮道士，因祈雨求雪「禱有驗」，深得世宗寵信，封真人尊號，統轄朝天、顯靈、靈濟三宮，總領道教。拜禮部尚書，賜一品服。陶仲文，湖北黃岡人。嘉靖年間因恃符術、長生術而得寵，封真人尊號，總各觀住持，給誥印。特授禮部尚書，次第加少保、少傅、少師。一人兼領三孤，在明代僅此一人。嘉靖三十五年（1556 年），明世宗命還命方士徐可成為禮部尚書，仍掌太常寺事，使之成為明代第四位擔任禮部尚書的道士。

第三，迷信方術丹藥。所謂方術，即指醫、相、命、卜、觀風、望氣、象緯、堪輿、金丹、房中等術。明世宗尤信道教陰陽採補之道，相信丹藥、秘術可以祛病延年。據載：「嘉靖間，諸佞倖進方最多，其秘者不可知，相傳至今者，若邵（元節）、陶（仲文）則用紅鉛，取童女初行月事，煉之如辰砂以進。若顧（可學）、盛（端明）則用秋石，取童男小遺去頭尾煉之，如解鹽以進。」[5]嘉靖

---

3 張瀚：《松窗夢語·災異紀》。

4 青詞，又稱綠章，是齋醮時獻給天神的奏章祝文。多為駢儷體，一般用朱筆寫在藤紙上，因而得名。

5 沈德符：《萬曆野獲編·進藥》。

四十五年（1566 年）十二月，明世宗服用了道士呈進的性燥的金石藥後，病情加重，終於不治。他長生成仙的幻夢終於破滅了。而他「道術治國」的結果，卻是荒怠朝政，將深陷內憂外患的明朝統治推向了覆滅的邊緣。

嘉靖時期道教的貴盛，並非是道教發展的必然產物，而僅僅是昏君寵倖的結果，缺乏堅實的社會基礎。在中國封建社會，代表儒家文化傳統的士大夫階層是中國傳統文化的主要傳承者。某種宗教能否紮根於斯、長盛於斯，往往取決於士大夫集團的態度。而道教在明代沒有獲得士大夫的認同和擁護（特別是與佛教禪宗相比），甚至被士人視為是「徒滋益人心之惑，而重為世之害爾」[6]。而上層道士及整個道團的腐化，更促使它迅速走向衰落。因此，明穆宗朱載垕即位不久即發下詔令：「方士悉付法司治罪，罷一切齋醮工作」[7]，盡革世宗崇道的弊政。雖然後來的皇帝仍有迷信方藥、建醮祈禳之事，但道教卻再也未能重新興盛起來。

二、道教狀況及成就

正一、全真兩大派　元代以來，道教諸派逐漸演變成為正一、全真二大派。正一派是符籙諸派統一的產物，全真派則被視為丹鼎煉養派的代表。洪武七年（1374 年），明太祖朱元璋在《御製齋醮儀文序》中說：「朕觀釋道之教，各有二徒：僧有禪有教，道有正一、有全真。」洪武十五年（1382 年），朝廷正式設道錄司，總管全國道教。道錄司對全國道士分全真、正一二種分別管理，二派度牒和職銜也各不相同。明太祖對道教派別作如此嚴格的區分，其目的是為了揚正一而抑全真，他之所以獨重正一派也有其深遠的考慮。明太祖曾說：「禪與全真，務以修身養性，獨為自己而已；教與正一，專以超脫，特為孝子慈親之設，益人倫，厚風俗，其功大矣哉！」[8]可見，以齋醮祈禳為職事的正一派，更適應明王朝通過神道設教進行倫理教化的需要，因此得到有明一代帝王們的大力扶

6　李詡：《戒庵老人漫筆．辟世俗釋道》。
7　《明史．穆宗紀》。
8　朱元璋：《御製齋醮儀文序》。

持。洪武初年，明太祖即命正一天師掌管天下道教事[9]，使正一派的政治地位和社會影響大為提高，遠遠超過了全真派，並取得了前所未有的榮貴。

明代正一天師從第四十二代張正常（1335-1377 年）開始，至明末的第五十一代正一天師張顯庸，代代皆襲封大真人，作為明代道教的首腦，掌管天下道教事務。

明代全真派道士多隱修於山野，雲遊於江湖，表現出道教傳統中清靜無為、高隱遁世的一面。明初全真派道士張三豐，是一位帶有濃重傳奇色彩的人物。明太祖、成祖多次慕求往訪不得，其後諸帝也多次褒封誥贈，始終未知其存亡。他的著述有《金丹直指》、《金丹秘訣》各一卷傳世，後人編成《張三豐先生全書》，是研究道教隱仙派的重要典籍。

在明末清初，以修煉為務的丹道學派分化為四大宗派，這是中國道教史上的一件大事。這四大宗派為：南宗，以張三豐學說為主，被稱為南宗丹法，含有單修性命、性命雙修與男女合修的法派；北宗，以全真正宗為主，主張清靜專修的丹法；西宗，以李涵虛為主，屬於性命雙修的單修；東宗，以陸西星為主，屬男女合籍的雙修派，該派聲稱得呂洞賓真傳，實際上仍是金丹派南宗的學說。四大宗派雖各有所主，各有所長，但其丹法道術上沒有創新，最後都歸於伍守陽、柳華陽的丹法一流。道士們只是在鬼畫桃符的末流上隨俗浮沉，了無起色。

道士數量及其社會地位　明代道士在全國人口中占有相當的比例。明初，洪武六年（1373 年）八月，度僧道九萬六千餘人。洪武二十四年（1391 年），明太祖令清理釋道二教，規定：「凡各州府縣寺觀，但存寬大者一所，並居之。凡僧道，府不得過四十人，州三十人，縣二十人。民年非四十以上，女年非五十以上者，不得出家。」[10]從洪武至永樂，朝廷多次降敕，嚴出家之禁，甚至定僧道常額和限年之禁。如果根據明初制定的僧道常額，道士的數量不過二三萬人。事實上，到了正統初年，這一定制就已經有名無實了。當時，「中官王振喜僧道，

9　在元代，正一天師的轄權僅限於統領江南諸路道教。
10《明史．職官志三》。

每歲必一度之。是年（指正統五年）五月以前，已度二萬一千人，至是（正統五年六月）又度，前後共二萬二千三百餘人。黃冠緇衣，布滿街市，自來僧道之多，無逾於此。」[11]景泰、天順年間，大度僧道仍在繼續，僧道數目之多已不可勝記。加之朝廷官賣度牒愈演愈烈，僧道私度已無法裁抑。嘉靖年間，明世宗尊崇道教，更使道士的數量有增無減，朝廷對道士出家早已失去控制。

明代帝王對道教的尊崇甚於金元，因此明代道士的社會地位亦很可觀，道士被授予真人、高士及至賜爵封官者為數眾多。尤其在明憲宗、世宗之際，一些道士位極人臣。明憲宗朱見深寵信過很多方士和道士，著名的有李孜省、鄧常恩、趙玉芝、淩中、顧玒、王世能、曾克彰、黃大經、江懷、李成等人，他們以方術獲取信任，驟得顯官。他們有的甚至可以晉升禮部尚書，「而諸雜流加侍郎、通政、太常、太僕、尚寶者不可悉數」[12]。成化年間，有時一月之內便傳升三四批道官，使道錄司官員增至原額的十五六倍。成化十三年（1477 年），正一派嗣教真人第四十七代天師張玄慶入覲，明憲宗降旨聘成國公朱儀女給他為妻，誥授大真人，母封玄君。此後，張真人每歲赴京朝賀。朝廷所給驛傳廩給之規格，超過衍聖公，「襲封衍聖公每歲赴京朝賀，沿途水陸驛傳，起中馬站船廩給。回日，無馬快船裝送。而張真人往回，水陸起上馬站船廩給，且有馬快船之從。」[13]

明世宗寵信道徒方士，授以高官厚祿，具體情況前面已經述及。這些位極人臣的道士，顯赫一時，恩渥終身，致使「天下士大夫靡然從風」[14]。

《道藏》的編纂　這是明代正一道士為道教著述做出的最為重要的貢獻。道教經典自唐朝開元年間以來，幾經編纂成藏。宋、金、元代都有人做過補綴編輯。到了明朝初年，經版多遭焚毀散佚，亟須重新整理纂修。

永樂四年（1406 年），明成祖敕命張宇初纂修道藏之書，為明代《道藏》編纂之肇始。永樂八年（1410 年），張宇初卒。其繼任者第四十四代天師張宇清繼

---

11 《明通鑒》卷二十二。

12 《明史．佞倖傳》。

13 陸容：《菽園雜記》卷八。

14 《明史．佞倖傳》。

續主持編纂工作。明成祖死後，編纂工作一度中輟延擱。正統九年（1444 年），明英宗詔命領京師道教事邵以正督校。參與修纂的還有道士喻道純、湯希文等。正統十年（1445 年），全藏刊竣，共四百八十函，五千三百〇五卷。

《正統道藏》收錄了漢唐以來所有關於道教、道家的書籍、經典，仿照佛教《大藏經》的編輯體例，大體依照前代，按三洞（洞真、洞元、洞神）、四輔（太元、太平、太清、正一）、十二類（本文、神符、玉玦、靈圖、譜錄、戒律、威儀、方法、眾術、記傳、讚頌、表奏）編排。除道教經書外，還收入一部分有關醫學、化學、生物、體育、保健以及天文、地理等著作。該書不僅收入的著述數量大，涉及的內容也十分龐雜，除遍涉道教的教義教理、戒律清規、符籙章奏、齋醮科儀、修煉攝養、靈圖像數、名山宮觀、神仙譜籍、道士傳記等內容外，還包含許多有關中國古代宗教、哲學、歷史、文學、藝術特別是科技方面（如醫藥學、化學、天文、地理等）的重要史料，是研究古代道教與歷史的不可或缺的資料。

《萬曆續道藏》是《正統道藏》的續集。《正統道藏》編就後一百多年間，又不斷有新的道教著述問世。為了增入新道書，補《正統道藏》之缺漏，明神宗敕命第五十代天師張國祥修纂《續道藏》。萬曆三十五年（1607 年），《續道藏》修成，凡一百八十卷，三十二函。《續道藏》首收《太上中道妙法蓮華經》，末收焦所撰《莊子翼》，共補收道書五十六種，其中絕大部分是元明道書，尤以明代新出的道書居多，編排不分部類。

《萬曆續道藏》修成後，與《正統道藏》合印刊行，通稱《道藏》。明代《道藏》包羅宏富，選材不夠嚴謹，內容大多支離，但它畢竟完整地保留了中國古代道教文化的寶貴資料，作為現今所存唯一的一部《道藏》，它為後人研究道教、研究歷史提供了珍貴的依據。

張宇初及其《道門十規》　《道門十規》是明初正一派天師張宇初撰著的有關清整道教的綱領性文獻。它不僅反映了張宇初振興道教的構想，且為後人了解明道教教義及道團衰腐的狀況提供了依據。

洪武十年（1377 年），十七歲的張宇初嗣為正一道第四十三代天師。洪武十二年（1379 年），明太祖授予他「正一嗣教道合無為闡祖光范真人」的稱號，總領全國道教事務。永樂初年，張宇初根據明廷清整道教的需要，針對當時道教的流弊，撰寫《道門十規》一卷。在該書中，他以教主訓誡道徒的口氣，列述了有關道教源流、道門經籙、坐圜守靜、齋法行持、道法傳緒、住持領袖、雲水參訪、立觀度人、金谷錢糧、宮觀修葺十個方面的問題。概括起來有以下幾點內容：

首先，申明道統源流，否定符籙祈禳之術。宋元以來，理學日益興盛，成為封建朝廷統治的思想基礎。而道教立足的巫祝之學則呈衰微之勢。為了道教的生存和發展，張宇初一方面申明道教「雖有道經師三寶之分，而始自太上授道德五千言於關令君」，明確提出先秦道家代表人物老子是道教的宗源，而黃老又在儒家之先，「所謂先黃老而後六經」，從而滲入了道先於儒、道高於儒的觀念。另一方面，他強調要求道徒們以老子的清靜無為為本，放棄方士之術、禳之道，返本歸源：「自秦漢以來，方士競出，若文成武利之以金石草木徒殺身取禍，遂世稱方術矣。外而施之，則有禱祠祝之事，自寇杜葛陸之徒，其說方盛。由後之師匠增損誇誕，奔競聲利，而世曰異端矣。然二者，太上之初，所未彰顯。後之不究其本、不探其源者，流而忘返，眩異失同，則去太上立教之本、虛無清靜無為之妙日遠矣。凡習吾道者，必根據經書，探索源流，務歸於正，勿為邪說淫辭之所汩！」[15]張宇初這種思想對於道教正本清源、剔除陋習具有積極意義，為在儒學的排擠下爭取道教的文化地位開闢了一條大道。

其次，提倡道徒性命雙修，以內煉為本。這是張宇初在確定道教發展之後，對道徒修己利人提出的具體要求。張宇初雖為正一派天師，他卻對正一派只注重符籙科教的傳統進行了批判，他強調各派道士皆須遵循全真道性命雙修之道，以「坐圜守靜為入道之本」，務必堅持性命雙修，而累積「真功」尤其重要。張宇初如此重視內煉，與全真道學說的影響是分不開的，它對於提高只注重符籙咒訣的正一派道士的修養和素質有實際意義。

---

15 《道藏》第 55 冊。

最後，提倡全真教風，清整戒律清規。宋元以來，道教教團尤其是正一派日趨腐化，戒律鬆弛，這一點張宇初看得很清楚。他在《道門十規》前闡明其寫作意圖時說：「念吾道自近代以來，玄綱日墜，道化莫敷，實喪名存，領衰裘委，常懷振迪之思，莫遂激揚之志。」為此他提出了一系列整飭弊端的清規戒律：初入道者，要先擇明師，收習身心，遠離塵俗，修持真功，用苦行磨礪身心；宮觀住持，要公推年高德者、剛直方正之士，要以嚴淨戒行規矩為首務；宮觀的財產，要公同出納，明白登載，不得出賣常住土地；度人入道，要謹擇良善之人，依例申報，經朝廷給牒，方可成為道士等等，這些制度清規，多是全真派初期倡行的道風。張宇初廣泛搜集前代遺規、遺則，編撰《道門十規》，是企圖通過推廣初期全真派的內煉真功和清規戒律，以達到自我整肅、自我淨化，在儒學的攻排下圖存圖發展的目的。這一切符合社會對道教的要求和道教自身發展的需要。

三、道教的影響

有明一代，道教幾經演進，對明代的政治、思想、文學以及社會生活的各方面產生了相當廣泛、深刻的影響。

道士參與朝廷政治生活　在中國封建社會，歷朝帝王都十分重視祭祀活動，他們把祭天地、祭百神、祭祖當作保佑社稷長治久安的頭等大事。在明代，不僅祭祀的樂章、樂詞取自道教，而執事人員也由道士充任。《明史・職官志三》載：「神樂觀掌樂舞，以備大祀天地、神及宗廟、社稷之祭，隸太常寺，與道錄司無統屬。」具體分工是，祭祀贊禮由太常寺道士主持，奏樂由神樂觀道士承擔，樂舞生使用小道童。這樣，就使道教的影響滲入國家祀典之中。

明代的帝王幾乎無一不信方術，無一不任用道士。從洪武到嘉靖年間，做到六部之一禮部尚書的有道士四人，而其所屬專掌祭祀的太常寺的官員，道士常占一半以上，有時幾乎被道士所獨占。這些道士常與宦官權臣交結，對朝廷的施政方針、軍國大政施加著重要的、不可忽視的影響，甚至成為黨禍的根源。清代人就認為道士李孜省是明代黨爭的肇始者：「明季門戶之習，為一代深錮之患。然當成化以前，未有顯然援結，庇其鄉里，連及闔省者也。自李孜省擅寵，薦引鄉人彭華入閣，復假邪術言『江西人赤心報國』，而同省大臣皆因之以進，厥後孜省既敗，焦芳用事，銜孜省輩之黜己，遂減江西解額，且榜禁之使不得選朝官。譽北詆南，相尋報復，黨禍之結，自此始矣。」[16]成化以後，道士與朝中權貴勾結，交通請托、變亂朝政的現象愈演愈烈。到明世宗嘉靖年間，舉國奉玄，朝廷中道士的活動更加引人注目。

道士對於朝廷政治最直接、最深遠的影響，卻是導致熱衷道教丹藥的明代皇帝的殞命。皇帝短命引發了一次又一次的統治危機，動搖了明朝統治的穩固。這也是以明太祖朱元璋為始的明代諸帝為他們尊崇道教、迷信丹藥付出的深重代價。

營建齋醮，空耗國儲　這是道教對明代國家財政經濟最直接的影響。在道教的諸多靡費中，營建寺觀、大度僧道、屢行齋醮、廣求仙藥等幾方面的耗費最為嚴重。

永樂年間，明成祖賜錢張宇初，命修葺龍虎山大上清宮。又敕命隆平侯張信等率軍夫二十餘萬，大建武當山宮觀，「楣柱甃甓，悉用黃金，是時天下金幾盡」[17]。明世宗則更有過之，史載：「世宗營建最繁，（嘉靖）十五年（1536 年）以前名為汰省，而經費已六七百萬，其後增十數倍，齋宮秘殿並時而興。工廠二三十處，役匠數萬人，軍稱之，歲費二三百萬。其時宗廟、萬壽宮災，帝之不省，營繕益急。經費不敷，乃令臣民獻助，獻助不已，復行開納。勞民傷財，視武宗過之。」[18]

明中葉以後，國家財政危機初露端倪，朝廷為了應急，往往靠出售度牒解決財政困難。其結果使度牒制度遭到破壞，也擾亂了正常經濟秩序，加快了明王朝腐朽與滅亡的速度。另外，明代諸帝熱衷的齋醮活動，更是糜費金錢的一大宗。

16 夏燮：《明通鑒》卷三十五。
17 王世貞：《名卿績記》卷三。
18 《明史・食貨志二》。

明世宗嘉靖年間，「每一舉醮，無論他費，即赤金亦至數千兩，蓋門壇匾對皆以金書，屑金為泥凡數十」[19]。

勸善書、功過格盛行一時　明代以來，從宮廷到民間道教勸善書、功過格廣為流傳，給當時的社會生活以深刻的影響。道教最早的勸善書是成書於宋代的《太上感應篇》和大約成書於元代的《文昌帝君陰騭文》，勸善書問世以後，很快在社會上廣泛流傳開來，影響很大。勸善書，以維護儒家的倫常道德為出發點，以儒、道的「積善消惡」和佛教的「因果報應」來勸誡世人行善，宣揚「為善得福，作惡遭禍」的觀念。功過格，即自我考察功過、善惡，並且逐日登記的一種形式。《道藏》第七十八冊載有《太微仙君功過格》，該書中的「立功格」有三十六條，包括治病救人、勸人行善等；「過律」有三十九條，包括行不仁、不善、不義、不軌之事皆記過。逐日記錄，善多者得福，過多者得咎，藉以鼓勵道士及世人行善避惡。

明代上至皇帝、王公，下至官僚士大夫都非常熱衷於推廣勸善書和功過格，許多上層人物還紛紛仿作勸善書。明成祖朱棣親自撰寫《為善陰騭》，皇后徐氏亦作《仁孝皇后勸善書》。明儒楊起元、李贄、高攀龍、金杭、冒起宗等都曾為《太上感應篇》作序或注疏。萬曆年間博學尚奇的兵部主事袁黃，曾是功過格的積極倡導者，鄉里人都稱他為「願人」。當時朝野官紳捐資刊印、布施勸善書者，更是數不勝數。

在朝廷上下的推動下，勸善書、功過格盛行於民間，它在社會中下層的影響遠遠超過了理學。更令人驚異的是，明代的勸善書還推廣到許多邊遠少數民族地區，被譯成少數民族文字並廣泛傳播。勸善書的廣泛流行，必然給世人的道德觀念打上了道教的印記。

深入世俗生活的道教諸神　道教信仰的神是相當多的。道教除自己造神外，還不斷從民間信仰中吸納新神，編入道教的神仙譜系後又推廣到民間。在明代，

---

19 沈德符：《萬曆野獲編·嘉靖青詞》。

關羽被封為「關聖帝君」，屬斬邪誅妖之神；文昌帝君被奉為掌官祿功名之神；天妃（媽祖）作為海上保護神，在沿海一帶香火最盛；城隍為監察善惡之神，香火彌久不衰，這一切都使道教的宗教活動與民眾的世俗生活緊密地聯繫在一起。祀神、廟會成為民俗活動的重要內容。每逢諸神誕日，不僅道徒舉香奉祀，百姓也都在此日遊會，相沿成俗。相傳三月二十八日為東嶽大帝誕日，明朝廷每年在這一天都遣使到京師東嶽廟致祭。據載，位於北京齊北門外的東嶽廟「規制宏廣，神像華麗。國朝歲時敕修，編有廟戶守之。三月二十八日，俗呼為降生之辰，設有國醮，費幾百金。民間每年各隨其地預集近鄰為香會，月斂錢若干，掌之會頭，至是盛設，鼓樂幡幢，頭戴方巾紙，名甲馬，群迎以往，婦人會亦如之。是日行者塞路，呼佛聲震地，甚有一步一舞者，曰拜香廟。」[20]這樣一來，道教的宗教祭祀活動與民間的節日活動結合在一起，相沿成俗，成為百姓世俗生活的一個組成部分。

在明代，各種道教神廟如關帝廟、土地廟、火神廟、城隍廟、娘娘廟、山神廟、玄帝廟等，遍布各地城鎮鄉村，星羅棋布。它們大多是由民間私建的，數量遠遠超過正規的宮觀。百姓把自己無力解決的所有現實問題，都寄託於諸神的佑助，祈禱神靈消災免禍、生財致富，甚至生兒育女，等等。道教的宗教觀念進一步深入民間，對明代以及後世的社會生活產生了廣泛且深遠的影響。

滲入道教觀念的通俗文學　道教的宗教信仰深入到明代的社會生活之中，社會風習、時尚也為之一變，這些在明代的世俗文學中有所反映。

在明代特有的世俗小說《金瓶梅》、《肉蒲團》等作品中，充斥著對道教金丹術、房中術的描寫，主人公淫逸縱欲，僧人、道士、鬼怪頻頻出場。此外，還出現了一批專以道教故事為題材的作品，如《東遊記》、《綠野仙蹤》、《韓湘子傳》，宣揚道教修煉內丹成仙變神。明代還湧現出一大批以寫神仙鬼怪為主題的作品，被後人稱為「神魔小說」。與道教有關的如《東遊記》、《北遊記》、《封神演義》、《鐵樹記》、《飛劍記》、《咒棗記》等，有的作品如《封神演義》竟直

20 沈榜：《宛署雜記・民風一》。

接出自道士（陸西星）之手，充滿著極其濃厚的道教觀念。

在戲劇創作方面，道教的影響也是顯而易見的。在明代，出現了一大批以八仙和其他道教人物為題材的戲文和雜劇，如明初谷子敬著《呂洞賓三度城南柳》、《邯鄲道盧生枕中記》。據傅惜華《明代雜劇全目》統計，明代以呂洞賓點化度人為主題的雜劇就有十一種以上，至於八仙全體出場的戲劇如《八仙過海》、《八仙慶壽》等亦複不少。描寫道士的曲本《張天師明斷辰鉤月》、《時真人四聖鎖白猿》等也在民間廣為流傳。道教的宗教觀念以這些通俗文學作品為媒介，進一步滲透到明代的社會文化生活之中。

第二節・佛教盛衰

佛教自東漢傳入中國後，到魏晉南北朝時已在中國廣泛傳布，到隋唐時期產生了具有中國特色的天臺、華嚴、唯識、禪宗、淨土、密宗等宗派，對於中國傳統文化、社會生活及至文學藝術都有較為明顯的影響。到了明代，佛教總體處於衰微趨勢之下，但是由於明代帝王們的偏好，又屢獲殊遇，曾一度呈現出繁興景象。

一、佛教發展在明代的機遇

晉僧道安有句名言，說「不依國主，則法事難立」，揭示了宗教與政治的密切關係。在明代帝王中，佞佛者居多，排佛者極少，而能夠有效地利用並理智地控制佛教者，當屬開國皇帝明太祖。

明太祖制定佛教政策，為佛教的發展開闢道路　明太祖朱元璋十七歲於濠州（今安徽鳳陽）皇覺寺出家，對佛教有一定的感情也有較深的了解。他即位後，針對佛教對封建統治的利弊，制定了朝廷利用且控制佛教的一系列措施：第一，設置了佛教管理機構。洪武元年（1368 年），明太祖下令在南京天界寺設立善世院，管領佛教。洪武十五年（1382 年），建立僧官制度，在中央設僧錄司，府設僧綱司，州設僧正司，縣設僧會司。僧錄司設左右善世、左右闡教、左右講經和覺義等僧官，其品秩很高，由禮部任命。第二，制定免費給牒制度。唐宋以來，歷代各朝大多實行計僧售牒，以限制僧人數量的增多。洪武六年（1373 年），明太祖下令，對全國各地僧尼普遍免費發給度牒。後來又規定，每三年發一次度牒，為出家的僧尼提供更大的方便。第三，規定了佛門講經內容及念經方式。洪武十年（1377 年），明太祖「詔天下沙門講《心經》、《金剛》、《楞伽》三經。命宗泐、如　等注釋頒行。」[21]《心經》、《金剛經》的共同之處在於它們都宣揚「一切皆空」思想，明太祖此舉的目的在於引導佛教在思想上的統一，以達到「愚及世人」的目的。另外，他還對和尚應採用何種法事儀式和具備何種資格等作了具體規定。他在洪武十六年（1383 年）對僧錄司所下聖旨中稱：「即令瑜伽、顯、密法事儀式及諸真言密咒，盡行考校穩當，可為一定成規，行於天下諸山寺院，永遠遵守，為孝子、順孫慎終追遠之道，人民州里之間祈禳申情之用。恁僧錄司行文書與諸山住持並各處僧官知會，俱各差僧赴京，於府內關領法事儀式，回還後習學三年。凡持瑜伽教僧，赴京試驗之時，若於今定成規儀式通者，方許為僧；若不省解，誤念且生，須容周歲再試。若善於記誦，無度牒者，試後，就當官給予；如不能者，發為民庶。欽此！」[22]

第四，整頓佛教，強化對佛教的管理。洪武二十四年（1391 年）、二十七年（1394 年），明太祖先後頒布《申明佛教榜冊》及有關聖旨，針對當時佛教存在

21 《釋氏稽古略續集》卷二。
22 葛寅亮：《金陵梵剎志·欽錄集》。

的寺濫僧竄的狀況，對僧人的活動作了一些限制，如禁止僧俗混淆，禁止僧人交結官府、聚斂財富，禁止僧人干預政事，等等。目的是為了通過淨化佛教，而達到利用佛教的目的。

明太祖的如上舉措，表明他對佛教的命運非常重視。其高明之處在於，他對佛教的護持不僅僅體現在舉辦法會、大度僧尼等形式上，而是從佛教發展的長遠利益著眼，從整頓入手，妥立規矩，強化管理，再為僧人的傳教活動提供方便。其目的是為了使佛教在維護明王朝統治的前提下，得以順利發展。這是明太祖崇佛、佞佛卻又與後來諸帝有所不同之處。

明成祖倚重僧人建功立業，積極扶持佛教　明成祖朱棣登上皇帝寶座與僧人道衍有著密切的關係。道衍是當時燕王朱棣身邊的高僧，北平慶壽寺的住持。他密勸燕王舉兵，發動「靖難之役」。史載「帝（指明成祖）在藩邸，所接皆武人，獨道衍定策起兵。及帝轉戰山東、河北、在軍三年，或旋或否，戰守機事，皆決於道衍。」[23]在道衍的謀劃、策動之下，朱棣終於由藩王而入繼大統，成為明代一位有所作為的皇帝。成祖即位後，論功行賞，因道衍出力最多，「論功以為第一」，授道衍為僧錄司左善世，拜贊善大夫、太子少師，死後享受的哀榮更是超過生前。

也許正是因為與佛教有這樣一段因緣，明成祖即位後對佛教採取了積極護持的態度。永樂十八年（1420 年），為《法華經》親筆撰寫了一篇序文，題為《御製大乘妙法蓮華經序》。在這篇序文中，他對佛教大加讚揚，對《法華經》倍加推崇。不僅如此，明成祖還親自為「神僧」作傳，御撰《神僧傳》九卷[24]，從東漢的迦葉摩騰到元代的膽巴，計收入神僧共二百〇八人。這在佛教史上是極為罕見的，它充分反映出明成祖對佛教熱衷的程度及其與佛教相當密切的關係。

明成祖還對藏傳佛教的僧人大行封賞。不僅在加封人數上而且在授予的職位上都遠遠超過明太祖。據載：明成祖「兼崇其教（指藏傳佛教），自闡化（贊善、

23 《明史・姚廣孝傳》。
24 《明史・藝文志三》。

護教、闡教、輔教）等五王及（大室、大乘）二法王外，授西天佛子者二，灌頂大國師者九，灌頂國師者十有八；其他禪師、僧官，不可悉數。」[25]於是，明成祖首開了僧人封王之先河。成祖大封藏地僧人，其政治目的遠遠超出宗教意義，其結果是使「西陲宴然，終明世無番寇之患」。這對加強對西藏的統治，起著重要的作用。

明英宗、景帝大興佛寺，廣度僧尼 明英宗正統年間，宦官王振擅權，這位權宦不僅熱衷於權勢，還專注於崇佛。他先是勸導英宗每年為僧尼發放一次度牒，隨後大興土木，營建大興隆寺。「日役萬人，糜帑數十萬，閎麗冠京都。」[26]明英宗為大興隆寺賜號「天下第一叢林」。明英宗還常命僧人大作佛事，「躬自臨幸」，結果使佛教活動日益興盛。由於昏君、權宦為佛教大行方便，一些不法軍民之家為了逃避賦稅徭役，冒充僧人，以致時人有「僧尼蠹國」[27]之歎。

明景帝佞佛與英宗如出一轍，即位伊始便下令興建大隆福寺，意欲與大興隆寺一比高低。景泰四年（1453 年）三月，大隆福寺告成，其規模之宏大為京師第一，「莊嚴與興隆並」[28]。耗費達數十萬之巨。上行下效，明英宗、景帝熱衷佛教的結果，使民間崇佛之風盛極一時，「男女出家累百千萬，不耕不織，蠶食民間。營構寺宇，遍滿京邑，所費不可勝記」[29]。

明中葉以後，政治腐敗，土地兼併嚴重，社會矛盾尖銳，不能不說與明英宗、景帝佞佛、敗壞朝政有著某種必然的聯繫。

明武宗自號法王，建寺宮中 明武宗朱厚照是一個非常迷信佛教的昏君。他即位不久，正德二年（1507 年）五月間，一天之內，就「度僧道四萬人」。

明武宗為左右佞幸所蠱惑，特別崇尚西藏密宗。正德五年（1510 年）六月間，他自號「大慶法王」，命有司鑄造「大慶法王、西天覺道、圓明自在、大定

---

25 《明史．西域傳三》。

26 《明史．單宇傳》。

27 同上。

28 《明史．劉定之傳》。

29 《明史．單宇傳》。

慧佛」金印呈進，並下令大慶法王法印與璽書並行。此舉可謂荒唐至極，遭到朝中大臣的強烈反對。他給藏僧度牒三萬，以推廣藏傳佛教。他經常穿著喇嘛僧衣，宣演佛法。[30]更有甚者，明武宗一反成法，在西華門內修建寺廟（即延壽佛殿），用喇嘛為住持，與喇嘛朝夕相處，荒怠政務。由於他如此「好佛法」，致使正德年間，「法王、佛子、禪師、國師之號，充滿京師」[31]。他先是招請藏僧占竹至京，封之為灌頂大國師，繼而又封烏斯藏使臣蟬吉我些兒為大德法王，封肖藏卜為大覺法王，封那卜堅參及札巴藏卜為法王，封那卜領占及綽即羅竹為西天佛子，等等，吸引大批西藏僧人來到內地和京城，為藏傳佛教在內地的傳播與影響的擴大起到了不可忽視的作用。他整日沉溺於念佛經、傳密法的荒唐行徑，進一步加深了明王朝的統治危機。明武宗大興佛寺，在當時形成了「緇宮佛閣，外省直縱佳麗，不及長安（北京）城十之一二」[32]的景象。

明神宗頒經華嚴寺，耗鉅資修寺廟　明神宗朱翊鈞是一個既佞佛又重道（教）的皇帝。在他即位之初的萬曆二年（1574 年），曾斥鉅資重修位於北京城南的海會寺。[33]與此同時，位於京城西南的承恩寺和位於阜成門外八里處的慈壽寺也拔地而起。萬曆五年（1577 年），明神宗又在西直門外七里處為自己修建了一座萬壽寺，非常壯觀。這位熱衷於建寺廟、辦佛事的皇帝曾有過這樣一段自白：「朕惟佛氏之教，具在經典，用以化導善類，覺悟群迷，於護國佑民，不為無助。」[34]因此，他將明初官刻的佛教大藏經《北藏》六百三十七函及續編藏經四十一函一併頒賜給雲南雞足山的華嚴寺。

明神宗的生母慈聖皇太后也一向有「好佛」之名，她自號「九蓮菩薩」，在「京師內外，多置梵剎，動費巨萬。帝（指神宗）亦助施無算。」[35]萬曆二十九年（1601 年），名僧紫柏達觀和尚來到京師，慈聖皇太后表示要專門為他修建一座

---

30 《明史．劉春傳》。
31 王頌蔚：《明史考證攟逸》卷四十二。
32 王士性：《廣志繹．兩都》。
33 僧道齋：《重修海會寺碑》。
34 陳垣：《明季滇黔佛教考．藏經之遍布及僧徒撰述第七》，引萬曆十年九月初一日《諭華嚴寺》。
35 《明史．孝定李太后傳》。

寺廟，神宗皇帝也屢賜御札，與他討論佛教問題。於是佛教在萬曆年間興盛一時，士大夫信佛講禪蔚然成風。

明代諸帝中亦間或有限制佛教的，而排斥佛教最為激烈的當屬明世宗朱厚熜。明世宗因迷信道教，妄想長生，極力排斥佛教。他曾「刮正德所鑄鍍佛金一千三百兩」[36]，晚年又採納真人陶仲文的建議，焚毀佛骨一千二百餘斤。排佛限佛的皇帝在明代終究是少數，而大多數皇帝都「與佛有緣」。明代諸帝不論佞佛還是惡佛，各代都遵循著一個不成文的規定，就是皇上及東宮與諸王降生時，都要剃度一位幼童替身出家[37]，足見明代皇帝確有佞佛的傳統。明代佛教正是在這種政治背景下，維持存在並且向前發展著，並在歷代皇帝的扶持推崇下，獲得了一次次繁盛的機遇。

二、佛教的發展狀況

明代佛教的基本狀況，如僧尼、寺院的數量都缺乏精確數字，我們僅可能從散見在正史與野史的零星記載窺見大略。

僧尼數量及其政治地位　明初，朝廷對各州縣僧尼人數有明確規定，即府不得過四十人，州三十人，縣二十人。「民年非四十以上，女年非五十以上者，不得出家。」[38]這一點與對道士的規定是一致的。洪武初年，官方給牒的僧尼有幾萬人，實際數字恐怕不止這些。成化十二年（1476 年），度僧十萬；成化二十二年（1486 年），又度僧二十萬。據此可推斷，成化年間，全國僧尼數目已達五十萬人。明武宗正德二年（1507 年），曾一天度僧道四萬人。崇禎末年，兵連禍結，國家財源枯竭，兵源幾盡。兵部主事沈迅上疏條陳，其中一條建議便是「以天下僧人配天下尼姑，編入里甲，三丁抽一，朝夕訓練，可得精兵數十萬」[39]。

---

36 沈德符：《萬曆野獲編・釋教盛衰》。

37 沈德符：《萬曆野獲編・京師敕建寺》。

38 《明史・職官志三》。

39 文秉：《烈皇小識》。

由此可以想見，明末僧尼數量不會低於五十萬，甚至更多。

明代僧人的政治地位是很高的。明初的許多上層僧人常常可以直接面見皇帝，「坐而論道」。如歷事六朝（洪武、建文、永樂、洪熙、宣德、正統）的名僧智光，曾兩次奉命出使西域，「宣傳聖化」，「眷寵之隆無以復加」。由於僧人有一定的政治地位，許多人有機會靠近權貴，結交權貴，享有一定的特權。史載「京師僧如海」，京師「游僧萬數」，這正是明代僧人「趨騖宰官」[40]、希圖獲取政治特權的表現。其中，尤以道衍（即姚廣孝）的地位最高。道衍在輔助明成祖登上帝位後，作為朝中重臣處理政務，「冠帶而朝，退仍緇衣」[41]，亦官亦僧。他監修《太祖實錄》，又主持纂修《永樂大典》，對永樂初年的軍國大政產生了不可忽視的影響。

米黃釉阿彌陀佛瓷像

寺院及其經濟實力 明初規定，各府、州、縣只許各保留一所寺院，則全國佛寺最多也只有一千多所。但是實際的數字遠遠超過這些。據《大明會典》記載，成化十七年（1481 年）前，僅京城內外的官立寺院已達六百三十九所。萬曆年間，京師「名藍精剎甲宇內，三民居而一之」[42]。就僅宛平一縣，竟有佛教寺庵三百五十一所，其中寺有二百一十一所，庵有一百四十所[43]，可見明時佛寺之多。

明代佛教寺院都擁有較為穩定的經濟基礎。一般寺院通常擁有「常住田

40 陳垣：《明季滇黔佛教考・士大夫之禪悅及出家第十・王元翰》。
41 《明史・姚廣孝傳》。
42 陳垣：《明季滇黔佛教考・士大夫之禪悅及出家第十・王元翰》。
43 沈榜：《宛署雜記・僧道》。

地」，即普遍占有的土地；敕建寺院除了擁有「常住田地」外，還擁有「欽賜田地」。寺院裡設置專職人員管理財經事務，說明寺院的土地不在少數。建文年間，曾有人提出限制寺院田地。明成祖即位後，宣布不再限制僧道占有的土地數目，因此有的寺院占地多達千畝，甚至萬畝。寺院的田地一部分來自朝廷的賞賜，大部分來自地方縉紳、富商的布施和絕嗣戶的遺產。寺田名義上是寺廟公產，但多數都被有權勢的住持所據有，他們成為土地占有者和剝削者，享有與其他封建土地占有者相同的特權，受到封建朝廷的保護。明末名僧元來，曾住在金陵的天界寺，史載該「寺故廣袤數十里，可容數萬人。是時，冠履相趾，寺為之小。香積之費，日至巨萬。」[44]可以窺見當時寺產之大。

《大藏經》的刻印與成就　明代官刻、私刻的佛教《大藏經》共有六個版本，在漢文《大藏經》刻印史上占有重要的地位。這六個版本的佛教《大藏經》分別是《洪武南藏》、《永樂南藏》、《永樂北藏》、《武林藏》、《萬曆藏》和《嘉興藏》。

銅鎏金文殊坐像

《洪武南藏》，又名《初刻南藏》，是明代官方主持刻造的三個藏經中最早的版本。明太祖朱元璋於洪武五年（1372 年）敕令於金陵蔣山寺開始點校，到洪武三十一年（1398 年）雕印完成。收佛教經典共一千六百十一部，六千三百三十一卷。永樂六年（1408 年），雕版遭火災焚毀，刻本幾乎沒有流傳下來。

《永樂南藏》，通稱《南藏》。永樂十年（1412 年）左右開始在南京創刻。它雖為《洪武南藏》的再刻本，但在編次上做了較大的改動，收錄的經籍也少於洪武本。永樂十七年（1419 年）完成。共收錄佛典一千六百二十五部，

44 劉日杲：《博山和尚傳》，《續藏經》第 1 輯，第 2 編。

六千三百三十卷。

《永樂北藏》，通稱《北藏》。《南藏》完工後不久，明成祖朱棣又於永樂十九年（1421 年）敕令在北京開始刻印《北藏》，此項工程歷時二十年之久，直到明英宗朱祁鎮正統五年（1440 年）方告竣工。共收佛教經典一六五七部，六三六一卷。到明神宗萬曆十二年（1584 年），又續刻了各宗著述三十六種、四一〇卷，共四十一函（即所謂《續藏經》）併入該書。《北藏》雕成後曾大批印刷分贈全國各大寺院，它在明代的流傳最廣。

《武林藏》，是永樂二十年（1422 年）前後在杭州私刻的藏經。它是以《磧砂》本（南宋私刻藏經）或《洪武南藏》為底本複刻的，仍為折裝本藏經，現僅存一七卷。

《萬曆藏》，約在明萬曆十七年（1589 年）至清順治十四年（1657 年）間刻造的私版藏經。收入佛經共一六五九部，六二三四卷。它的底本是《永樂南藏》，當時的官僚士大夫陸光祖、錢謙益、周天成、吳崇宗等參與助刻。

《嘉興藏》，又名《徑山藏》，為明末清初刻造的私版藏經。萬曆十七年（1589 年）起，由僧人真可、德清、密藏、幻余等主持。先在五臺山雕刻，萬曆二十年（1592 年）遷到浙江餘杭的徑山繼續刊刻，最後把經版集中在浙江嘉興楞嚴寺印刷流通，直到清康熙十五年（1676 年）方始完工。這部藏經分正藏、續藏和又續藏三部分，全藏共三五二函，收佛典二一四一部，共一萬二千六百卷。該藏經的主要特點是摒棄了佛籍一向慣用的折裝式，改為輕便的線裝書式，既輕便實用又經濟，便於流通，成為以後的刻本和排印本佛經採用的基本形式。同時它的《續藏》和《又續藏》收錄了為數眾多的藏外著述，為漢文大藏經增加了新的內容。

明末四大高僧　中國佛教的發展自宋代起已趨衰落，到明代更呈頹敗沒落之勢。明神宗萬曆時期，佛教義學有了一定的發展，先後出現了四位高僧，即雲棲宏、紫柏真可、憨山德清和益智旭，佛教界稱為「明末四大高僧」。

宏，字佛慧，別號蓮池，仁和（今浙江杭州）人。嘉靖四十五年（1566 年）

出家為僧。隆慶五年（1571 年），游方至杭州的五雲山，結庵而居，題名「雲棲」，雲棲禪院也因此成為名剎。他一生的著述計有《釋經》、《輯古》、《手著》等凡三十餘種，都是專門弘揚淨土教義的，最後由其弟子匯輯成《雲棲法匯》，共三函，三十四冊。他的思想以淨土為宗，對明代淨土宗的傳播起過很大的作用。他強調教禪並重和三教合一。他一生崇尚念佛，提倡戒殺放生，慈悲為懷，以傳統道德約束眾僧。他所制定的寺院日常課誦儀式，一直為後世遵循。明末天主教傳入中國後，宏專門撰著《天說》四篇，批駁天主教所信奉的「天主」，強調佛教高於一切。宏生前清白自守，天下名士趨之若鶩，他卻從不為流俗所染。德清曾盛讚宏：「才足以經世，悟足以傳心，教足以契機，戒足以護法，操足以勵世，規足以救弊。」[45]對其一生的言行給予了高度的評價。他被後世稱為「蓮宗八祖」。

真可字達觀，晚號紫柏，蘇州吳江人。十七歲出家，雲遊各地，先後禮朝了五臺、峨眉等佛教名山，結識德清，二人遂為至交。萬曆十七年（1589 年），真可發起刻《大藏經》，後人稱之為《嘉興藏》或《徑山藏》，為佛籍的傳播起了很大的作用。真可身入空門，卻憂國憂民，關心時事。他結交了許多官僚士大夫，力圖匡扶時局，裨益朝政。萬曆三十一年（1603 年），終因牽連宮廷內部之爭而身陷囹圄，憤死獄中。真可的著述，被時人輯為《紫柏尊者全集》三十卷和《紫柏尊者別集》四卷。他的佛學思想與宏大體一致。他弘揚禪學，但不排斥其他各宗。他認為禪家只講機緣，佛徒只知念佛求生淨土，二者各是一種片面，只有文字經教才是學佛的根本。

德清，字澄印，別號憨山，安徽全椒人。十九歲往金陵棲霞寺出家為僧。二十六歲後行腳雲遊。他來到京師後，結交權貴，奔走豪門。上自皇太后，下至邊疆大吏、州府縣官，都曾與他有一定的交往。他也因此招忌致禍。萬曆二十三年（1595 年），德清因私創寺院（即青島嶗山海印寺），被判充軍雷州，開始了長達二十年之久的外戍卒而內僧侶的充軍生涯。遇赦還服後，他漫遊衡陽、九江、廬山、徑山、杭州、蘇州、常熟等地，終老於曹溪。德清一生著述甚豐，後

45 德清：《古杭雲棲蓮池大師塔銘》，《雲棲法匯．手著》第 13 冊。

人集為《憨山老人夢游全集》凡四十卷。他雖為禪門宗匠，卻不拘守一派。他提倡禪教兼重，禪淨雙修，諸宗融合，將淨土念佛視為最後歸宿。他用佛教思想闡釋儒學、道教，又以儒家思想來解釋佛教，強調對佛、儒、道都要做專門的探究，從而認識到三教同源，促使三教合一。在德清的思想中，我們可以發現明代的佛教思想與儒家思想是何等地接近。

智旭，字素華，別號八不道人，晚年稱益老人，江蘇吳縣（今蘇州）人。少年時習修理學，曾作《辟佛論》，後為宏的佛學著作所感悟而皈依佛教。二十四歲出家，先閱律藏，後學法相、禪、華嚴、天臺、淨土諸宗。他雖然屬天臺宗，依據天臺教義注釋戒經，但其佛學思想的主流卻不屬於天臺宗。智旭在他的自傳中稱，他早年曾由禪而得證悟，禪悟後卻傾心淨土，以淨土為徹底解脫的根本辦法。所以他被後人尊為淨土宗第九祖。他的佛學思想被後人概括為：「融會諸宗，歸極淨土。」他主張「性相、禪教的調和，天臺唯識的融通，禪、教、律、密的淨土會歸」，等等。智旭的思想集中體現了宋代以後中國佛教的發展方向，對近現代佛教的影響相當深遠。晚年，他定居在浙江的靈峰。智旭的著作非常豐富，釋論有四十餘種，近二百卷，宗論有三十八卷。較為重要的專著是《閱藏知律》，這部兼有佛經目錄和經籍提要的著作，是智旭以其閱讀藏經二十年積累的資料為依據編就的，對後世的刻經和閱藏有很大的裨益。

綜上所述，明末四大高僧的佛教思想和實踐有許多共同之處。在佛教內部，他們主張諸宗融合，禪淨合一，最後歸向淨土；在佛教外部，他們強調三教同源、三教合一。這些具有「融混」特徵的思想帶有較強的調和性。同樣，他們的佛教實踐也具有最廣泛的融通性（如智旭曾大力提倡信仰地藏菩薩，積極推廣各類贖罪行事，等等），適應了那個時代的發展水準，為佛教的生存與發展開闢了道路。繼四大高僧提出淨土歸向之後，淨土修行的地位飛躍上升，淨土宗取代了禪宗的位置，佛教開始了念佛淨土實修的發展歷程。

三、藏傳佛教的流布與明王朝的關係

藏傳佛教是中國佛教的一個流派，俗稱「喇嘛教」。它主要是在藏族地區形成並得以發展的。十三世紀後期，在元朝的扶植下，上層喇嘛開始掌握西藏地方政權，從此，藏傳佛教就成為中原王朝統治者與西藏上層聯繫的重要紐帶。

深受明廷禮遇的藏傳佛教　明王朝建立後，也特別注重對藏傳佛教的扶植。明代諸帝在推崇漢地佛教的同時，為了「化愚俗，弭邊患」，曾對藏傳佛教採取多封眾建、以教固政的政策。明政府根據當時藏區世俗的地方勢力與宗教勢力相結合的特點，對各教派的首領加賜不同的封號，其中法王三人（大寶法王、大乘法王、大慈法王）、王五人（贊善王、護教王、闡化工、闡教王、輔教王）、西天佛子二人、灌頂大國師九人、灌頂國師十八人，其他如禪師、僧官則不可勝數。明代藏傳佛教各主要教派的首領，都獲得了相當的榮封。

洪武年間，明太祖朱元璋對藏傳佛教僧人「廣行招諭」，大加封賜。元朝末代攝帝師喃加巴藏卜來京朝貢，明太祖加封他為「熾盛佛寶國師」，賜給玉印，俾使「鎮撫軍民」。他還先後加封章陽加沙監藏及其弟子鎖南札思巴噫監藏卜為「灌頂國師」，加封公哥監藏巴藏卜為「圓智妙覺弘教大國師」。洪武十七年（1384 年），明太祖派遣漢僧智光齎璽書、彩帛到西藏地區及其鄰境的尼八剌國（即今尼泊爾）訪問，「宣揚天子德意，遠繳悅服」。後來明廷又規定藏族僧人入關後，一切舟車與全日飲饌之費，悉由沿途地方官府供應。這類禮遇藏僧的詔令，促使為數眾多的西藏僧俗集團絡繹來到京師朝貢、請封、受賜和經商，大大加強了漢藏二地的聯繫。

宣德銅鈴、銅杵
（明廷頒給西藏布達拉宮的禮物）

明太祖還設置茶馬司[46]，專門負責漢藏兩

46 茶馬司，明代管理內地與藏族地區茶馬交易的機構。明初設於秦（今天水）、洮（今臨潭）、河（今臨夏）、雅（今雅安）諸州。具體管理辦法是，對各遊牧部族，發給金牌勘合，規定他們按期到指定地點以馬易茶。後來茶馬司的設置有所變化，金牌信符制度亦遭廢棄，但茶馬交易一直進行不斷。茶馬貿易所得馬匹是明代官馬的重要來源之一。

地的貿易往來。後來這種貿易形式發展成為一種封建義務。使漢藏兩地的經濟聯繫更加密切，促進了藏族地區經濟的發展。

明成祖朱棣即位後，在禮遇藏僧方面，較之朱元璋更是有過之而無不及。他基本沿襲了元朝迎接帝師的禮儀，並且用這種禮儀接待應召前來的噶瑪黑帽係第五世活佛哈立麻，加封他為「萬行俱足，十方最勝、圓覺妙智、慧善普應、佑國演教、如來大寶法王、西天大善自在佛」的顯赫稱號，賜以印誥及金、銀、幣等。哈立麻的三個弟子均被封為灌頂大國師，賞賜也極豐厚。永樂年間，受封的藏僧不僅數量大大超過前代，而且封授的職位也遠遠高過洪武年間。史載，明成祖不僅利用藏傳佛教，還「兼崇其教，自闡化等五王及二法王外，授西天佛子二，灌頂大國師者九，灌頂國師者十有八，其他禪師、僧官，不可悉數」[47]。結果，使「其徒（藏僧）交錯於道，外擾郵傳，內耗大官，公私騷然」[48]。

明成祖之後諸帝，或遣使赴藏廣賜藏僧，或徵召藏僧來京給予封賜。在明朝統治的二百多年間，前來朝貢或傳法的藏僧不絕於途。明武宗崇尚西藏密宗。在西華門內修建延壽佛殿，招請藏僧占竹來京，封之為灌頂大國師，隨侍左右，更進一步地推廣了藏傳佛教在內地的影響。

明神宗萬曆年間，三世達賴索南嘉措致函明朝廷請求定期朝貢，明神宗授予其眾大覺禪師及都綱等職，待索南嘉措以國師之禮。[49]

萬曆四年（1576 年），位於京師阜成門外二里溝的雙林寺告成，這是一座典型的密宗寺院。院內供奉的折法中三大士都是藏僧的形象。據載，當時宮中的英華殿、隆德殿等供奉著藏傳佛教的佛像，由近侍負責燈燭香火，逢年節懸幡設帳執經誦念。

到了明朝後期，在帝王們的優寵下，藏傳佛教的影響已由宮廷擴散到民間。明朝滅亡後，西藏與內地的交通隔絕，藏傳佛教各派無法派僧團赴內地活動，它

---

47 《明史・西域傳三》。

48 同上。

49 《明神宗實錄》卷七十二。

在內地的影響也告一段落。

宗喀巴的宗教改革　宗喀巴的宗教改革與格魯派的創立是明代藏傳佛教史上的一件大事。宗喀巴（1357-1419 年），本名羅桑紮巴，生於今青海湟中縣魯沙爾地方。幼時從噶當派名僧達瑪仁欽出家，學習顯、密教法。十六歲赴藏深造，鑽研經典，並開始獨立的宗教活動。通過學習佛學經典及親自注疏，形成自己的宗教思想。鑒於當時佛教戒行廢弛、僧侶生活放蕩的情況，他從倡導戒律入手，開始了宗教改革。

一三八八年，為了表明自己嚴守戒律，宗喀巴改戴黃色僧帽。他提倡不論顯、密僧眾都應遵守戒律。他修復頹圮的舊寺，以提高自己的宗教地位。通過舉辦法會，來擴大影響，贏得各方政治勢力的支持。在他的《菩提道次第廣論》、《密宗道次第廣論》等著述中，全面系統地闡述其宗教思想的主旨，闡明顯、密兩宗修行次第，強調恪守戒律，規定學經程式，制定僧人的生活準則，形成了一代宗風。永樂七年（1409 年），宗喀巴在闡化王帕竹政權紮巴堅贊的支持下，在拉薩大昭寺舉辦了全藏性的不分教派的祈願法會。這次法會標誌著宗喀巴已成為藏傳佛教的領袖。不久，甘丹寺的創建，宣告了宗喀巴建立的格魯派體系正式形成。

宗喀巴為了擴大勢力和影響，永樂十二年（1414 年）派其弟子釋迦也失入京朝貢。釋迦也失雖然不是教派首領，明成祖仍封他為「妙覺圓通、慈慧普應、輔國顯教、灌頂弘善、西天佛子大國師」，賜給印誥，倍加優寵，從此格魯派得到了明朝政府的確認。釋迦也失返回西藏後，利用明廷豐厚的賞賜，於永樂十六年（1418 年）建立沙拉寺。它與甘丹寺、哲蚌寺[50]被並稱為格魯派拉薩三大寺。從此格魯派（黃教）的勢力迅速發展起來，後來在清朝政府的扶持下，成為西藏地方執政的教派和藏傳佛教中最大的宗派。

---

50 哲蚌寺，建於永樂十四年（1416 年），位於拉薩之西郊。第二、第三、第四世達賴喇嘛均在此坐床。寺廟殿宇宏大，曾有僧侶近萬人。

四、晚明士大夫的佛學研究

明朝中葉以後，佛釋之間的交往日趨密切。萬曆年間，京師士大夫聚會談禪成風，旬月必有一會。湖廣袁玉蟠、袁中郎兄弟，南直隸吳本如，四川黃慎軒，浙江陶石簣等通常是這些聚會的發起者或組織者。據載：「其時京師學道人如林。善知識則有達觀、朗目、憨山、月川、雪浪、隱庵、清虛、愚庵諸公；宰官則有黃慎軒、李卓吾、袁中郎、袁小修、王性海、段幻然、陶石簣、蔡五嶽、陶不退、蔡承植諸君。聲氣相求，函蓋相合。」[51]這段話真實反映了當時官僚士大夫與僧侶之間的密切聯繫。當時佛學，尤其是禪宗在士大夫中間廣為流傳，在家居士研究佛學蔚然成風。著名異端思想家李贄曾較深入地研究過禪宗，曾撰有《文字禪》、《淨土訣》、《華嚴合論簡要》等佛學著作。最重要的是，他還給予晚明士大夫禪學的代表人物——袁宏道以直接的、實質性的影響。

袁宏道與其兄宗道、弟中道共創「公安派」文學，在明代文壇上居於重要地位。萬曆十九年（1591 年），袁宏道慕名走訪李贄，向李贄學禪。三個月後，袁宏道的禪學有了飛速長進。萬曆二十一年（1593 年），袁宏道前往黃州龍潭再晤李贄，李贄對他大為讚賞，稱譽備至，說唯有袁可以擔荷禪宗「入微一路」[52]。而實際上，袁宏道的禪學功力，已使他成為當時禪學界當之無愧的領袖。他的禪學思想的核心在於「心性」二字，認為：「性之所安，殆不可強；率性而行，是謂真人。」[53]中年以後，袁宏道又轉向對淨土法門的研修，與當時許多高僧一樣，落入了禪淨兼修和淨土歸向的窠臼，試圖通過淨土修習以擺脫生與死的困擾。萬曆二十七年（1599 年），他編著完成了《西方合論》一書，較為系統地闡述了禪淨融合的佛學思想，為明代佛學發展做出了重大貢獻。智旭在評論袁宏道時認為，袁的佛學思想具有很突出的代表性，他是當時最傑出的居士。

晚明士大夫佛學研究是歷史上佛教運動的又一高潮。瞿汝稷是名僧真可的至

---

51 王元翰：《凝翠集・與野愚和尚書》。
52 《公安縣志・袁宏道傳》。
53 袁宏道：《袁中郎全集》卷四。

交。他博覽禪宗典籍，編撰了《水月齋指月錄》三十二卷，系統地匯輯了禪宗師徒相承的主要語錄，包含自過去七佛至道川禪師六百餘人，是宣揚禪宗思想的重要著作。

明末士大夫如焦、湯顯祖、董其昌、陶望齡等都與佛教界有過很深的交往。他們不顧朝廷禁令，與僧人們談經說法，詩文唱酬。因此人們認為萬曆時期四大高僧的出現並非偶然，這是一大批文人士大夫回應和支持的結果。晚明士大夫研修佛學的結果，一方面推動了佛教的興盛，另一方面則是士大夫通過佛學表述他們個性解放的要求，揭露和抨擊了理學的虛偽與腐朽，具有思想啟蒙的意義。

第三節．
白蓮教等民間秘密宗教的成熟與發展

明代是白蓮教為主流的民間秘密宗教發展成熟時期，它具備了一種宗教生存與發展所必需的一切條件，掌握了幾乎一切與封建統治進行鬥爭的手段與藝術，其存在的意義早已超越了宗教的範疇。

一、明朝統治者的心腹之患

明代的白蓮教從淵源上講始自南宋初年。創建者是宋高宗時吳郡的僧人茅子元。茅子元始創的白蓮宗是佛教的一支，其教義融合了佛教天臺宗的識法和淨土宗的彌陀念佛，提倡五戒（不殺、不盜、不邪淫、不妄語、不飲酒）。白蓮宗的教徒有家室，男女一起集會，吃素念佛，深受民眾歡迎，迅速發展壯大，因而引起佛教正統與南宋朝廷的恐慌，遭到嚴厲查禁。茅子元被判妖妄惑眾之罪，流放江州（今江西九江），白蓮懺堂被取締。

元朝建立後，白蓮教仍被視為「異端」、「邪教」而遭朝廷禁止。元世祖時曾頒布法令，取締包括白蓮教在內的「一切左道亂正之術」[54]。元仁宗在皇慶二年（1313 年）下詔，允許白蓮教公開傳教；對於建寧路的白蓮堂及其所屬的一切寺領財產，特許其免稅免役。但是好景不長，元英宗至治二年（1322 年），又下詔禁白蓮佛事，從此白蓮教就再也沒有得到官方的認可。

元代的白蓮教的教義中滲入了其他宗教觀念，主要是彌勒降生說，後逐漸轉為崇奉彌勒佛。元朝末年，各種社會矛盾日趨尖銳化，白蓮教不僅成為農民起義的一面旗幟，更成為發動與組織起義的主體。元泰定二年（1325 年），河南息州民趙丑厮、郭菩薩「妖言彌勒佛當有天下」[55]，率眾起事。元順帝至元三年（1337 年），汝寧信陽州的俸胡以彌勒佛降生相號召，「燒香惑眾，妄造妖言作亂」[56]，持彌勒佛小旗為號，攻城掠地，建立政權。元朝廷派重兵鎮壓，起義終告失敗。

明王朝的建立與白蓮教有著直接的關係。元代至元四年（1338 年）到至正十一年（1351 年），白蓮教徒彭瑩玉、劉福通相繼發動反元起義，並很快在各地得到回應。劉福通奉韓山童為首領，倡言天下大亂，彌勒佛降生，明王出世。至正十五年（1355 年），韓山童子韓林兒在亳州即帝位，國號宋。這時朱元璋正在韓林兒的部屬郭子興的麾下。後來，他正是憑藉這樣一支尊奉彌勒佛揭竿而起的武裝紅巾軍，完成了推翻元王朝統治的使命。這是白蓮教創立以來所建立的最為輝煌的業績。

白蓮教在元末立下的功績，並不能改變它作為「異端」、「邪教」的命運。

---

54 《通制條格．雜令．禁書》。
55 《元史．泰定帝紀一》。
56 《元史．順帝紀二》。

明代統治者對它深惡痛絕，查禁的法令載諸律例，見諸行動，在明代二七七年的封建專制統治之下，白蓮教的活動始終遭受禁絕和鎮壓。但是它卻為下層民眾所熱衷，對明代的統治造成一次又一次的嚴重威脅。

處於成熟與發展時期的明代白蓮教有以下特點：首先，明代白蓮教的教義在各教派的相互融合過程中有所豐富和發展，比前代具有更為鮮明的叛逆思想。白蓮教教義的內容繁雜，除彌勒降世說外還有劫災說、劫變說、三際思想等，它深受統治階級所謂正統宗教和神學的影響，反映了下層勞動人民質樸的願望。明朝中葉以後，白蓮教的思想信仰中又注入了新的內容，它吸取了羅教「真空家鄉、無生父母」的觀念，奉無生老母為創世主和救世主。這種觀念認為，人的一生就是淪落紅塵經歷各種苦難和折磨的過程，這一過程是短暫的，人們一旦接受了無生老母的召喚和拯救，身陷苦難的人們便可以返回真空家鄉，得到永生。它主張人們離棄現實中的一切，而去追求一個永生的彼岸世界。這一信仰的本質是用宗教關係代替人與人之間的血緣親屬關係和階級從屬關係，從而否定現實世界以及現實生活中的封建綱常觀念，否定了統治階級的正統地位。這就為白蓮教的教義中注入了更為強烈的叛逆思想，使之具有更鮮明的反社會、反秩序的特點。「真空家鄉，無生父母」八字真訣中包含的「離鄉輕家」的思想，是明中葉以後政治腐敗、經濟危機致使大批流民、饑民背井離鄉、四處流浪的產物。同時，它也為那些鄙棄塵世而追求新的組合的人們樹立了信心。在這種思想的促動下，人們擺脫封建宗法統治的束縛，投入到來自不同地區、不同家庭的人們組成的新的集體之中追求光明，從根本上破壞了封建統治秩序，動搖了封建統治的社會基礎。

其次，明代白蓮教支派迭出，名目繁多，影響擴大。這是當時分散的小農經濟的反映，也與明中葉以後王陽明學說的發展及其所引發的思想活躍有著密切的關係。明代白蓮教教派多達百餘種，其中影響較大的有羅教、黃天教、弘陽教、聞香教、龍天教、大乘教、長生教、龍華會、棒槌會等。其教義、信仰、組織、儀規及活動方式大體雷同，特別是經過幾番融合之後，教派之間的差異愈益縮小。

最後，明代白蓮教掌握並完善了在封建專制統治下、在禁斷與鎮壓的環境中生存與鬥爭的藝術，生命力更加頑強。

白蓮教是屬於民眾的，它的基本信徒仍然是處於社會最底層的貧苦勞動人民，包括農民、手工業者、礦工、漕運水手以及為數眾多的喪失土地和家園的流民，也有個別胥吏、差役、書辦等參加或成為秘密教派的首領。明末，更有一些教派打入上層社會，深入內廷，在宦官和其他權貴中吸收信徒，甚至獲得資助刊印經卷，建立廟宇，以期得到保護。

明代白蓮教在傳教方式上已不僅僅是扮成醫卜或冒充商人，深入到民間進行口頭宣傳，而是通過文字即寶卷來傳播教義。在明代出現了大量的印本或抄本的白蓮教經卷，這些經卷雖屢被朝廷禁毀，但仍有相當一部分保存並流傳下來，成為白蓮教生存與延續的手段之一。

白蓮教的活動方式亦更加靈活，通常是「夜聚曉散，男女混淆」。他們更加重視軍事訓練，一旦有戰事發生，固有的傳教組織立即演變為軍事組織。教主（通常稱為師傅）改稱元帥，以下副帥、先鋒、總兵等各司其職，教徒們武裝起來作為戰士進入應戰狀態。在明代，白蓮教發動大小數十次的武裝起義，震動了朝廷的封建統治。隨著明中葉以後社會矛盾的日益激化，「邪教」的威脅日趨嚴重。白蓮教成為封建統治者化之不解、驅之不去、毀之不滅的心腹之患。

二、白蓮教活動的基本狀況

在明代，白蓮教的生存環境是極其險惡的。它作為「邪教」，始終處於朝廷以「禁絕」為目的的高壓控制之下。明太祖朱元璋雖然參加了奉彌勒佛起義的紅巾隊伍，並且借助這支武裝傾覆了元帝國，但是一俟功業初具規模，朱元璋就立即改變態度。元至正二十四年（1364 年）八月，朱元璋發兵進攻張士誠，在討伐檄文中他攻擊白蓮教徒：「誤中妖術，不解偈言之妄誕，酷信彌勒之真有，冀其治世，以蘇困苦，聚為燒香之黨，根蟠汝穎，蔓延河洛。妖言既行，凶謀遂逞，焚蕩城郭，殺戮士夫，荼毒生靈，千端萬狀。」[57]洪武三年（1370 年），明太祖又詔禁白蓮教及明尊教，明確規定：「凡……妄稱彌勒佛、白蓮社、明尊教、白雲宗等會，一應左道亂正之術，或隱藏圖像，燒香聚眾，夜聚曉散，煽惑人民，為首者絞，為從者各杖一百，流三千里。」[58]這項禁令作為《大明律》的條文固定下來，為以後各個時期朝廷禁絕與鎮壓白蓮教提供了張本。隨著白蓮教勢力的壯大，朝廷更加嚴厲地禁止白蓮教徒秘密結社，燒毀該教的經典（即寶卷），搜捕教首，屠殺教眾，使白蓮教的活動一直處於秘密狀態。

不僅如此，白蓮教作為「異端」，還遭到來自宗教集團內部，特別是佛教正統人士的仇視和攻擊。羅教創立伊始，其經卷五部六冊（即《苦功悟道卷》、《歎世無為卷》、《破邪顯證鑰匙卷》、《正信除疑無修證自在寶卷》、《巍巍不動泰山深根結果寶卷》，共六冊）刊行於世，風行一時。佛教正統人士極為惶恐，他們一方面指斥羅教為「外道」，「真近代魔神」，另一方面號召佛教徒「凡我釋子，宜力攘之」[59]。當時名僧密藏在他的著作中抨擊羅教：「三更靜夜，咒詛盟誓，以密傳口訣。或緊閉六門，握拳柱舌，默念默提，救拔當人，以出苦海。或謂：夫人眼視、耳聽、足行的，現成是佛。大佛小佛，男佛女佛，所作所為，無非佛事。何分淨染，何事取捨，何假修持。但臨命終時，一絲不掛，即歸家鄉耳。如此則皆其教之法也。」[60]另外，密藏的批判還遠遠超出宗教的討論，對羅教教徒們極盡誣衊：「蟻屯鴞聚，唱偈和佛，邪淫混雜，貪昧卑污，莫可名狀。而愚夫愚婦，率多樂於從事，而恣其貪淫，雖禁之使不歸向，有不可得。此其教雖非白蓮，而為害殆有甚於白蓮者乎。」[61]

但是，白蓮教的活動並沒有因為朝廷的禁斷和正統宗教的排斥而聲銷跡絕，相反卻出現了前所未有的盛況。在明朝二七七年的統治之下，白蓮教徒們活躍在全國的城鎮、村莊，甚至在漠北和西南少數民族地區也有他們活動的蹤跡。白蓮

---

57 《平吳錄》。

58 《明律集解附例．禮律》。

59 袾宏：《雲棲法匯．正集》無為黨條。

60 密藏：《藏逸經書》五部六冊。

61 同上。

教的活動概括起來有兩種情形：一是傳教活動；二是武裝起義。

在封建統治相對穩固、社會矛盾還不十分尖銳時，白蓮教徒們散布在各地從事秘密結社，刻印經卷，發展教眾。有人感歎：「白蓮結社，遍及四方。教主傳頭，所在成聚。倘有招呼之首，此其歸附之人。」白蓮教在下層民眾中間巨大的凝聚力，是一切為封建統治階級服務的正統宗教所無法比擬的。在明代的白蓮教活動中，白蓮世家李福達的沉浮是個典型的例子。李福達是明代正德、嘉靖年間的白蓮教教首，山西崞縣人。其父子、祖孫幾輩都在山西、四川等地傳教。祖父參加過成化年間荊襄地區劉通、石龍策動的以流民為主的白蓮教起義；叔父李鉞是弘治年間山西崞縣白蓮教首王良的徒弟。李福達承繼祖業，在民間傳習白蓮教，屢遭官府逮捕，逃脫後仍繼續傳教，足跡遍布山西崞縣、五臺、徐溝、太原及陝西州、洛川各州縣。後來他改名張寅，來到北京，謀求向上層社會發展，取得了武定侯郭勳的信任。他用重賄得到了太原衛指揮使的重要職位，對當時的朝政有直接影響。嘉靖初年，李福達的活動曾引起朝廷大臣間的一場內爭，鬥爭的結果以李福達官復原職而告終，這就是明史上有名的「李福達之獄」[62]。李福達死後，他的傳教事業由他的子孫和徒弟們接續下來，使白蓮教的影響繼續擴大並且深化。嘉靖三十六年（1557 年）馬祖師起義，嘉靖四十五年（1566 年）蔡伯貫起義等，都與李氏家族有著直接的關係。李氏家族的傳教活動是明代白蓮教活動的一個縮影。

明代白蓮教活動的第二大特徵就是發動武裝起義，與官府進行面對面的鬥爭。這通常是社會矛盾尖銳或天災人禍的頻繁發生激化矛盾的結果。每到這個時候，白蓮教徒們聚眾燒香，揭竿而起，發動了一次又一次震驚朝野的武裝起義。據統計，明代白蓮教組織的起義近百餘次，而規模較大、影響較深的起義有洪武三十年（1397 年）陝西沔縣（今陝西沔縣）縣吏高福興、田九成、李普治起義，永樂十八年（1420 年）山東唐賽兒起義，天順八年（1464 年）劉通、石龍領導的荊襄流民起義，天啟二年（1622 年）山東徐鴻儒起義等。

---

62 關於該事件的詳細情況，可參閱《明史紀事本末·李福達之獄》。

白蓮教等民間秘密宗教的存在和發展表明，它的社會意義不僅在於宗教方面，還在於政治方面。在封建朝廷的統治相對平穩、社會矛盾尚未尖銳時，白蓮教的活動就比較少，當封建統治嚴酷、政治腐敗、天災頻仍等導致社會危機到來之時，白蓮教就像是乾柴旁的一個個火種，在短時間內聚集起千萬群眾，揭竿而起，引發了一次又一次武裝反抗封建統治的熊熊烈火，其威勢之盛，常令官軍望風披靡，動搖了明王朝的腐朽統治。

明代白蓮教的活動，還為清代，尤其是近代民間秘密宗教各支派的活動奠定了基礎，為後來的資產階級革命提供了寶貴的經驗。

第四節 ·
基督教的傳入

在明朝後期，歐洲天主教耶穌會士紛紛來華，基督教第三次傳入中國，對中國社會尤其是在天文、地理、曆算等實用之學領域產生了一定的影響。

萬曆十年（1582 年），義大利籍耶穌會傳教士利瑪竇來華，抵達澳門。隨後他學習中國語言，適應中國傳統習慣，以西洋器物饋贈朝廷地方官員，為入內地傳教鋪平道路。萬曆十一年（1583 年），利瑪竇與傳教士羅明堅進入肇慶，築室傳教。萬曆十七年（1589 年），利瑪竇遷居韶州，建立首座教堂。萬曆二十三年（1595 年），又在南昌建立了第二座教堂，並從此改穿儒服，利用原始儒家思想解釋天主教義，結交士大夫。萬曆二十七年（1599 年），他在南京建立了第三座教堂。萬曆二十九年（1601 年），利瑪竇終於有機會前往京師入貢方物，明神宗欽賜官職，並敕准長期留居北京。到萬曆三十八年（1610 年），利瑪竇病死。而他所領導的中國傳教會已經使兩千多名中國人皈依了基督教。當時在華的還有歐洲神甫十三人，澳門出生的中國修士七人。

在明代的兩千多名基督教徒中，很多是上層顯貴和官僚士大夫。據哈克所做的統計，在中國士大夫教徒中，除徐光啟、李之藻、楊廷筠這些重要官員外，「還有一品官十四名、進士十人、舉人十一人、秀才三百人，皇室中還有許多教徒，受洗的人共有一百四十多名。雖然他們在政府中沒有職權，但他們是貴族門第，一定會產生影響。皇帝身邊有四十名內侍皈依基督教。這些信徒中，不管是官員還是文人，是王公貴族還是黎民百姓，他們對於自己信奉的宗教是虔誠的。」[63]萬曆年間，耶穌會士在中國建造的教堂有四處，它們分別在北京、南京、南昌和韶關。以上是明代耶穌會士在華傳教的基本成果。他們取得如此傳教成績的原因，一是因為利瑪竇本人博學多識，通過西洋學術打通向內地傳教的道路，採取了適合中國傳統與文化思想的傳教方式；二是得力於明朝一些高級官員與士大夫特別是徐光啟、李之藻和楊廷筠等人的支持和幫助。

萬曆四十四年（1616 年），「南京教案」發生，南京教堂的神甫王豐肅、謝務祿、鍾鳴禮以及二十三名教徒均被逮捕監禁。明神宗下旨禁教，耶穌會士們被「督令西歸」，驅至澳門。耶穌會士在中國的公開傳教活動至此告一段落。但是不久，一些傳教士又悄然潛回內地，在中國教徒的掩護下秘密傳教，直到明朝滅亡。

63 Huc，Abbe，Christianity in China and Tartary。轉引自林金水：《利瑪竇與中國》，133 頁。

亮點書系．中國文化通史 A1001013

中國文化通史·明代卷　上冊

主　　編　鄭師渠
版權策畫　李　鋒

發 行 人　陳滿銘
總 經 理　梁錦興
總 編 輯　陳滿銘
副總編輯　張晏瑞
編 輯 所　萬卷樓圖書股份有限公司
排　　版　菩薩蠻數位文化有限公司
印　　刷　維中科技有限公司
封面設計　菩薩蠻數位文化有限公司

出　　版　昌明文化有限公司
桃園市龜山區中原街 32 號
電話 (02)23216565
發　　行　萬卷樓圖書股份有限公司
臺北市羅斯福路二段 41 號 6 樓之 3
電話 (02)23216565
傳真 (02)23218698
電郵 SERVICE@WANJUAN.COM.TW
大陸經銷
廈門外圖臺灣書店有限公司
　電郵 JKB188@188.COM

ISBN 978-986-496-166-5
2018 年 1 月初版
定價：新臺幣 460 元

如何購買本書：
1. 劃撥購書，請透過以下郵政劃撥帳號：
　帳號：15624015
　戶名：萬卷樓圖書股份有限公司
2. 轉帳購書，請透過以下帳戶
　合作金庫銀行 古亭分行
　戶名：萬卷樓圖書股份有限公司
　帳號：0877717092596
3. 網路購書，請透過萬卷樓網站
　網址 WWW.WANJUAN.COM.TW
大量購書，請直接聯繫我們，將有專人為您服務。客服：(02)23216565 分機 610

國家圖書館出版品預行編目資料

中國文化通史. 明代卷 / 鄭師渠著. -- 初版. -- 桃園市：昌明文化出版；臺北市：萬卷樓發行, 2018.01
　冊；　公分
ISBN 978-986-496-166-5(上冊：平裝). --
1.文化史 2.中國
630　107001806